元華文創

宋代四大書

━━◆━━ 編纂出版與流傳 ━━◆━━

張圍東 ──著

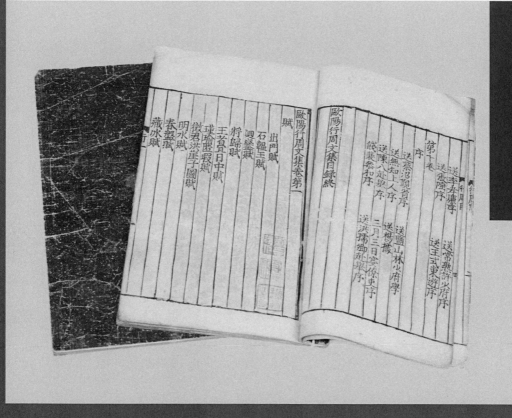

「四大書」是宋朝以國家權力、組織推動文化事業的重要範例，充分彰顯宋代文化活動蓬勃發展的背後，政治力發揮的角色與功能。

本書兼融歷史、圖書、文獻整理各專業領域，結合時代與制度等多個層面，揭示宋代重視文化，推動、發展的背景，過程及實績，是一部集大成而堅實的學術力作。

黃　序

　　宋代是中國典籍出版史上茁壯的關鍵時代；不僅促發當代學術思想的蓬勃發展，更對後世的社會文化帶來深遠的影響。這一環境的形成，與當時社會經濟的發展及印刷技術的成熟，固然不可分，但趙宋王朝在政策面的戮力推動，更是關鍵。

　　這一切得從宋朝的立國環境去探究。趙匡胤所肇造的宋朝是五代政權更迭的延續。趙匡胤建立政權後，為改變武人擅權政局變動的再現，著手推動一連串變更體制的政策，祈求穩定政局，其中「重文輕武」與「強幹弱枝」兩項國策影響最為深遠。在重文輕武部分，宋廷一方面以具體行動，拔擢、禮遇文士，例如立下宰相當用讀書人、不殺士大夫的祖宗遺訓。另一方面則大量選拔通過科舉考試的士人成為朝廷命官，同時由皇帝主持的殿試，讓進士成為天子門生，提升他們的政治社會地位。這項政策，改變了魏晉以來世家大族壟斷社會資源與結構，創造平民崛起、社會流動的新景象。

　　在朝廷政策的激勵下，眾多平民家族為改變個人命運或家庭地位，無不透過教育，積極培養優秀子弟獲取知識，學習舉業；教育的普及使讀書識字的人口激增。同時入仕的士人，在朝廷廣納言論的政策下，關心國事，不僅發表意見，甚至胸懷經世致用的壯志，積極參與、推動國家社會各項興革事務，激發出與皇帝共治天下的強烈企圖心。在開放的政治環境，與經濟社會的發展相關聯結，宋代士人創發出文化的多元風貌，如文學古文運動、經學的復古風氣，乃至經由儒學復興運動，進而導致理學的大興，是中國思想文化史上的黃金時代。

　　在中舉入仕巨大吸引力下，眾多士人，接受教育，學習舉業。部分優異士人得以通過科舉，獲取功名。但在強力競爭下，絕大多數名落孫山的士人，則

以知識為媒介，在社會各階層謀生。這些人因機緣、能力、際遇不同，造成職業與生活環境的差異，其生活品味與旨趣也有區別。因此社會上出現文化多元，雅俗兼陳的生活樣態，展現了生氣盎然的文化生命力。

　　宋代士人所形塑的文化力量，清楚地表現在詩會、雅集等豐富多樣的文化活動，以及種類繁多、性質各異出版品的大量刊行與流傳，讓我們看到充沛的民間力量。這一現象固然得利於經濟發展、教育普及跟印刷術的發達。但是促動或推動民間蓬勃的文化活動，卻與宋廷為改變的立國型態所推動的文治政策，乃至主動編輯整理大型出版品關係更為密切。政治主導文化發展的角色在宋代非常明顯。

　　宋廷為確立以文立國的新政局，落實文治政策，除了普及教育、科舉取士之外，更重視文化正統的傳承，因此開國之後，即積極徵集典籍文獻，更進一步結合當時發展成熟的印刷技術，刊行各類典籍，強烈展現文化立國、文化傳承的企圖心。因此在有宋一朝，由朝廷推動，積極刊刻包括儒、釋、道、醫學、藝術、兵學、工藝、譜錄、政書等眾多典籍文獻。

　　其中最能彰顯朝廷角色且影響深遠的，莫過於在立國之初，尚處兵馬倥傯之際，即由朝廷組織降國文士，編輯垂名後世的《太平御覽》、《太平廣記》、《文苑英華》及《冊府元龜》等四部著名類書，即世所皆知的四大書。

　　這四部大類書的編纂出版是宋朝以國家權力、組織推動文化事業的重要範例，最足以彰顯宋代文化活動蓬勃發展的背後，政治力發揮的角色與功能，不僅構成宋代的立國特色，對後世中國典籍文獻的保存、出版與流傳，更具有重要影響；明清二代編纂各類大典，正是這種傳統的延續。充分說明宋代四大書在中國典籍出版史上的關鍵地位。

　　宋代四大書，在學術研究上具有特殊地位與價值。自上世紀三十年代起，吸引眾多學者從不同角度進行研究，成果非常豐碩。不過現有的研究，多是學者各自從一個側面或以一部書為討論對象，未臻全面。張圍東博士則以其長期在圖書資訊及歷史專業的專長，從古籍文獻整理的角度，深探這四大類書的學術價值。特別是他長期在國家圖書館服務，有緣接觸各類重要版本並加以比較。

　　因此展現在各位面前這部《宋代「四大書」編纂出版與流傳》正充分展現兼融歷史、圖書、文獻整理各專業領域，結合時代與制度等多個層面，揭示宋代重視文化，推動、發展的背景，過程及實績，是一部集大成而堅實的學術力作。其中最重要的是關於宋廷以政治力對這四部各具專題的類書，編纂、出版與流傳的完整過程。

　　圖書文獻學並非寬重的專業，但在探討宋朝專題，研讀宋人文集史料的過程中，每逢版本、校勘等文獻整理議題，時常向張博士請益，對他認真治學的態度由衷感佩。如今有緣先拜讀博士的研究專著，獲益良多，是以敢向學界推薦。是為序。

 識於南港中央研究院

2020.7.10

自 序

我們都知道，古代有句成語是「開卷有益」。這是宋朝皇帝宋太宗趙光義說的。宋太宗每天要閱讀三卷《御覽》，如果有一天事情繁忙而沒有閱讀，但他一有空閒，就會補上。有人說：「天寒日短，一天閱讀三卷，太辛苦了」。宋太宗卻回答說：「開卷有益嘛！讀書不是什麼辛苦的事情」。這句成語就是這樣產生的，其主要意義就是讀書有益處。在這裡他所閱讀的《御覽》，就是一種類書。

類書源遠流長，歷史悠久，種類繁多，它又是我國特有的作品，是一種分類彙編各種事物以供查檢的工具書，蒐羅範圍相當廣，舉凡詩文、辭藻、人物、典故、天文、地理、典章、制度、飛禽、走獸、草木、蟲魚等等應有盡有，可譬為一般人所熟悉的百科全書。其內容特色是「博採諸家、兼收眾籍」，編輯方式是將古書原文片斷摘錄，不加任何解釋；故今人可藉著「類書」一窺中國古代文化的資產。

北宋太平興國二年（977），太宗皇帝召集前朝各國文臣儒士，對原十國所得的數萬冊圖書進行編輯整理，連續編成了幾大部書；按成書的順序有小說類編《太平廣記》，百科類書《太平御覽》，文章分類彙編總集《文苑英華》。後來宋真宗景德二年（1005）九月，又編成一部政事歷史的專門類書《冊府元龜》。後人統稱為宋代「四大書」。

宋「四大書」總的價值是保存了大量的文獻資料。當時的館閣所擁有的圖書資料遠遠超過前代任何一個朝代，故這「四大書」所採書的種類也遠遠超過以前任何一部類書或總集。「四大書」之中，《文苑英華》與《冊府元龜》未注明引用書目，難以統計所引書目之數量；《太平廣記》一書，每一條下都注明出處，卷首注明引用書目，引書達 526 種。《太平御覽》，亦注明所載資料出處，引書多達 2,500 餘種，僅地理類圖書就有近 300 種。而《太平廣記》所引書籍

大半都已散失。

在古代典籍中，宋「四大書」的編修與刊刻，具有相當重要的地位。它們所網羅的材料遍及歷代重要著作，對古籍的保存及整理有很大的貢獻，對文化資源的傳承也深具意義。但「四大書」也有其缺失，它只是將舊有資料收集排比而已，缺乏重新撰寫、組織；而且它的資料不會因時代進展不斷的更新，純粹只有整理的工作而已。因此，「四大書」的特殊在於形式、內容與眾不同，在現今的各類型參考工具書中它帶有濃厚的歷史色彩。「四大書」走過漫長的歷史，在不同的時代巧妙的應變生存下來。

本書內容分為六章十一節，第一章緒論，主要闡述宋代類書發展理念，並做一完整的敘述。第二章介紹宋代政府藏書編纂概要，以期了解政府藏書與館閣制度，以及政府藏書編纂特色。第三章探討宋「四大書」的編纂與出版，並詳述其發展的成因。第四章敘述宋「四大書」的後世流傳版本。第五章詳述及探討宋「四大書」的學術價值及對現今學術研究的影響。第六章結論，將宋「四大書」的整體發展做一總結，並敘述如何讓「四大書」藉著知識傳達給使用者比較完整的資訊，進而對「四大書」的認識。

本書的完成，特別感謝國家圖書館曾淑賢館長的鼓勵，尤其感謝國家圖書館提供數位影像，並同意授權利用。本書的內容，可以提供宋「四大書」研究者參考，惟因本書撰稿時間倉促，且筆者學識有限，見聞狹隘，恐多有疏誤之處，尚祈同道，不吝賜正，無任感謝。

張圍東　識於國家圖書館
中華民國 109 年 07 月

宋代「四大書」編纂出版與流傳

目　次

圖表目次

第一章　緒　論

　　在我國古代，各項書籍文化事業基本上是一體的。如宋初設立掌管圖籍的秘書監，就既負責「掌古今經籍圖書、國史實錄、天文曆數之事」；「掌修撰日曆」；「掌集賢院、史館、昭文館、秘閣圖籍，以甲、乙、丙、丁為部」；還「掌校讎典籍，判正訛謬」等[1]。實際上，從秦漢以至清代，政府的書籍文化機構，基本上包攬圖籍的訪求、收藏、閱覽、流通、整理、校勘、分類以及編輯、刻版印刷和發行等各項工作。

　　書籍文化和其他各種文化一樣，是由多種文化成分構成的。按其構成成分的內容性質，主要可以分為以下幾個方面：

　　一、文字（包含圖畫、記錄符號和現代書中的某種訊號等）。文字是書籍的基本要素。

　　二、各種形態的書籍及其載體。如甲骨文、金石、竹木、獸皮、織物、紙、磁盤、磁帶、光碟各種載體，以刻畫、抄寫、印刷（複製）和以現代技術製作而成的各種圖書文獻。

　　三、書籍的內容。圖書產生、存在和發展的價值，全在於它的內容；它對人類的主要作用亦在於此。

　　四、書籍的產生與流通過程及其實體。這主要包括著述編輯、出版發行、印刷事業等。

　　五、書籍的收集、整理、典藏、保護和利用過程及其實體。包括校勘、考訂、圖書資訊事業等。

1　（元）脫脫等編纂，《宋史》卷一六四、職官四（臺北市：鼎文，民國 67 年 9 月初版），頁 3873－3874。

六、關於書籍文化的各種建築、設施、設備和現代化技術。

七、隨著書籍形成過程中產生的各個學科。如文字學、圖書學、文獻學、編輯學、出版發行學、圖書館學、資訊學、目錄學、版本學、校勘學、輯佚學、金石學、印刷術等。

八、關於書籍的政策、法令、組織管理機構及其職官等[2]。

人類孕育了書籍文化，書籍文化累積、保存和發展了人類文明。書籍文化是人類文明的重要支柱和發展的巨大力量。

所以，自有文字記載以來，我國就很重視文化典籍的編纂與傳存。在古代典籍中，類書的修纂與刊刻佔有相當重要的地位。它們所網羅的文獻資料遍及歷代重要著作，對古籍的保存及整理有很大的貢獻，對文化資源的傳承也深具其時代的意義。

類書作為我國傳統文獻的特殊載體，「綜貫群典，約為成書」，在傳承中華文明，整合古代文化的過程中發揮著不可替代的作用。從曹魏到唐宋，以至明清，乃至當代，類書繁衍有續，呈現出鮮明的階段性特徵，處於成熟期的宋代類書，承前啟後，清晰地昭示出古代類書史的發展脈絡，本文以「四大書」為切入點，對類書進行斷代研究，無疑是對類書研究的深化。

類書是在我國傳統文化背景下產生的古代典籍中極具特色的一個文獻種類。其編纂歷史之悠久、數量之多、卷秩之浩繁，為世界所罕見。由於自身的特點，歷史上受到統治者、文人的喜愛，也受到部分學者的批評譴責。因而，類書成為古代文化研究的重要課題之一。

類書之作始編於三國時代魏，並視《皇覽》為鼻祖。爾後歷代皇朝一為文治，二為學子登科應試、尋字索句，務取省便之需或敕編或私纂，至清一代其數已過七百。然屢遭兵、水、火、蟲等諸多書厄，倖存者至今不過五百。如宋一代即編有類書七十三種。其中在宋太宗朝於十六年內相繼編成的《太平御覽》、《太平廣記》、《文苑英華》及《冊府元龜》四種卷峽浩繁，隨類相從的大型工具書至今尚存，被世人譽為「宋代四大書」。

2　施金炎編著，《中國書文化要覽（古代部分）》（長沙：湖南教育，1992 年 2 月），頁 3-4。

　　「四大書」的內容各異，既有百科知識的綜合性類書《太平御覽》，亦有專科（門）性類書《冊府元龜》；既有文章總集《文苑英華》，也有小說類編《太平廣記》。四種書的取材不僅不重複，而且敍事翔實，有為他書所不及，樂為後世輯佚者所喜用。

　　宋代重視類書編纂，《宋史·藝文志》著錄類書有二七八部、一〇五二六卷，清倪燦《補志》又增補二三四一卷。以《太平御覽》、《太平廣記》、《冊府元龜》、《文苑英華》四大類書為最著。編纂四大類書有其政治意圖，《隱居通議》卷十三〈文章一：古今類編〉云：

> 如宋初《文苑英華》之類，尤不足采，或謂當時削平諸僭，其降臣聚朝，多懷舊者；慮其或有異志，故皆位之館閣，厚其爵祿，使編纂群書，如《太平御覽》、《廣記》、《英華》諸書，遲以歲月，困其心志。於是諸國之臣，俱老死文字間，世以為深得老英雄法，推為長策[3]。

　　《太平御覽》是在太平興國二年（977）二月，宋太宗趙光義命令大臣李昉等編纂的。至太平興國八年（983）十二月書成，歷時六年又九個多月。書成之後，「帝（宋太宗）每聽政之暇，日讀《御覽》三卷，有故或闕，即追之，雖隆冬短景，必及其數」。全書共一千卷、分五十五部、五千三百六十三類，引書二千五百多種，為後世保存了大量秦漢以後的古逸書，文獻價值極高。

　　《太平廣記》是與《太平御覽》同時受命編修，太平興國九年（984）八月出書，用時十八個月。它與《太平御覽》的不同之處在於，它專收漢代至宋初的野史、小說、遺文、瑣事。共五百卷，分五十五部，九十二大類，三千多個細目，引書四百七十五種。《四庫全書總目提要》稱：「古來軼聞瑣事，僻笈遺文，咸在焉。卷帙輕者往往全部收入。蓋小說家之淵海也」[4]。它為以後研究戲

3　（元）劉壎，《隱居通議》卷十三〈文章一：古今類編〉，鈔本。

4　《合印四庫全書總目提要及四庫未收書目禁燬書目》（三）子部·小說家類三（臺北市：臺灣商務，民 74.05）頁 2955。

曲、小說提供了大量資料。

《文苑英華》始編於太平興國七年（982），主持人為李昉等。至雍熙三年（986）十二月書成，歷時四年又三個月。其任務是「閱前代文集，撮其精要，以類分之」。《文苑英華》選錄歷代作家二千二百多人，上起南梁，下至唐末五代，詩文二萬三千餘篇。它是繼《昭明文選》之後的詩文總集，書中保存了大量的古代詩文，為歷代編纂總集取材。如明代編的《古詩紀》、清代編的《全唐詩》、《全唐文》等皆取材於此書。

《冊府元龜》始編於宋真宗景德二年（1005），主持人為王欽若、楊億。至大中祥符六年（1013）書成，歷時八年。其任務是「取著歷代君臣德美之事，為將來取法」。《冊府元龜》取材嚴格，全書共一千卷，分三十一部，一千一百零四門，是宋代最大的一部類書。全書匯輯從上古到五代的歷代君臣事蹟，幾乎概括了全部「十七史」，其中以記唐五代史尤為詳細，陳垣先生認為它「可以校史，亦可以補史。」

透過一些史料中對當事人的一記載，可以看到素質較高的編寫人員易於使類書編寫更加符合時代需要。例如《太平御覽》將正文與注文區別對待，正文作大字，注文作雙行小字，可見編寫者著實動了腦筋，此形式上的調整使分段更加清晰，主編在其中所起的作用不可小視。另就筆者所見，《青箱雜一記》、《舊聞證誤》、《邵氏聞見錄》、《玉壺清話》、《繩水燕談錄》等幾部作品都提到了宋太宗對《太平御覽》的評價以及對主編者的評價，很有價值。

本書選取宋代「四大書」作為研究，其主要意義有二：

一、資料彙編在學術研究中具有特殊功能：資料彙編（專題、百科、選編、類編）的實質功能是方便檢索和知識指南。輯佚、校勘等文獻學功能可視為附加功能。「四大書」是我國古代最典型的資料彙編樣式。資料彙編在今天和將來仍有強大生命力。透徹研究「四大書」發展史，可提供正反兩方面的經驗，有利於完善當今資料匯輯編纂。

二、過去全面系統深入的斷代研究薄弱：一般認為，魏文帝曹王命王象等在二二二年編成的《皇覽》，是我國古代最早的一部類書。南北朝時，編修類書

之風開始興起。唐代成為類書發展的重要時期，各種類書顯著增多，收錄在《新唐書・藝文志》丙部類書類的就有《藝文類聚》等四十餘部。入宋，類書大盛，僅《宋史・藝文志》所載的宋人類書已超過三百部，數量之多，種類之繁，其中「四大書」最為重要。但前人對此尚無系統論述，偶有涉及，也多泛泛而談。因而對宋代類書進行斷代研究無疑具有重要意義，尤其是四大類書。

宋代「四大書」承前啟後，在許多方面都有創新，如類目的設置、取材的專類化、民俗化及應用性、附載插圖的圖文編排、分類目錄與主題目錄相結合的檢索系統等，對後代類書的編纂影響深遠。然而許多研究往往從一般歷史、經濟、政治、文化的角度出發，從文獻本身來分析還做得很不夠。比如說，「四大書」是應社會利用文獻、檢索方面的需要而產生的，便利檢索徵引是「四大書」的基本功能，也是它的根本價值所在。但「四大書」與其他文獻不同，它在基本功能的基礎上，隨著歷史的發展，衍生出一種特殊的功能：輯錄古佚書、校勘古籍。

宋「四大書」是應時事之需而編，時過境遷，其檢索功能相應遞減，而其特殊作用卻多是與時逐漸增，由此使得一部分學者產生輕視類書檢索作用的傾向，並以其特殊作用為主要標誌來評價。殊不知，類書的檢索功能對於今天的文獻主題檢索仍有一定的參考價值。

由此可知，對於宋「四大書」的編纂進行考察是有價值的工作。筆者通過對有關資料的搜集整理，認為學界對「四大書」的研究熱點主要著重對類書編纂體例、產生原因進行分析，或者著重論述具體的類書功用。而研究類書編纂人員、背景、方法過程的著作及論文較少，因此試圖對此進行研究。

本書研究的目的在於弄清部分代表性類書編纂有哪些步驟，編纂的主導思想，如何確定類目等。希望找出其中的共性和個性，分析編書人員的編輯思想與新的編修特點，以期對類書編纂過程進行系統地考量，進而爭取提出些許有價值的看法。

總之，宋「四大書」是我國古代兼有「百科全書」和「資料匯編」性質的工具書。因其內容廣徵博引，並隨類相從而得名。它以輯錄古書中的史實典故、

名物制度、詩賦文章、麗詞駢語，而且還包括自然科學方面的天地山川、百谷草木、鳥獸蟲角等知識，即有「存一書即存眾書」的重要地位。

一部書是否算作類書，至今各有看法；依其採輯範圍將類書概括為兩大類：一是匯編各種材料，山包海涵，綜合各類的一般類書，這是類書的正宗，也就是綜合性的類書；二為只輯一類的專門類書，這是類書的別體，也就是專門性類書。

《四庫全書總目提要》〈類書類〉小序云其編纂體制：

> 類事之書，兼收四部。而非經、非史、非子、非集[5]。

其中亦有以首字繫事者，如《駢字類編》；以末字（韻）繫事者，如《佩文韻府》。

我國古代類書，自魏《皇覽》開始到南北朝，編修類書的風氣尚未形成。進入唐代，各種類書顯著增加，收錄在《新唐書‧藝文志》丙部類書類中的類書，就有四十餘部[6]。在宋代，類書大為興盛，在《宋史‧藝文》所載的宋人類書，竟超過了三百部，數量之多，種類之繁[7]。

宋代的類書因為保存了大量已經失傳的古書及其篇章，對後來的史學研究，尤其是史料的尋找和古籍的校勘、整理，都具有十分重要的功用。因此，類書在我國古代典籍中已形成獨立的文獻，具有特殊的價值。

5　（清）永瑢等編纂，《四庫全書總目提要》卷一三五、子部四五、類書類一（臺北市：臺灣商務，民國 54 年 2 月臺 1 版），頁 2781。

6　（宋）歐陽修編撰，《新唐書》〈藝文志〉（臺北市：鼎文，民國 67 年 9 月初版）。

7　（元）脫脫等編纂，《宋史》卷二○七、〈藝文六〉（臺北市：鼎文，民國 67 年 9 月初版），頁 5293－5303。

第二章　宋代政府圖書編纂概要

　　宋代是我國封建經濟發展較快速的時期，農業生產的恢復和發展，手工業和商業的發達，為社會經濟的繁榮奠定堅實的基礎。宋朝初年，圖書的收集、整理、著錄，使國家藏書更加繁富。這些都為編纂圖書奠定了堅實的物質基礎。同時皇帝也十分重視圖書事業的發展，不僅多次詔集天下文人纂修圖書，而且在修書的過程中，親臨視察，面授方針大計。因此，宋代成為繼唐代之後圖書編纂事業最為突出及成就的朝代。

一、政府藏書的來源

　　北宋有天下，雖然僅有一百六十七年，但對於圖籍典藏及校理工作，似有獨樹風格的特色。宋朝承五代之後，雕印書籍，已具有良好的基礎。宋代收藏圖籍，似本前代作風；或借書繕寫，充實館閣的典藏；或校理群書，訂正舊本的謬誤。但其收藏數量，雖不及前代之富，唯有其遍設館閣，使藏書處所林立，確為前代所不及。其校理工作，雖屬因襲前人故智，唯其校定者，雕印流傳，影響後代頗鉅。

　　宋初的國家藏書，其基礎係為後周原藏和削平諸國所得。不言而喻，由於五代的戰亂和割據，在這個基礎上顯然較為薄弱。但宋初三朝非常注意訪求和保存已有的歷史文獻，使宋代的藏書不斷趨於豐富。

　　宋代在典校圖籍的次第方面，也是倣效前代。首先詔求天下遺書；或購募遺佚，或孤本錄副；對於獻書者，輕則賞錢，重則賜官。次則勘書，凡辨正異同，勘改訛失後，或送館閣典藏，或命雕板流傳。再次則為編錄，編次目錄，撰述要旨。

　　宋代崇文院內的昭文館、集賢院、史館是中央政府的藏書之所，史稱三館。
後來又分出秘閣，專藏重要圖書。

　　宋代館閣藏書，依據《宋史・藝文志》序記載：

　　　歷代之書籍，莫厄於秦，莫富於隋、唐。隋嘉則殿書三十七萬卷，而唐
　　　之藏書，開元最盛，為卷八萬有奇。其間唐人所自為書，幾三萬卷。則
　　　舊書之傳者，至是蓋亦鮮矣。陵遲逮於五季，干戈相尋，海宇鼎沸，斯
　　　民不復見《詩》、《書》、《禮》、《樂》之化。周顯德中，始有經籍刻版。
　　　學者無筆札之勞，獲睹古人全書。然亂離以來，編帙散佚，幸而存者，
　　　百無二三。宋初，有書萬餘卷；其後削平諸國，收其圖籍。及下詔遣使
　　　購求散亡，三館之書，稍復增益[1]。

　　又據楊萬里《誠齋揮麈錄》卷上記載：「國朝承五代搶攘之後，三館有書僅
一萬二千卷。乾德以後平諸國，所得漸廣[2]。」程俱《麟臺故事殘本》卷二中〈書
籍篇〉也有類似記載，其稱：「建隆初，三館有書萬二千餘卷[3]。」

　　上述所記載宋初藏書，以楊萬里、程俱說得更為具體。此後平定列國，所
得漸廣。自宋太祖乾德四年（966）起，屢下詔令，訪求遺書。於是館閣始群書
稍備，校理漸備。

　　北宋對於圖籍蒐集工作，似乎已達到「開購賞之科，以廣獻書之路[4]。」然
其接受前朝及五代十國藏書，也為其收藏來源之一。因此，在敘述宋代圖籍蒐
集之前，當就以下二者分別敘述：

1　（元）脫脫等纂修，《宋史・藝文志》序，頁1。

2　（宋）楊萬里撰，《誠齋揮麈錄》卷上，（收入「百川學海叢書」，臺北市：新興，民國58年7
　　月新1版），頁3314。

3　（宋）程俱撰，《麟臺故事殘本》卷二中「書籍篇」（臺北市：臺灣商務，民國55年），頁1。

4　（宋）程俱撰，《麟臺故事殘本》卷二中「書籍篇」，頁8。

（一）接受前朝及割據政權藏書

　　在宋初戰爭紛擾時期，宋太祖就派人四處搜集圖籍，以建立新王朝的藏書。宋太祖趙匡胤黃袍加身，奪取後周政權，建都開封，宋朝政府理所當然地接收周朝皇室藏書。而五代諸國的分據，凡據富庶之地者，都能聚集典籍，惟吳、蜀為多。

　　宋朝的建立結束五代十國的分裂局面，但長期動亂卻使圖籍遭受到比較嚴重的散佚。宋初的昭文館、史館、集賢院三館國家藏書的總數不過一萬二千餘卷，主要係繼承五代後周的文化遺產，所以在恢復社會經濟的同時，宋朝政府採取聚集圖籍的具體措施，如將南方諸國的圖籍收歸政府收藏。

　　依據史書記載接受割據政權藏書，共有五國。太祖有三，太宗有二，其中以孟蜀及江南所得者為最多。現就按宋滅其國年代先後，分述如下：

1. 荊南高氏圖籍

　　宋朝取得高氏圖籍，數目不詳。依據《宋會要輯稿》第五十五冊「崇儒」四之一五《宋會要・求書》記載：「太祖乾德元年，平荊南，詔有司盡收高氏圖籍，以實三館[5]。」

2. 後蜀孟氏圖籍

　　蜀地刻書，始於唐末，至五代而漸盛。後蜀孟氏從毋昭裔之請，刻印九經，尤為促進圖籍勃興之舉[6]。宋朝滅其國，並收其圖籍。依據《宋會要輯稿》第五十五冊「崇儒」四之一五《宋會要・求書》記載：

　　（乾德）三年九月，命右拾遺孫逢吉往西川取偽蜀法物圖書經籍印篆赴
　　闕。至四年五月，逢吉以偽蜀圖書法物來上。其法物不中度，悉命毀之；
　　圖書付史館[7]。

5　（宋）程俱《麟臺故事殘本》卷二中「書籍篇」、（元）馬端臨《文獻通考・經籍考》一文並與此同。

6　李致忠著，《歷代刻書考述》（成都：巴蜀書社，1990 年 4 月），頁 35。

7　（宋）李燾，《續資治通鑑長編》卷七文與此同；（宋）程俱《麟臺故事殘本》卷二中「書籍篇」
　　作「三年平蜀，遣右拾遺孫逢吉往收其圖籍，凡得書萬三千卷。」；（宋）王應麟《玉海》卷五二

3. 江南李氏圖籍

宋初取得十國之書最多者，僅南唐而已。依據《宋會要輯稿》第五十五冊「崇儒」四之一五《宋會要‧求書》記載：

> 開寶九年，江南平，命太子洗馬呂龜祥就金陵籍其圖書，得二萬餘卷，送史館。偽國皆聚典籍，惟吳、蜀為多，而江左頗精，亦多修述[8]。

4. 吳越錢氏圖籍

宋朝取得吳越之圖籍，數字不詳。依據《麟臺故事殘本》卷二中「書籍篇」記載：「兩浙錢俶歸朝，又收其書籍[9]。」

5. 北漢劉氏圖籍

此為太宗時所取得，然亦語焉不詳。依據《宋會要輯稿》第五十五冊「崇儒」四之一五《宋會要‧求書》記載：「（太平興國）四年五月，太原平。命左贊善大夫雷德源入城，點檢書籍圖畫[10]。」太原是北漢之都城，太祖時屢攻不破，太宗親征，攻下太原，得以沒收圖籍。

總之，除了南漢圖籍禁燬外，五代十國圖籍得精華部分，皆歸宋朝所藏。其中又以西蜀、南唐、吳越為多，且版本價值也高。宋代館閣之藏，也循此而漸豐，並奠定良好的基礎。

「祥符龍圖閣四部書」條注、（元）馬端臨《文獻通考‧經籍考一》並本此，似較會要為詳。宋本《皇朝編年綱目備要》稱四年五月收蜀圖書，亦能補其遺漏。據此，是得夢蜀之書，時在乾德四年五月，（清）畢沅《續資治通鑑》卷四所述，似甚正確。

8　（宋）程俱《麟臺故事殘本》卷二中「書籍篇」、（元）馬端臨《文獻通考‧經籍考一》「開寶八年冬，平江南。明年春，遣太子洗馬呂龜祥就金陵籍其圖書，得二萬餘卷，悉付史館。」（宋）王應麟《玉海》卷四三作「開寶九年，得江南圖書二萬餘卷。」得李唐之書二萬餘卷，諸書所載略同，似無異議。

9　（元）馬端臨《文獻通考‧經籍考一》本此文，也語焉不詳。

10　（清）徐松輯，《宋會要輯稿》第五十五冊「崇儒」四之一五《宋會要‧求書》，頁2237。案諸書缺載，此文可補其略。

（二）詔求圖籍

　　詔求圖籍，是一種利用政權力量，採取適當的獎勵方法徵集圖籍的方式，即所謂「勒之以天威，引之以微利」。在這種情況下，私人收藏家迫於無奈，也願意獻出自己的藏書。這樣，一來可以得到入仕途徑，爭取功名，甚至可能由此得到皇帝的賞識。二來獻書也有政府賞賜，無論得到何種賞賜，對某個人來說都是一種極大的榮耀。賞賜的豐薄，主要依據當時的財力和圖書本身的價值而定（見表一）。

表一　宋代獻書賞賜一覽表[11]

年　代	獻書情況	賞　賜　情　況
太祖乾德四年（966）	凡獻書者	送學士院考試， 堪稱館職者，具以聞名。
太宗太平興國九年 （984）	三百卷以上	送學士院考試，選任館職； 不堪任者，量才安排。
太宗淳化四年（993）	每卷 三百卷以上	賜給千錢， 量才求用。
太宗至道元年（995）	凡獻書者	進納入官，優給價值； 若不願得官與錢，賜給御書石本。
真宗咸平三年（1000）	三百卷以上	量才試問，賜給出身、酬獎， 若不親儒墨，即與班行內安排。
真宗大中祥符八年 （1015）	五百卷以上	優其賜，能可採者，別奏候旨。
仁宗嘉祐五年（1060）	每卷 五百卷以上	支絹壹匹， 特與文資安排。

11　李婷「略論宋代館閣藏書的基本來源」，《江蘇圖書館學報》1997年第2號，頁47。

徽宗宣和四年（1122）	凡獻書者	優與支賜，分等給賞或以官或酬以帛。
高宗紹興三年（1133）	凡獻書者	酬以厚賞。
高宗紹興十六年（1146）	獻晉唐墨跡真本者、秘閣闕書善本及二千卷不及二千卷以上	取旨優異推恩有官，人與轉官，士與永免文解或免解，比類增減推賞如願給者，總計工墨紙，優與支給。

上表基本反映兩宋時期的獻書賞賜情況。由表一可見，王朝建立初期更為重視圖籍的搜求工作。這是因為上一個王朝滅亡，圖籍散失嚴重，新王朝要建立自己的藏書機構，必須搜集散亡在民間的圖籍，這一方法是很有成效的。

北宋訪求圖籍的工作，由於帝王對文教的重視，故能做的普遍而深入。自太祖乾德四年（966），下詔訪求遺書後，繼太宗、真宗、仁宗、徽宗等，都能傚效太祖而為之。北宋詔求遺書，就史籍所載，分述如下：

1. 太祖詔求圖籍

宋太祖除了廣泛地搜集民間藏書，充實館閣藏書外，並於乾德三年（965），開始徵集圖籍，四年又詔求遺書。依據《宋會要輯稿》第五十五冊「崇儒」四之一五「宋會要・求書」記載：

> （乾德）四年閏八月，詔購亡書，凡進書者，先令史館點檢，須是館中所闕，即與收納；仍送翰林學士院引試，驗問吏理。堪任職官者，官得具名以聞。是歲三禮涉弼、三傳彭翰、學究朱載，皆應詔獻書，總千二百二十八卷，命分置館閣，賜弼等科名[12]。

此為北宋詔求天下遺書的首次記載，然而此詔書奠定了宋代獎勵獻書基本

12　（宋）程俱《麟臺故事殘本》卷二中「書籍篇」、（清）畢沅《續資治通鑑》卷四，文意略同，惟語句前後錯舉。（元）馬端臨《文獻通考・經籍考一》本（宋）程俱《麟臺故事殘本》，故同。

原則，雖然各朝具體的獎勵規定有所差別，但其總原則是一致的。

2. 太宗詔求圖籍

宋太宗繼太祖搜集的藏書，並廣開收書之路，擴大圖書來源。太宗崇儒，尤好文雅，對於右文之事，尤為顯著。太宗詔求圖籍，主要者有：

(1) 先賢墨跡：

依據《宋會要輯稿》第五十五冊「崇儒」四之一五至一六「宋會要‧求書」記載：

> （太平興國）二年十月，詔諸州搜訪先賢筆跡圖書以獻：荊湖獻晉張芝草書及唐韓幹畫馬三本，潭州石熙載獻唐明皇所書道林寺王喬觀碑，袁州王澣獻宋之問所書龍鳴寺碑，昇州獻晉王羲之、王獻之、桓溫二十八家石版書跡，韶州獻唐相張九齡畫像及文集九卷。

> 六年十二月，詔開封府及諸道轉運遍下營內州縣搜訪鍾繇墨跡，聽於所在進納，優給緡貫償之。並下御史臺告諭文武臣僚，如有收者，亦令進納。是歲鎮國軍節使錢惟演以鍾繇、王羲之、唐明皇墨跡，凡七軸獻。八年，秘書監錢昱又獻鍾繇、羲之墨跡八軸，並優詔答之。八年十月，越州以王羲之畫像並其石硯來獻[13]。

此連年詔求墨跡，可殆補三館之闕。

(2) 四部圖書：

太宗對於四部圖書的詔購，除《宋史‧本紀》稱太平興國六年（981）十二月癸酉購求醫書外，另有二次大規模的詔購。

第一次詔購是在太平興國九年（984）九月正月，依據《宋會要輯稿》第五十五冊「崇儒」四之一六、「宋會要‧求書」記載：

13　（清）徐松輯，《宋會要輯稿》第五十五冊「崇儒」四之一五、一六「宋會要‧求書」，頁 2237～2238。案（宋）王應麟《玉海》卷四三節錄其文，意同。

（太平興國）九年正月詔曰：國家勤求古道，啟迪化源，國典朝章，咸從振舉，遺編墜簡，宜在詢求，致治之先，無以加此。宜令三館所有書籍，以開元四部書目比校，據見闕者，特行搜訪；仍具錄所少書於待漏院榜示中外。若臣僚之家，有三館闕書，許上之。及三百卷以上者，其進書人送學士院引驗人才，書判試問公理。如堪任職官者，與一子出身；或不親儒墨者，即與安排。如不及三百卷者，據卷帙多少，優給金帛。如不願納官者，借本繕寫畢，卻以付之[14]。

　　太宗深悟「教化之本，治亂之源，苟無書籍，何以取法[15]。」故大力搜訪，廣求天下遺書。至道元年（995），又有第二次的詔購。依據《宋會要輯稿》第五十五冊「崇儒」四之一七「宋會要‧求書」記載：

至道元年六月十日，命內品監秘閣三館書籍，裴愈、葉傳往江南、兩浙諸州購募圖籍。 願送官者，優給其直；不願者，就所在差能書史繕寫，以舊本還之，仍齎御書石本所在分賜之。愈還，凡購得古書六十餘卷，名畫四十五軸，古琴九，王羲之、貝靈、該懷素等墨跡，共八本藏於秘閣[16]。

　　太宗又於淳化四年（993）三月，詔三館所少書，有進納者，卷給千錢，三百卷以上，量才錄用[17]。然僅次於太平興國六年（981）十二月購求醫書，恐其

14　（宋）程俱《麟臺故事殘本》卷二中「書籍篇」、（宋）王應麟《玉海》卷四三、（元）馬端臨《文獻通考‧經籍考一》等並作九年正月，與此文同。

15　（清）徐松輯《宋會要輯稿》第五十五冊「崇儒」四之一六、「宋會要‧求書」，頁2238。（宋）李燾《續資治通鑑長編》卷二五（收入《景印文淵閣四庫全書》第314冊，臺北市臺灣商務，民國72年）。

16　（宋）程俱《麟臺故事殘本》卷二中「書籍篇」文同；（宋）王應麟《玉海》卷四三節其文，（宋）李燾《續資治通鑑長編》卷三八、（清）徐乾學《資治通鑑後編》卷一七、（清）畢沅《續資治通鑑》卷一八等，節其文較《玉海》為詳，惟並缺葉傳其人，可補諸書之缺。

17　（宋）程俱撰，《麟臺故事殘本》卷二中「書籍篇」，頁3。

影響不及上述二者之大。總之，太宗在位二十二年，其得五代十國之書者二，詔求遺書者四，又搜訪先賢墨跡不遺餘力，對於館閣之藏，影響至鉅。

3. 真宗詔求圖籍

真宗崇儒，乃有父之風。對於訪求圖籍乙事，不遺餘力，據《麟臺故事殘本》卷二中「書籍篇」載：

> 咸平二年閏三月，……時京師藏書之家，惟故相王溥家為最多，每借取傳寫既畢，即遣中使送還。先是，上謂輔臣曰：國家搜訪圖書，其數漸廣，臣庶家有聚書者，朕皆令借其錄目參校內府及館閣所有。其闕少者，借本抄填之，邇來所得甚多，非時平無事，安能及此也[18]。

這是私人藏書目錄被徵借的最早記載。

真宗即位後，因直集賢院李建中言：

> 太清樓群書，恐有謬誤，請選官重校，上因閱書目，見其闕者尚多，仍詔天下購館閣遺書[19]。

依據《麟臺故事殘本》卷二中「書籍篇」及《宋會要輯稿》第五十五冊「崇儒」四之一七「宋會要·求書」記載：

> （咸平）四年十月二十七日詔曰：國家設廣內石渠之署，訪羽陵汲冢之書，法漢氏之前規，購求雖至，驗開元之舊目，亡逸尚多，庶墜簡以畢臻，更懸金而示賞，式廣獻書之路，且開與進之門，應中外臣庶家有收得三館所少書籍，每納到一卷給千錢，仰判館看詳，委是所少之書及卷

18　同上註，頁 3～4。

19　見（宋）李燾《續資治通鑑長編》卷四九，惟《續資治通鑑長編》不錄詔，此詔僅見（清）徐松輯《宋會要輯稿》及（宋）程俱《麟臺故事殘本》卷二中「書籍篇」，下文錄之，為真宗求天下遺書極重要文件。

帙，別無差誤，方得收納。其所進書如及三百卷以上，量材試問與出身酬獎，如或不親儒墨，即與班行內安排。宜令史館鈔出所少書籍名目，於待漏院張懸及遞諸路轉運司散行告示，申太平興國之詔也。且令杜鎬、陳彭年因其時編整籤帙，區別真偽，仍令宋綬、晏殊參之。又命三司使丁謂及李宗諤搜補遺闕[20]。

　　這種「小則償以金帛，大則授之以官」的獎勵辦法，雖然帶來一些人偽立名目、妄分卷帙的弊病，但畢竟進納並多，也得到了蒐集歷史文獻的作用[21]。這便為仁宗時纂修《崇文總目》作了準備的條件。

　　至大中祥符年間，館閣之藏，依據《文獻通考・經籍考一》記載：「自建隆至大中祥符，著錄總三萬六千二百八十卷[22]。」但在大中祥符八年（1015）夏，榮王宮火災延及館閣，藏書所存無幾。待崇文外院於皇城外別建外，陳彭年主持以太清樓本重寫外，於是獻書者，大有其人。依據《麟臺故事殘本》卷二中「書籍篇」記載：

又請募人以書籍鬻于官者，驗真本酬其直，與顧（疑作雇）筆工庸等，五百卷以上，優其賜；或藝能可采者，別奏候旨。於是獻書者十九人，悉賜出身及補三班，得一萬八千七百五十四卷[23]。

20　案（宋）王應麟《玉海》卷四三作「咸平四年十月甲子」與（清）徐松輯《宋會要輯稿》同。（宋）王明清《揮塵前錄》卷一「皇朝列聖搜訪書籍」條、（宋）楊萬里《揮塵錄》卷上，並作「咸平三年」誤。（宋）李燾《續資治通鑑長編》卷四九、（清）徐乾學《資治通鑑後編》卷二一、（清）畢沅《續資治通鑑》卷二十二等從《宋會要輯稿》說，即其明證。《續資治通鑑長編》、《資治通鑑後編》、《續資治通鑑》節錄詔文並作「詔天下購館閣遺書，每卷給千錢，及三百卷者，當量材錄用。」（宋）王應麟《玉海》節錄其前後文，與此稍異。

21　引文見（清）徐松輯，《宋會要輯稿》第五十五冊「崇儒」四之一八「宋會要・求書」之「王欽若上奏語」，頁2239。

22　（元）馬端臨撰，《文獻通考・經籍一》（收入《景印文淵閣四庫全書》第614冊，臺北市：臺灣商務，民國72年），頁21。

23　（清）徐松《宋會要輯稿》第55冊「宋會要・求書」作「萬七百五十四卷」、（宋）不著撰人《楓窗小牘》卷下亦同。案十九人獻書，其人姓氏，諸書欠載。

此後續獻書者，《麟臺故事殘本》卷二中「書籍篇」續載二則：

> 天禧元年八月，提舉校勘書籍所言：學究劉溥、侯惟哲獻太清樓無本書，各及五百卷，請依前詔甄錄，從之。

> 二年五月，長樂郡主獻家藏書八百卷，賜錢三十萬，以書藏秘閣[24]。

獻書之事，雖始於乾德四年（966），然其數字不及萬，而《楓窗小牘》卷下，以宋朝開獻書之路者，舉「祥符中獻書者十九人」為首[25]，是真宗時獻書，宋人視為詔求圖籍之要事。

4. 仁宗詔求圖籍

仁宗承先人之餘緒，也有訪求遺書之舉。惟此時訪書似不及太宗、真宗二朝積極，此時館閣藏書重點在於典校與編錄。仁宗即位後，始有下詔訪求遺書之事，據《宋史・仁宗本紀》載：「景祐三年五月庚辰，購求館閣逸書[26]。」此後歷寶元、康定、慶曆、皇祐、至和、嘉祐等二十三年，至嘉祐四年（1059）正月，因秘閣校理吳及之言，又求遺書，依據《麟臺故事殘本》卷二中「書籍篇」記載：

> 嘉祐四年正月，右正言秘閣校理吳及言：祖宗更五代之弊，設文館以待四方之士，而公相率繇由此而進，故號令風采，不減漢、唐。近年用內臣監館閣書庫，借出書籍，亡失已多。又簡編脫落，書吏補寫不精，非

24　劉溥、侯惟哲、長樂郡主三人獻書，並見於（清）徐松《宋會要輯稿》第五十五冊「崇儒」四之一八「宋會要・求書」，文同。劉、侯獻書事，亦見（宋）王應麟《玉海》卷五二；長樂郡主獻書，《玉海》闕載。

25　（宋）不著撰人，《楓窗小牘》卷下（收入『景印文淵閣四庫全書』第 1038 冊，臺北市：臺灣商務，民國 72 年），頁 224。

26　（宋）李燾《續資治通鑑長編》卷一一八、（清）徐乾學《資治通鑑後編》卷四二、（清）畢沅《續資治通鑑》卷四〇、（清）徐松《宋會要輯稿》第五十五冊「崇儒」四「宋會要・求書」等缺錄，（宋）王應麟《玉海》卷四三及五二有簡略記載，與（元）脫脫《宋史》略同。

國崇鄉儒學之意。請選館職三兩人，分館閣吏人編寫書籍，其私借出與借之者，並以法坐之。仍請求訪所遺之書[27]。

但五年八月，下詔求書，確因吳及之言所起。依據《麟臺故事殘本》卷二中「書籍篇」記載：

> 嘉祐五年八月壬申詔曰：國家承五代之後，簡編散落。建隆初，三館聚書才萬卷。祖宗平定列國，先收圖籍，嘗分遣使人，屢下詔令，訪募異本，補輯漸至。景祐中，嘗詔儒臣，校定篇目，偽謬重複，並從刪去。朕聽政之暇，無廢覽觀。以今秘府所藏，比唐開元舊錄，遺逸尚多，宜開購賞之科，以廣獻書之路。應中外士庶之家，並許上館閣所闕書，每卷支絹一疋，及五百卷，特與文資安排[28]。

此次搜訪餘波，兼及六年。據《玉海》卷五十二「嘉祐編定書籍」條注云：

> （嘉祐）六年六月，開獻書之道，詔諸道搜訪。中興書目有《嘉祐搜訪闕書目》一卷，首載六年六月求遺書詔書[29]。

27　（宋）李燾《續資治通鑑長編》卷一八九、（清）徐乾學《資治通鑑後編》卷六六、（清）畢沅《續資治通鑑》卷五七、（宋）王應麟《玉海》卷五二、（元）馬端臨《文獻通考‧經籍考一》等，文並略同。不過此次乃在命置館閣編定書籍官，有無訪書，諸書缺載。

28　（清）徐松《宋會要輯稿》第五十五冊「崇儒」四之一九「宋會要‧求書」稱「吳及乞降三館秘閣書目，付諸郡長吏於所部求訪遺書，故降是詔。」考（元）脫脫《宋史‧仁宗本紀》僅云「八年五月壬申，詔求遺書。」（宋）李燾《續資治通鑑長編》卷一九二其文頗簡，（清）徐乾學《資治通鑑後編》卷六八、（清）畢沅《續資治通鑑》卷五九疑襲《續資治通鑑長編》。（宋）王應麟《玉海》卷四三及五二文極簡要，惟與《續資治通鑑長編》稍異。（元）馬端臨《文獻通考‧經籍考一》所錄詔文與（宋）程俱《麟臺故事》同，惟缺載年月，與吳及之言相混。（宋）王明清《揮麈前錄》卷一及（宋）楊萬里《揮麈錄》卷上，所錄《宋史》詳，但較《玉海》簡。由上述諸家記載看，是此次下詔求訪遺書，備受後世所注意。

29　（宋）王應麟《玉海》卷五二（收入《景印文淵閣四庫全書》第944冊，臺北市：臺灣商務，民國72年），頁413。諸書缺載，此文可補史籍不足。

同年八月，又詔訪七史。據《宋會要輯稿》第五十五冊「崇儒」四之一九「宋會要・求書篇」記載：

> （嘉祐）六年八月，詔三館秘閣校宋、齊、梁、陳、後魏、後周、北齊七史書，有不完者訪求之[30]。

此七史之能傳於今而不滅，其功有益於後世者頗大。

5. 神宗詔求圖籍

神宗詔訪圖籍，其績不優，此或由於變法所致。神宗即位後，有識之士，曾建議朝廷訪書，其搜訪計劃，似較前代精密。據《宋會要輯稿》第七十冊「職官」一八之三「宋會要・祕書省」記載：

> （熙寧）四年十月二十九日，集賢院學士史館修撰判秘閣宋敏求言：伏見前代崇建冊府，廣收典籍，所以備人君覽觀而化成天下。今三館秘閣各有四部書，分經史子集，其書類多訛舛，雖累加校正，而尚無善本。蓋讎校之時，論者以逐館幾四萬卷，卷數既多，難為精密，務在速畢，則每秩止用元寫本一再校而已，更無兼本照對，故藏書雖多，而未及前代也。臣欲乞先以前《漢書・藝文志》內所有書，廣求本令在館供職官，重複校正，既畢，然後校後漢時諸書。竊緣戰國以後及于兩漢，皆是古書，文義簡奧，多有脫誤，須要諸本參定。欲乞依昨來校七史例，於京師及下諸路藏書之家，借本繕寫，送官俟其究精。以次方及魏、晉，次及宋、齊以下，至唐。則分為數等，取其勘者則校正，餘皆置之。庶幾秘府文籍，得以完善[31]。

30　（清）畢沅《續資治通鑑》卷五九、（明）解縉《永樂大典》卷一二四二九引（宋）李燾《續資治通鑑長編》並作為八月庚申，餘與（清）徐松《宋會要輯稿》文同，惟（清）徐乾學《資治通鑑後編》卷六九並缺此事之記載。

31　（元）馬端臨《文獻通考・經籍考一》所用文字，與此略同。

惟熙寧七年（1074）有人獻書。據《文獻通考・經籍考》記載：

> （熙寧）七年，命三館秘閣編校所看詳。成都府進士郭有直及其子大亨，所藏書三千七百七十九卷，得秘閣所無者五百三卷，詔官大亨為將作監主簿。自是中外以書來上，凡增四百四十部六千九百三十九卷[32]。

神宗元豐以後，忙於官制的改革，故訪書之事頗少。

6. 徽宗詔求圖籍

徽宗訪求遺書，頗為殷勤。下詔求募者三，建議訪求者二，獻書者二，故自熙寧以來，搜訪補輯，至宣和而極盛。

依據《宋會要輯稿》第五十五冊「崇儒」四之一九「宋會要・求書」記載：

> 崇寧二年五月四日，詔兩浙、成都府路有民間鏤板奇書，令漕司取索，送秘書省[33]。

第二次下詔訪求者，依據《宋會要輯稿》第五十五冊「崇儒」四之一九「宋會要・求書」記載：

> 宣和四年四月十八日詔：朕惟太宗皇帝底定區宇，作新斯文，屢下詔書，訪求亡逸；冊府四部之藏，庶幾乎古，歷歲寖久，有司翫習，多致散缺，私室所閟，世或不傳；可令郡縣諭旨訪求，許士民以家藏書所在自陳，不以卷帙多寡，先具篇目申提舉秘書省以聞，聽旨遞進，可備收錄，當

---

32 諸書不載此事，唯獨（元）馬端臨《文獻通考・經籍考》存之，必別有所據。（清）徐松《宋會要輯稿》第五十五冊「職官」一八之四「宋會要・秘書省」：「七年詔置補寫所，六月二十二日監三館秘閣言看詳。崇文院孔目官孟壽安陳詔書內求訪到書籍只各一部。」此可作《文獻通考・經籍考》文稿來源之旁證。

33 古代益州鏤板，向稱發達。元豐五年官制行，崇文院為秘書省。是此文稱送秘書省，亦即取鏤板奇書送館閣收藏。

優與支賜，或有所秘未見之書，有足觀采，即命以官議以崇獎，其書錄
畢給還，若率先奉行，訪求最多，州縣亦具名聞，庶稱朕表章闡繹之意。
令禮部疾速遍牒施行[34]。

據此，則此次下詔訪求，僅為校對，不在異本的搜訪，故異於崇寧的詔求。
建言訪求者為秘書省官員，此亦有二次。依據《宋會要輯稿》第七十冊「職
官」一八之一四「宋會要‧秘書省」記載：

大觀四年五月七日，秘書監何志同言：《漢書》、《七略》凡為書三萬三千
九百卷，隋所藏至三十七萬卷，唐開元間亦不下八萬九千六百卷。慶曆
間嘗命儒臣集四庫為籍，名之曰『崇文總目』，凡三萬六百六十九卷。慶
曆距今未遠也，試按籍而求之，十纔六七；號為全備本者，不過二萬餘
卷；而脫簡斷編，亡散闕逸之數寖多，謂宜及今有所搜採，視慶曆舊錄
有未備者，頒其名數於天下，委逐路漕臣選文學博雅之士，加意求訪。
總目之外，別有異書，並許借傳，或官給筆札，即其家傳之，就加校定，
上之冊府。此外，更有諸處印本及學者自著之書，臣僚私家文集願得藏
之秘府者，皆許本省移文所屬，印造取索[35]。

第二次建言訪求者，也為秘書省官員。依據《宋會要輯稿》第五十五冊「崇
儒」四之一九「宋會要‧求書」記載：

政和二年七月十七日，秘書少監趙存誠言：諸州取訪遺書，乞委監官總

34　（元）馬端臨《文獻通考‧經籍考一》有此詔，文同。（宋）程俱《麟臺故事殘本》卷二中「書籍
　　篇」、（清）徐乾學《資治通鑑後編》卷一○一有明文可核對。

35　（清）徐松《宋會要輯稿》第五十五冊「宋會要‧求書」文與此略同，惟《漢書》作「漢著」，應
　　從之。（宋）王應麟《玉海》卷五二僅節錄其文共三十九字。（清）徐乾學《資治通鑑後編》卷九
　　七、（清）畢沅《續資治通鑑》卷九○缺載，可補其缺。

領，庶天下之書，悉歸秘府[36]。

北宋末期獻書者有二，依據《宋會要輯稿》第五十五冊「崇儒」四之二〇「宋會要・求書」記載：

> 宣和五年二月二日，提舉秘書省言：奉旨搜訪士民家藏書籍，悉上送官參校，有無募工繕寫，藏之御府。近榮州助教張頤進五百四卷，開封府進士李東進六百卷，與三館秘閣參校，內張頤二百二十一卷、李東一百六十二卷，委係闕遺，乞加褒賞。詔張頤賜進士出身，李東補迪功郎。

> 七年四月九日，提舉秘書省言：取索到王闐等家藏書，與三館秘閣見管帳目比對，到所無書六百五十八部、一千五十一冊軸，計二千四百一十七卷。及集秘書省官校勘，得並係善本看詳，逐人家藏書籍，比前後所進書數稍多。詔王闐補承務郎，張宿迪功郎[37]。

依據《文獻通考・經籍一》有一段總結記載：

> 自熙寧以來，搜訪補緝，至宣和盛矣。至靖康之變，散失莫考。今見於著錄，往往多非曩時所訪求者，凡一千四百四十三部、二萬五千二百五十四卷[38]。

---

36 （清）徐乾學《資治通鑑後編》卷九八、（清）畢沅《續資治通鑑》卷一並稱「七月壬申訪天下遺書。」是七月中訪書，實有其事。何志同、趙存誠之建言，史稱「從之」，則《資治通鑑後編》等所言可信。

37 （元）馬端臨《文獻通考・經籍一》、（宋）不著撰人《楓窗小牘》卷下所言與此同。

38 （元）馬端臨撰，《文獻通考・經籍一》（收入《景印文淵閣四庫全書》第 614 冊，臺北市：臺灣商務，民國 72 年），頁 21。

　　據此，熙寧至宣和的詔募，略與宋初同。北宋館閣藏書，其所得者，諸書記載，尚能考見；然其所失者，卻無法從諸書中考見其原委，甚至也無法得知其遺佚之情形。

　　至於私人獻書，不僅量大，而且可能獻出珍本。一般說來，獻書價值高、數量多，賞賜也就優厚。宋代獻書者所得賞賜各不一樣，或賜銀兩絹匹，或賜進士出身，或賜書籍，或賜紫章服，或轉官、補官，或差遣、免解，或減少磨勘年銀。據《宋會要輯稿》第五十六冊「崇儒」五之三四「中興會要」記載：

> 高宗紹興十三年八月二十三日，詔湖南路安撫司參議官王銍上《太元經解義》等，令戶部賜銀三百兩。其後又進祖宋八朝《聖孝通紀論語》，轉一官[39]。

　　王銍因獻書出幾部珍籍，就賜銀三百兩并轉一官，這種賞賜是很高的，可見政府對詔求之道的重視程度。

　　依據《宋史・藝文志》，兩宋國家藏書的數量詳見表二：

表二　　兩宋時期國家藏書統計表[40]

朝代 ＼ 數量		部　數	卷　數	總部數	總卷數
北	太祖 太宗 真宗	三、三二七	三九、一四二	六、七〇五	七三、八七七

39　（清）徐松輯，《宋會要輯稿》「崇儒」五之三四、「中興會要」，頁 2263。

40　（元）脫脫等纂修，《宋史藝文志》序（臺北市：臺灣商務，民國 55 年 3 月臺 1 版），頁 3。

宋	仁宗 英宗	一、四七二	八、四四六		
宋	神宗 哲宗 徽宗 欽宗	一、九〇六	二六、二八九		
南宋	孝宗	（缺）	四四、四八六	（缺）	五九、四二九
南宋	寧宗	（缺）	一四、九四三		

這個統計，副本並未計算在內。據《續資治通鑑長編》卷一九載：「崇文院建成時，三館藏書正副本有八萬卷[41]。」熙寧四年（1071）十月二十九日集賢院學士、史館修撰判祕閣宋敏求云：「三館、祕閣各有四部書，分經、史、子、集，⋯⋯逐館幾四萬卷[42]。」這就是說神宗初年，三館藏書正副本約有十六萬卷。

又據（明）胡應麟《少室山房筆叢》卷一「經籍會通一」載：

> 考諸史藝文志，往往與當時書目相左。⋯⋯宋《崇文總目》四萬，《中興目》五萬，而史十一萬九千九百七十二卷。蓋史或會萃一代，志但紀錄一時，故不無異同，而《宋史》則深可疑也[43]。

又諸史藝文志所引的藏書數目，往往和當時書目所引的有差異，可能是彼此記錄的年限不同之故。

自北宋初期建立崇文院，至南宋政權滅亡，雖然歷經自然災害、戰亂和人

41　（宋）李燾《續資治通鑑長編》卷一九，頁280。

42　（清）徐松輯，《宋會要輯稿》第七十冊「職官」一八之三「宋會要・祕書省」，頁2756。

43　（明）胡應麟撰，《少室山房筆叢》卷一「經籍會通一」（收入《景印文淵閣四庫全書》第886冊），頁174。

為損壞，館閣藏書卻經久不衰，這與宋政府長期堅持館閣藏書的基本典藏很有
關係。

二、館閣制度

宋代館閣是國家藏書機構，兼有國家典籍的編校和收藏兩種職能。宋人不
僅注重書籍的編撰、校勘與雕印，同時朝廷亦重視館閣的興建，委重臣加以執
掌，並隆遇各種館職人員，使得館閣成為宋代重要文化設施之一。

宋代崇文院通稱三館秘閣，三館是昭文館、史館、集賢院的合稱，為國家
圖書事業的主要機構。崇文院既沿襲了唐、五代以來中央政府藏書舊制，又成
為宋代在官藏史上首次獨立建置單一的官藏中心。

（一）館閣機構

唐代兩京皆有三館，而各為之所，因此逐館命修撰文字，而宋朝三館合為
一，並在崇文院中[44]。據《唐六典》卷八注載：

> 武德初置修文館，武德末改為弘文館。神龍元年，避孝敬皇帝諱改為昭
> 文。二年又改為修文。景雲二年改為昭文。開元七年又改為弘文，隸門
> 下省。……儀鳳中以館中多圖籍，置詳正學士校理。自垂拱以來，多大
> 臣兼領。館中有四部書。貞觀初，褚無量檢校館務，學士號為館主，因
> 為故事[45]。

又卷九注載：

44　（宋）江少虞撰，《宋朝事實類苑》卷二五「三館」條（收入《景印文淵閣四庫全書》第 874 冊，
　　臺北市：臺灣商務，民國 72 年），頁 213。

45　唐玄宗御撰、（唐）李林甫等注，《唐六典》卷八（收入《景印文淵閣四庫全書》第 595 冊，臺北
　　市：臺灣商務，民國 72 年），頁 92。

開元五年，於乾元殿東廊下寫四部書以充內庫，乃令右散騎常侍褚無量、秘書監馬懷素總其事。……七年於麗正殿安置，為修書使。……十三年召學士張說等宴於集僊殿，於是改名集賢殿，修書所為集賢殿書院，五品已上為學士，六品已下為直學士，以說為大學士知院事[46]。

又據《通典》卷二一載：

武德初，因隋舊制，官史屬秘書省著作局。至貞觀三年移史館於門下省北，宰相監修。自是著作局始罷史職。及大明宮初成（貞觀八年），置史館於門下省之南。開元二十五年，宰相李林甫監史，以中書地切樞密，記事者宜其附近史館。諫議大夫尹愔遂奏移於中書省北[47]。

唐之三館屬中書、門下兩省，各有其所，各有其務，所以有相當之名稱，弘文館（昭文館）有四部書，設學士檢校；集賢殿負責修書；史館則修史。因為三館位居清要，所以由次相兼領，此與宋時三館不同。所以，昭文館在唐武德初建立時稱修文館，後又改稱弘文館。後梁末帝貞明年間（915～920），始置三館於汴都禁中。據《職官分紀》卷一五載：

唐昭文館隸門下省，史館寓集賢，尚未合為一；梁遷都於汴，舊制未備，至貞明中始以今右長慶門東北小屋數十間為三館[48]。

宋太祖建隆元年（960）二月，因避宣祖弘殷諱，下詔將弘文館易名為昭文

46　唐玄宗御撰、（唐）李林甫等注，《唐六典》卷九，頁98。

47　（唐）杜佑撰，《通典》卷二一（收入《景印文淵閣四庫全書》第603冊，臺北市：臺灣商務，民國72年），頁259。

48　（宋）孫逢吉撰，《職官分紀》卷一五（收入《景印文淵閣四庫全書》第923冊，臺北市：臺灣商務，民國72年），頁366。

館[49]。

　　宋初，三館在右長慶門東北，亦稱西館，即後梁建館的舊館，僅有小屋數十間，建築十分簡陋，是不適宜於做圖書館的。當時設置的原因可能為了修史，那時圖書不多，不需要像唐代分地收藏，於是因陋就簡，仍然襲用唐制三館之名，但無三館之實。據《宋會要輯稿》第七十冊「職官」一八之五〇「宋會要·崇文院」記載：

　　　湫隘卑痹，僅庇風雨。周廬徼道出於其旁，衛士驅卒，朝夕喧雜。每受詔撰述，皆移他所[50]。

　　太宗繼位後，命有司別建三館，太平興國三年（978）二月，以三館新修書院為崇文院，盡遷西館之書入藏。據《宋會要輯稿》第七十冊「職官」一八之五〇「宋會要·崇文院」記載：

　　　太平興國二年，太宗幸三館，顧左右曰：是豈以蓄天下圖書，待天下之賢俊耶？即日詔有司度左昇龍門東北車府地為三館，命內侍督工徒，晨夜兼作，其棟宇之制，皆帝所親授自舉，車駕凡再臨幸。三年二月丙辰朔，成。有司奏功畢。乃下詔曰：國家聿新崇構，大集群書，宜錫嘉名，以光策府，其三館新脩書院，宜為崇文院[51]。

　　崇文院建成後，採取了下詔徵集圖書，並公佈缺佚書目錄，搜集公私新撰

49　（清）徐松輯，《宋會要輯稿》「職官」一八之五〇「宋會要·崇文院」（臺北市：世界，民國66年5月再版），頁2779。

　　（宋）王應麟撰，《玉海》卷一六五「建隆元年二月，詔改弘文館為詔文館。」

50　（清）徐松輯，《宋會要輯稿》「職官」一八之五〇「宋會要·崇文院」（臺北市：世界，民國66年5月再版），頁2779。

51　（清）徐松輯，《宋會要輯稿》第七十冊「職官」一八之五〇「宋會要·崇文院」（臺北市：世界，民國66年5月再版），頁2779。

圖書和政府出版品，充實館藏等方法，使收藏圖書無論在數量和質量方面，都有明顯的提高。

　　有關崇文院的建築和內部的設備，記載不多，但崇文院在宋代朝廷建築中是很突出的。據《玉海》卷一六八稱：崇文院「輪奐壯麗，冠乎內庭，近世鮮比[52]。」其佈置概況，據《宋會要輯稿》第七十冊「職官」一八之五〇「宋會要・崇文院」記載：

> 既成，盡遷西館之書，分為兩廊貯焉。以東廊為昭文書庫，南廊為集賢書庫，西廊分經、史、子、集四部為史館書庫，凡六庫書籍，正副僅八萬卷。初乾德中平蜀得書萬三千卷，開寶中平吳得書二萬卷，參以舊書為八萬卷，凡六庫書籍，皆以類相從[53]。

　　太宗又下詔開敞御苑，廣植花木，引溝水築池、灌花。院內分東、南、西三廊六庫藏書，用雕木做書架，再用青綾為簾幕[54]。

　　太宗端拱元年（988）五月，下詔就崇文院中堂建秘閣，分三館書萬餘卷藏之。有關秘閣的宏麗，有兩段記載。據沈括《夢溪筆談》卷二四「雜志一」：「內諸司舍屋，唯秘閣最宏壯。閣下穹隆高敞，相傳謂之『木天』[55]。」又據程俱《麟臺故事》卷一「省舍」記載徽宗時的秘閣：「朱碧輝煥棟宇宏麗，上鄰清都，為京城官府之冠[56]。」在其建築物的防火條件不足時，未能做到分地收藏。沈括說：

52　（宋）王應麟撰，《玉海》卷一六八（收入《景印文淵閣四庫全書》第 947 冊，臺北市：臺灣商務，民國 72 年），頁 356。

53　（清）徐松輯，《宋會要輯稿》第七十冊「職官」一八之五〇「宋會要・崇文院」，頁 2279。案（宋）李燾《續資治通鑑長編》卷一九、（宋）孫逢吉《職官分紀》卷一五、（宋）王應麟《玉海》卷五二及一六八、（元）馬端臨《文獻通考・經籍考一》等，所述略同。

54　（清）徐松輯，《宋會要輯稿》第七十冊「職官」一八之五〇「宋會要・崇文院」，頁 2779。

55　（宋）沈括著，《夢溪筆談》卷二四「雜志一」（長沙市：岳麓書社，1984 年 4 月），頁 199。

56　（宋）程俱撰，《麟臺故事》卷一「省舍篇」（收入《景印文淵閣四庫全書》第 595 冊，臺北市：臺灣商務，民國 72 年），頁 309。

前世藏書，分隸數處，蓋防水火散亡也。今三館秘閣，凡四處藏書，然同在崇文院[57]。

秘閣既為特藏書庫，在政府藏書中甚為重要，兩宋時期曾多次詔令增修秘閣。第一次增修秘閣，是在太宗淳化三年（九九二），據《玉海》卷一六三載：

淳化三年五月，詔增修秘閣先是度崇文院之中堂為秘閣而址層宇未立，書籍止置偏廡內，至是始命修之，八月閣成。……以御製秘閣贊刻石，詔其贊并序，朕兼為親書并篆額，以旌秘省[58]。

第二次增修秘閣，是在真宗景德四年（1007），據《玉海》卷一六三載：「景德四年五月，幸館閣周覽圖籍，以秘閣地狹分內藏西庫，以廣之[59]。」秘閣設置至此已有二十年，政府藏書愈來愈多，秘閣原建在崇文院之中堂，位置狹窄，不能滿足藏書的需要，有必要擴充館舍，於是有第二次的增修。

第三次增修秘閣，是在北宋末年徽宗時。據《玉海》卷一六三載：「徽宗即位二年，重修秘閣，崇寧元年成[60]。」

第四次增修秘閣，是在南宋寧宗嘉定六年（1213），據《南宋館閣續錄》卷二載：

嘉定六年夏，三館以積久頹弊，申蒙朝廷降錢，委工部并本省長貳計置修益，以六月十八日興工，八年七月畢，共約費錢九萬餘貫，中外一新

57　（宋）沈括著，《夢溪筆談》卷一，頁6。
58　（宋）王應麟撰，《玉海》卷一六三，頁271～272。
59　（宋）王應麟撰，《玉海》卷一六三，頁272。
60　同上註。

焉[61]。

第五次增修，是在南宋理宗紹定四年（1231），據《南宋館閣續錄》卷二載：

> 紹定四年秋，三館因居民遺漏延燎，僅存著作庭及後園。 本省具申朝廷
> 降錢，委轉運司臨安府計置起造。以十一月一日興工，……紹定十月畢
> 工，共約費三十五萬餘貫，中外鼎新規模一如舊式[62]。

秘閣新建後，三館、秘閣均在崇文院中，合稱「館閣」或「四館」。

崇文院歷經四十年後，不幸於真宗大中祥符八年（1015），因榮王宮火災，而延及崇文院。依據《麟臺故事殘本》卷二中「書籍篇」記載：「（真宗大中祥符）八年夏，榮王宮火延燔崇文院秘閣，所存無幾[63]。」

依據《玉海》卷一六八記載：

> 翰林學士陳彭年上言：唐制中書、門下兩省，宮城之內，有內省；宮城
> 之外，有外省。請於左右掖門外建外院，別置三館書庫。壬辰詔：於右
> 掖門外，別置崇文外院[64]。

但原址仍舊重修，作其他收藏之用。依據《職官分紀》卷一五記載：

61　（宋）不著撰人，《南宋館閣續錄》卷二「省舍」（收入《景印文淵閣四庫全書》第 595 冊，臺北市：臺灣商務，民國 72 年），頁 469。

62　（宋）不著撰人，《南宋館閣續錄》卷二「省舍」，頁 470。

63　（宋）程俱撰，《麟臺故事殘本》卷二中「書籍篇」（臺北市：臺灣商務，民國 55 年），頁五。案（宋）王應麟《玉海》卷一六八、（元）馬端臨《文獻通考・經籍考一》、（清）畢沅《續資治通鑑》卷三二所記略同，惟（宋）王明清《揮麈前錄》卷一、（宋）楊萬里撰，《揮麈錄》卷上並言：「八年榮王宮火，延三館，焚芟殆遍，於是出禁中本，就館閣傳寫。」所謂就館閣傳寫，即《玉海》卷一六八注所謂「借太清樓本補寫」。

64　（宋）王應麟撰，《玉海》卷一六八，頁 357。

今欲據秘閣舊日屋宇間數重修，奉安太宗聖容及御書，頓置供奉書籍——
天文、禁書、圖畫，其四廊並充書庫及史館日曆庫，應館閣直閣、校理、
宿直校勘及抄寫書籍雕造印板，並就外院[65]。

天禧元年（1017），詔崇文外院以三館為額。至仁宗天聖九年（1031）十一
月，仁宗以逼近市囂，非多士討論之所[66]，於是復遷三館於崇文院。依據《職
官分紀》卷一五記載：

天聖九年，詔徙三館於崇文院，舊在左掖門內右昇龍門外，前列三館，
後構秘閣，分藏群書。自大中祥符八年宮城延燔，以寫錄編籍權徙右掖
門外道北。至是仁宗以逼近市囂，非多士討論之所，命還舊所焉[67]。

據此，崇文院二度沿革，頗為明晰。但仍非最後定址。在這樣一個非常時
期，宋政府能夠這樣有計劃的遷移藏書，以圖百年之安，由此可見其對圖書典
籍的重視程度。

神宗元豐五年（1082），改崇文院為秘書省。依據《麟臺故事》卷一「省舍」
記載：

嘉祐四年，還崇文院于禁中內藏庫，請以前十三間與三館，詔：從之。
元豐六年，復以還內藏庫。元祐二年，既復置館職，在省凡二十餘員，

65　（宋）孫逢吉撰，《職官分紀》卷一五，頁366～367。

　　案（宋）孫逢吉《職官分紀》卷一五、（宋）王應麟《玉海》卷一六八注、（清）畢　沅《續資治
　　通鑑》卷三二、（元）馬端臨《文獻通考‧經籍考一》文簡意同。

66　語本（宋）王應麟《玉海》卷一六五及一六八、（清）徐松《宋會要輯稿》第七十冊「職官」一八
　　之五二「宋會要‧崇文院」。

67　（宋）孫逢吉撰，《職官分紀》卷一五，頁367。

　　案（清）徐松《宋會要輯稿》第七十冊「職官」一八之五二「宋會要‧崇文院」作「九年十一月八
　　日」，文與此同。是孫氏本會要、（宋）王應麟《玉海》卷一六五及一六八，並節錄會要文。

遂以大慶殿中朝服法物庫與內藏庫，而嘉祐所廣十三間，復以歸祕書省，于是遂定[68]。

神宗元豐五年用王安石變法，改革官制，將崇文院改為祕書省，廢除館職，設置祕書省職事官管理祕書省圖籍工作。崇文院的名稱至此雖廢，但三館祕閣的工作仍然繼續進行，直到欽宗靖康二年（1127），金兵破開封，三館祕閣的藏本散失，北宋崇文院的歷史才真正結束（高宗建都臨安後，設祕書省於國史院）。所以終北宋之世，崇文院的名稱雖有改變，藏書地址也幾經遷移，但它的國家圖書館的性質，是始終未變的。

（二）館職設置

漢魏以來，朝廷設祕書監管理圖書典籍事務。祕書監在朝廷中的地位顯要，官員待遇亦隆厚。唐代藏書設置集賢院、弘文館等，按館、閣分別安排官員管理，祕書監則退於次要地位。

宋代基本上承襲唐代舊制，雖有祕書監，但三館、祕閣和六閣等都分別配置官員各司其事，祕書監只是徒有其名而已。館閣職務地位頗高，成為擢升高級官僚的重要途徑，也是進行學術著述和個人進修之所。因此，從北宋到南宋，一些著名的政治家、文學家、史學家，如歐陽修、包拯、王安石、司馬光等，大都曾側身於館閣。

宋代館閣設立與祕書監職能的變遷，大致經歷了幾個階段：

1. 北宋初至元豐改制

朝廷中祕書監依然存在，但因崇文院和祕閣陸續建立，並設立專門官員，故祕書監職能削弱，祕書官員替代祕書職能。據《文獻通考》卷五六〈職官十〉記載：

68　（宋）程俱撰，《麟臺故事》卷一「省舍篇」，頁308。

　　案（清）徐松《宋會要輯稿》第七十冊「職官」一八之五三「宋會要・崇文院」作「四年九月，詔以內藏西庫地還崇文院」與（宋）程俱《麟臺故事》所言合。

淳化元年，詔秘閣次三館，秘書省仍隸京百司。時秘書雖有監、少監、丞、郎、校書郎、正字、著作郎佐，皆以為寄祿官，常帶出入。郎官至秘書監，有特令供職者，有以他官兼領者，有以判秘閣官兼判者。凡邦國經籍圖書悉歸秘閣，而秘書所掌，常祭祀祝版而已[69]。

2. 元豐改制至北宋末

恢復秘書監職能，改崇文院為秘書省，罷館職。三館職事由秘書省統一領導，設立秘書監、秘書少監以及正字等官，並規定校領他局，專管圖書典籍之事。

3. 南宋時期

仍設立秘書監、少監和其他官員，管理圖書典籍事宜。

宋代官制雖仍唐舊而徒存其名，百司互以他官主判，雖有正官，非別敕不治本司事。據馬端臨《文獻通考》卷四七〈職官考一〉之〈官制總序〉云：

> 宋朝設官之制，名號品秩一切襲用唐舊，然三師、三公不常置，宰相不專用三省長官。……臺、省、寺、監官無定員，無專職，悉皆出入分蒞庶務，故三省六曹二十四司互以他官典領，雖有正官，非別敕不治本司事，事之所寄，十七二三。故中書令、侍中、尚書令不與朝政，侍郎、給事不領省職，左右諫議無言責，而起居郎、起居舍人不執記事之筆，中書常闕舍人，門下罕除常侍，補闕、拾遺改為司諫、正言，而非特旨供職，亦不任諫諍，至於僕射、尚書、丞、郎、郎中、員外居其官不知其職者十常七八[70]。

此云以他官典領，亦即以他官掌本司職事，謂之差遣。據《文獻通考》卷

69　（元）馬端臨撰，《文獻通考》卷五六〈職官十〉（收入《景印文淵閣四庫全書》第六一一冊，臺北市：臺灣商務，民國 72 年），頁 307～308。

70　（元）馬端臨撰，《文獻通考》卷四七〈職官一〉之〈官制總序〉，頁 136。

四七〈職官考一〉之〈官制總序〉云：

> 官人授受之別，則有官，有職，有差遣。官以寓祿秩，敘位者，職以待
> 文學之選，而以別差遣治內外之事。其次又有階，有勳，有爵，故士人
> 以登臺閣陞禁從為顯官，而不以官之遲速為榮滯，以差遣要劇為貴途，
> 而不以階勳爵邑有無為輕重[71]。

　　職事與本官不相稱，造成官制之紊亂，於是官不任事，如別無差遣，則以
寄祿。宋代三館、學士院、諸殿閣學士及館職、貼職皆職名。館職、貼職，通
謂之館閣。據李攸《宋朝事實》卷九〈官職〉〈秘書省〉條注載：

> 崇文院，太平興國三年置，端拱二年建祕閣于院中。昭文館、史館、集
> 賢院皆沿唐制立名，但有書庫寓于崇文院廡下。三館、崇文院各置貼職
> 官，又有集賢殿修撰、直龍圖閣校勘，通謂之館閣[72]。

　　據葉夢得《石林燕語》卷六載：

> 國朝以史館、昭文館、集賢院為三館，皆寓崇文院。其實別無舍，但各
> 以庫藏書，列於廊廡間爾。直館、直院謂之館職，以他官兼者謂之貼職。
> 元豐以前，凡狀元制科一任還，即試詩賦各一而入，否則用大臣薦而試，
> 謂之入館。官制行，廢崇文院為秘書監，建祕閣於中。自少監至正字列
> 為職事官，罷直館、直院之名，而書庫仍在，獨以直祕閣為貼職之首，

71　同上註。

72　（宋）李攸撰，《宋朝事實》卷九〈官職〉（臺北市：臺灣商務，民國 57 年 3 月臺一版），頁
　　148。

皆不試而除，蓋特以為恩數而已[73]。

又據洪邁《容齋隨筆》卷一六〈館職名存〉條云：

> 國朝館閣之選，皆天下英俊，然必試而後命，一經此職，遂為名流。其
> 高者曰集賢殿修撰、史館修撰、直龍圖閣、直昭文館、史館、集賢院、
> 秘閣；次曰集賢、秘閣校理；官卑者曰館閣校勘、史館檢討，均謂之館
> 職[74]。

另據周煇《清波雜志》卷一二載：

> 貼職初止有集賢殿修撰、直龍圖閣、秘閣三等耳。政和間，詔謂天下人
> 才富盛，赴功趨事者眾，官職寡少，不足褒延多士，乃增置集英、右文、
> 秘閣修撰三等，龍圖至秘閣凡六等[75]。

因此，「職」一般指昭文館、史館、集賢院（三館）和秘閣中的官職，如大
學士、學士、待制等，是授予較高級文臣的清貴的頭銜，並非實有所掌。宋神
宗元豐三年（1080）官制改革，撤銷館職，另設秘書省職事官。自秘書監丞、
著作郎以下，皆稱館職。其他文臣兼帶館職，武臣帶閤門宣贊舍人，則稱貼職。
因官場中有時也稱各種差遣為職，故常以職名來稱呼貼職，以示區別。所以，
館職是指管理館閣藏書的一切大小官員。（見表三）

73　（宋）葉夢得撰，《石林燕語》卷六（收入《景印文淵閣四庫全書》第八六三冊，臺北市：臺灣商
　　務，民國 72 年），頁 592。

74　（宋）洪邁撰，《容齋隨筆》卷一六〈館職名存〉（臺北市：臺灣商務，民國 68 年 6 月臺一版），
　　頁 153。

75　（宋）周煇撰，《清波雜志》卷一二（收入《景印文淵閣四庫全書》第一〇三九冊，臺北市：臺灣
　　商務，民國 72 年），頁 84～85。

表三　宋代館閣職官表[76]

館閣職稱	館　閣　執　事　人　員
領閣事	集賢院大學士　昭文館大學士　秘閣領閣事　秘書監
提舉閣事	提舉秘書省
直閣事	直昭文館　直秘閣　集賢院直學士　秘書少監　秘書丞
校理	集賢校理　秘閣校理　崇文院校勘　秘書郎　校書郎
檢閱	秘書正字　崇文院檢閱官
內務府辦事司員	崇文院同勾當官
修撰	史館修撰　實錄院修撰　集賢殿修撰
編修	史館編修
檢討	史館檢討

　　崇文院中設置館職的目的，主要培養高級行政人才。仁宗一再強調：「館職所以待英俊」、「聯設三館以育才」；英宗也說：「館職所以育俊才[77]」。仁宗明道年間，諫官陳升不滿意當時館職的選任，提出批評說：「比來，館閣選任益輕，非所以聚天下賢才長育成就之意也[78]。」可見館職是在育才。

　　館職的工作主要是編校三館秘閣藏書，擔任官修書籍的編纂和參預朝廷大典禮政事的討論。前二者屬於圖書館的內部工作，而後者則屬於禮儀政務的範圍。何以館臣能參預政務的討論？因為他們身處藏書豐富的崇文院，博學多聞，能考古今之宜，對施政能提供寶貴意見之故。依據程俱《麟臺故事》卷三〈選任篇〉記載，有對此的解釋：

76　（清）永瑢、紀昀等奉敕撰，《欽定歷代職官表》卷二三、卷二五（收入《景印文淵閣四庫全書》第六〇一冊，臺北市：臺灣商務，民國 72 年），頁 436～437、478～479。

77　（宋）程俱撰，《麟臺故事》卷三〈選任篇〉，頁 323～324。

78　（宋）程俱撰，《麟臺故事》卷三〈選任篇〉，頁 322。

祖宗時，有大典禮政事，講究因革，則三館之士，必令預議，如范仲淹
議職田狀，蘇軾議貢舉者，即其事也。詳議典禮，率令太常禮院與崇文
院詳定以聞。蓋太常禮樂之司，崇文院簡冊之府，而又國史典章在焉。
合群英之議，考古今之宜，則其施于政事典禮，必不詭于經李理矣[79]。

　　元豐改制以後，秘書省設秘書監、少監、丞、郎等職。秘書監與原館閣大
學士相當，統管朝廷圖書典籍事務；秘書省監及秘書丞，與原館閣直學士相當，
參預主持省務，掌領書籍國史曆數之事；秘書郎與原館閣校理相當，掌校圖書
分貯；校書郎或正字，掌校讎典籍，刊正訛謬，從事具體的圖書校勘。

　　宋代沿唐制，昭文館、集賢院設大學士，史館有監修國史，皆由宰相兼領。
據《玉海》卷一六五載：

> 昭文、集賢有大學士，史館有監修國史，皆以宰相兼領。昭文、集賢置
> 學士、直學士；史館、集賢置修撰，史館有直館檢討，集賢有直院校理；
> 崇文有檢討校書，皆以他官領之。初，昭文隸門下省，史館寓於集賢，
> 後合為一[80]。

　　三館秘閣又各設學士，直學士，如直昭文館、直集賢院、直史館、直秘閣。
據《宋朝事實類苑》卷二九載：

> 淳化初，以呂祐之、趙昂、安德裕、勾中正，並直昭文館，則本朝直昭
> 文館，自呂祐之等始也。集賢有直院、有校理：端拱初，以李宗諤為集
> 賢校理；淳化初，以和嶠為直集賢院，則本朝直集賢校理，自和嶠、李
> 宗諤始也。史館有直館、有修撰、有編修、有校勘、有檢討，太平興國
> 中，趙鄰幾、呂蒙正，皆為直史館，掌修撰，而楊文舉為史館編修，是

79　（宋）程俱撰，《麟臺故事》卷三〈選任篇〉，頁325～326。
80　（宋）王應麟撰，《玉海》卷一六五，頁313。

時修撰未列于職，至至道中，始以李若拙為史館修撰。雍熙中，以宋炎為史館校勘，淳化中，以郭延澤、董元亨為史館檢討，則本朝直史館編修、史館修撰、史館檢討、史館校勘，自趙鄰幾、呂蒙正、李若拙、楊文舉、宋炎、郭延澤、董元亨等始也[81]。

又據《宋朝事實》卷九〈官職〉載：

端拱元年，詔分三館之書萬餘卷，別為書庫，目曰秘閣。以吏部侍郎李至兼秘書監，右司諫直史館宋泌兼直秘閣，右贊善大夫史館檢討杜鎬為校理，而直秘閣、秘閣校理之官始於此[82]。

其次是集賢校理、秘閣校理；再其次是崇文院校勘、檢討、同勾當官等。史館又有修撰、編修、檢討等職。據《麟臺故事》卷四〈官聯篇〉載：

宋集賢院大學士一人，以宰相充。學士無定員，以給諫卿監以上充。直學士不常置，掌同昭文。判院事一人，以兩省五品以上充或差二人。三館通為崇文院，別置官吏。有檢討，無定員，以京朝官充；校勘，無定員，以京朝幕府州縣官充，掌聚三館之圖籍。監一人，內侍充，兼監秘閣圖書。天禧五年，又置同勾當官一人。……淳化元年，詔次三館直閣，以朝官充。校理以京朝官充，掌繕寫秘藏，供御典籍圖書之事。判閣一人，舊常以丞郎學士兼秘書監領閣事。大中祥符九年後，以諸司三品兩省五品以上官判。國初，又置秘閣校理，通掌閣事。咸平後，皆不領務。史館舊寓集賢院，監修國史以宰相充。……修撰以

81　（宋）江少虞撰，《宋朝事實類苑》卷二九（收入《景印文淵閣四庫全書》第八七四冊，臺北市：臺灣商務，民國 72 年），頁 248。

82　（宋）李攸撰，《宋朝事實》卷九〈官職〉，頁 146～147。

朝官充，直館以京朝官充，又有檢討、編修之名，不常置[83]。

　　三館秘閣還設有監官、勾當官、孔目官、庫子等職，參與館閣藏書的管理工作[84]。龍圖閣，設有學士、直學士、待制、直閣等官。學士，大中祥符三年置，以杜鎬為之；直學士，景德四年置，以杜鎬為之；待制，景德元年置，以杜鎬、戚綸為之，並依舊充職。由於其閣是收藏皇帝御製之所，故其官視三館[85]。所以，論及館職時也會涉及龍圖閣的學士、直學士和待制。

　　北宋初期，秘書省設有秘書監、少監、秘書丞、秘書郎、校書郎、正字、著作郎、著作佐郎。因秘書省國初並無圖籍，只需掌管常祀祝文之事，故秘書省官員實際上為一種寄祿官，北宋中期神宗改制，崇文院改名為秘書省，館閣職事官皆廢，一切圖籍事務由秘書省職事官負責。據《文獻通考》卷五六〈職官十〉記載：

　　　神宗元豐正名以崇文院為秘書省，既罷館職。盡以三館職事歸秘書省。
　　　置秘書省職事官，自監至正字，不領他局[86]。

　　此時，原秘書省寄祿官都轉為職事官。宋神宗官制實行正從九品制，共十八品，秘書省官員品位分別為：秘書監正四品，秘書少監從五品，秘書丞、著作郎從七品，秘書郎、著作佐郎正八品，校書郎、正字從八品[87]。

　　宋哲宗元祐黨人執政，又恢復原來的官制。秘書省職事官基本上沒有變動，僅將著作郎從正八品降到從八品，著作佐郎自從八品降到正九品，但這一時期名稱更換頻繁。據《宋會要輯稿》第七十冊〈職官〉一八之一三《宋會要・秘

83　（宋）程俱撰，《麟臺故事》卷四〈官聯篇〉，頁327。

84　同上註，頁328。

85　（元）脫脫等撰，《宋史》卷一六二〈職官二〉（臺北市：鼎文，民國67年9月），頁3819。

86　（元）馬端臨撰，《文獻通考》卷五六，〈職官十〉，頁308。

87　（清）徐松輯，《宋會要輯稿》第七十冊〈職官〉一八之二《宋會要・秘書省》，頁2755。

書省》載：

> 哲宗元祐四年四月，詔職事官罷帶職，非職事官仍舊許帶。易集賢院學
> 士為集賢殿修撰，直集賢院為直秘閣，集賢校理為秘閣校理，見帶人並
> 改正[88]。

徽宗政和以後，實行「貼職」，共分九等[89]。所謂「貼職」，本是一種附加
官銜，但它在各種附加官銜中最大。加帶是種令人羨慕的榮譽，在升官階時，
同時得到超遷的優待。文官「貼職」的一種方式，就是在館職中增加集賢修撰、
直秘閣。一般情況，卿監資格的可帶集賢修撰，京官以上可帶直秘閣。

至於秘書省職事官的職責，從《宋史》卷一六四〈職官四〉中可知：「監掌
古今經籍圖書、國史實錄、天文曆數之事，少監為之貳，而丞參領之[90]。」

秘書省的實際工作可分為三大部分：一為著作郎、著作佐郎負責編修時政
記、起居注、修纂日曆、祭祀祝辭；二為秘書郎負責刊寫並典藏集賢院、史館、
昭文館、秘閣經籍圖書；三為校書郎、正字負責編輯校定之事[91]。

值得注意的是北宋與南宋都設有史館修撰、史館檢討二職，但意義有所不
同，正如洪邁《容齋隨筆》卷五〈史館玉牒所〉條所云：

> 國朝熙寧以前，秘書省無著作局，故置史館修撰、直館之職。元豐官制
> 行有秘書官，則其職歸于監、少及著作郎、佐矣。而紹興中復置史館修
> 撰、檢討，是與本省為二也[92]。

---

88 （清）徐松輯，《宋會要輯稿》第七十冊〈職官〉一八之一三《宋會要・秘書省》，頁 2761。

89 （宋）周煇撰，《清波雜志》卷一二（收入《景印文淵閣四庫全書》第一〇三九冊，臺北市：臺灣
   商務，民國 72 年），頁 84～85。

90 （元）脫脫等撰，《宋史》卷一六四〈職官四〉，頁 3873。

91 同上註。

92 （宋）洪邁撰，《容齋隨筆》卷五〈史館玉牒所〉條，頁 49。

　　關於館職的範圍，清代錢大昕在《二十二史考異》卷七一曾作過考證。他說：

> 自太宗建崇文院及秘閣，而後士大夫以館職為榮，皆試而後除，曰直昭文館、直集賢院、直史館、直秘閣；其次為集賢校理、秘閣校理；又有次為館閣校勘；皆館職也。其除授則由校勘遷校理，又由校理遷直館、直院，亦有召試徑除直館、直閣者[93]。

　　館閣也有等第之分，依據《容齋四筆》卷一〈三館秘閣〉條載：

> 國朝儒館仍唐制，有四：曰昭文館、曰史館、曰集賢院、曰秘閣。率以上相領昭文大學士，其次監修國史，其次領集賢。若只兩相，則首廳秉國史。唯秘閣最低，故但以兩制判之。四局各置直官，均謂之館職，皆稱學士；其下則為校理、檢討、校勘；地望清切，非名流不得處[94]。

　　宋代在庶官之外，別加職名，所以屬行義、文學之士[95]。有了職名就被當作文學名流，甚得皇帝重視。由於三館的地位崇高，北宋很多著名人物，例如范仲淹、王安石、歐陽修、蘇軾、沈括等，都擔任過館職。在當時的士大夫中間，形成一種風氣，以得一館職為榮，甚至有人因未得館職而引為畢生憾事，梅堯臣就是一例。據歐陽修《歸田錄》卷下注載：

> 梅聖俞以詩名當世，然終不得一官職。晚年在唐書局充修書官，尚冀書

93　（清）錢大昕撰，《二十二史考異》卷七一（京都：中文，1980年），頁1171。

94　（清）洪邁撰，《容齋四筆》卷一〈三館秘閣〉條，頁3。

95　（元）脫脫等纂修，《宋史》卷一六二〈職官二〉之〈總閣學士直學士〉條，頁3818。

成酬勞得一貼職，以償素願，書垂就而卒，時人莫不歎其奇薄[96]。

由此可見館職在士大夫心目中的地位。

因而，三館秘閣官員按照職務高低，分為下列幾等：

第一等是判官，有判昭文館、判史館、判集賢院，由兩省五品以上官員擔任。判秘閣，通常以丞、郎、學士兼任；判史館，由朝官中官位最高的人擔任。

第二等是直館，有直昭文館、直史館、直集賢院，以京朝官擔任。直秘閣，以朝官擔任。三館中以直昭文館地位最高，其次直史館，再次直集賢院，直館直閣皆無定員。

第三等有檢討、校理、編修，如集賢校理、秘閣校理、史館檢討、崇文院檢討等，由京朝官擔任，皆無定員。

第四等為館閣校勘官，由京朝官、幕府、州縣官、選人皆可擔任。其中選人任職三年，可改京官，京官選職三年或四年，可升為校理。

上述四等職事官皆常設館職，但隨著館閣藏書工作的需要，還臨時設置館職。據《麟臺故事》卷二〈職掌篇〉載：

> 宋仁宗嘉祐四年二月，置館閣編定書籍官，以秘閣校理蔡 杭、陳襄，集賢校理蘇頌，館閣校理陳絳分史館、昭文館、集賢院、秘閣書而編定之[97]。

至「六月，又益編校官，每館二員，給本官食公使十千及二年者選人，京官除館閣校勘，朝官除校理[98]。」這種編定書籍官，以館閣校理兼任。如工作滿二年，選人、京官可授予館閣校理。

關於館職的選任，歐陽修有云：「館閣取之以三路，進士高科，大臣薦舉，

---

96 （宋）歐陽修撰，《歸田錄》卷下（收入《景印文淵閣四庫全書》第一○三六冊，臺北市：臺灣商務，民國 72 年），頁 550。

97 （宋）程俱撰，《麟臺故事》卷二〈職掌篇〉，頁 317。

98 （宋）王應麟撰，《玉海》卷五二（收入《景印文淵閣四庫全書》第九四四冊，臺北市：臺灣商務，民國 72 年），頁 412～413。

歲月轉勞[99]。」

第一種：取進士高科者任館職。如真宗咸平中，王曾為進士第一，通判濟州。代還，當試學士院，時寇準作相，素聞其名，特試于政事堂，除著作郎、直史館[100]。

第二種：大臣薦舉。如真宗詔卿士舉賢良，翰林學士朱公昂舉陳彭年。陳以家貧，無贅編可投之備入削。奏乞終任，不願上道。杜龍圖鎬、刁秘閣衎列章奏曰：朱昂端介厚道，不妄舉人；況彭年實有才譽，幼在江左，已為名流所重。乞不須召試，止用昂之舉，詔備清問可也。乃以本館直史館[101]。

第三種：歲月轉勞。宋仁宗景祐元年（1034）組織人員校勘《史記》、《漢書》。至明年，以校勘《史記》、《漢書》官秘書丞余靖為集賢校理，大理評事、國子監直講王洙為史館檢討[102]。

這三種為館職任命的最主要途徑。

宋太祖、太宗朝，館職主要從科舉中錄取，也有自薦後在學士院考試而任命館職的，以文理水平高低分為七等。文理俱高為第一；文理俱通為第二；文理粗通為第三，其又分上、下兩種；文理俱粗為第四，也分上、下兩種；文理紕謬為第五。另外若試賢良方正等科，皆於秘閣試論六道[103]。

宋英宗時，大臣韓琦等荐舉章惇等幾十人為館職，僅考核詩賦。鑒於大臣荐舉過多，造成館職冗濫的狀況，英宗治平四年（1067）規定選任館職需試論一首，試策一道[104]。宋神宗元豐七年（1074）葉祖洽除知湖州上批以「祖洽熙

99　（宋）歐陽修撰，《文忠集》卷一一四〈又論館閣取士劄子〉（收入《景印文淵閣四庫全書》第一一○三冊，臺北市：臺灣商務，民國 72 年），頁 163。

100　（宋）程俱撰，《麟臺故事》卷三〈選任篇〉，頁 321。

101　（宋）釋文瑩撰，《玉壺清話》卷（宋）程俱撰，《麟臺故事殘本》卷二中〈校讎篇〉，頁 15。八（北京：中華，1984 年 7 月），頁 84。

102　（宋）程俱撰，《麟臺故事殘本》卷二中〈校讎篇〉，頁 15。

103　（宋）程俱撰，《麟臺故事殘本》卷一上〈選任篇〉，頁 9～10

104　（清）徐松輯，《宋會要輯稿》第七十冊〈職官〉一八之三《宋會要・秘書省》，頁 2756。

寧首榜高第，可與秘書省職事官[105]。」由此可見，館職選拔較北宋前期條件嚴格許多。據程俱《麟臺故事》卷三〈選任篇〉記載，宋仁宗慶曆年間進士及第三人以上，都可召試館職[106]。

南宋館職選任與北宋相比，有其明顯的特點。雖然選任館職不像北宋初期那樣嚴格，但館職除授也不如北宋末年那樣隨意。在《南宋館閣錄》和《南宋館閣續錄》中記載，館職人員絕大多數是進士及第、進士、同進士出身，且多為大臣所荐舉[107]。高宗一朝勵精圖治，內修外攘，館職任命較為慎重。經過孝宗、光宗到寧宗一朝，南宋政府朝不慮夕，秘書省館職可隨意任除，宰相幾乎可兼任一切館職，其時館職制度也就名存實亡了。

館職泛濫，是宋代新品階制度的必然結果。在新品階制度下，一旦為官，終身食祿。無論才識高低，年限一到，照例升遷官階。仁宗慶曆年間改革官制，只是延長磨勘年限，並無實質改變。神宗元豐改制也偏重形式，毫無起色，館職名目依然存在。徽宗政和年間又設「貼職」，館職取人更為泛濫。

因此，兩宋的館閣制度，在其發展過程中發生了一些變化，也出現過館職冗濫的問題，但這一制度，對於儲備和越級提拔人才、整理和編輯史料、促進文化事業發展方面，卻起了重要的作用。

三、政府圖書編纂特色

宋代是中華文化的鼎盛期，在教育、經學、史學、科技、詞等方面都超邁前代，這一時期圖書編撰事業的繁榮促進了各領域的發展，同時也是宋代文化發展的一個方向。宋代是圖書事業大盛時期，無論在圖書搜集、編撰及整理上

---

105 （宋）程俱撰，《麟臺故事》卷三〈選任篇〉，頁 326。

106 （宋）程俱撰，《麟臺故事》卷三〈選任篇〉，頁 322。

107 （宋）陳騤撰，《南宋館閣錄》卷七至八〈官聯〉（收入《景印文淵閣四庫全書》第五九五冊，臺北市：臺灣商務，民國 72 年），頁 445～461。
    （宋）不著撰人，《南宋館閣續錄》卷七至九〈官聯〉（收入《景印文淵閣四庫全書》第五九五冊，臺北市：臺灣商務，民國 72 年），頁 499～545。

投入了大量的人力、財力，這一時期為我國圖書文獻的珍藏、文化的傳承做出了不可磨滅的貢獻。宋代圖書數頗多，據《宋史‧藝文志敘》：

> 君臣上下，未嘗頃刻不以文學為務，大而朝廷，微而草野，其所製作、講說、記述、賦詠動成卷帙，累而數之，有非前代之所及也[108]。

　　有學者考察《四庫全書》著錄的史部書籍，宋代學者編撰的史書占其總數的四分之一，且史書門類齊全。《宋史‧藝文志》著錄類書二百七十八部一萬五百二十六卷。流傳下來較著名的有補稱為「宋四大書」的《太平御覽》、史學類書《冊府元龜》、文學類書《文苑英華》和小說類書《太平廣記》等。

　　宋代官修圖書的內容非常廣泛，除了經書之外，史書、醫書、類書等也不少。宋代圖書編撰的題材大大拓寬，凡休閒、娛樂等內容都堂而皇之地編撰成書。

（一）圖書編撰繁榮的原因

1. 政府重視。具體表現在以下幾個方面：

（1）許多圖書均由帝王詔令修撰，圖書選題均由「欽定」：

　　例如太宗詔諸儒編故事一千卷，曰《太平總類》；文章一千卷，曰《文苑英華》；小說五百卷，曰《太平廣記》；醫方一千卷，曰《神醫普救》；……又詔翰林承旨蘇公易簡、道士韓德純、僧贊寧集三教聖賢事跡，各五十卷，書成，命贊寧為首座，其書不傳。真宗詔諸儒編臣事跡一千卷，曰《冊府元龜》；不欲以后妃婦人等事廁其間，別纂《彤管懿范》七十卷；又命陳文僖公裒歷代帝王文章為《宸章集》二十五卷；復集婦人文章為十五卷，亦世不傳[109]。

（2）帝王親為圖書命名：

　　例如太平興國八年（983）十二月，《太平御覽》書成，詔曰：

108　（元）脫脫等編撰，《宋史》卷二〇二「藝文一」（臺北市：鼎文，民國67年9月），頁5033。
109　（宋）宋敏求撰，《春明退朝錄》卷下，清道光辛卯（十一年1831）六安晁氏活字印本。

史館新纂《太平總類》，包羅萬象，總括群書，紀歷代之興亡，自我朝之編纂，用垂永世，可改名為《太平御覽》[110]。

(3) 帝王親為製序：

例如《資治通鑑》前有治平四年（1067）神宗御製序。

(4) 帝王親自審讀，或加修改：

例如《太平御覽》書成，「帝每聽政之暇，日讀《御覽》三卷，有故或闕，即追之。雖隆冬短景必及其數[111]」。《冊府元龜》在編撰過程中，真宗親自審定書稿，「日進草三卷，帝親覽之，璘其舛誤」。他還囑咐有關人員，如有增補刪改之處，作出記號，他要復閱之[112]。

(5) 修書人員待遇優厚：

《冊府元龜》的編修官「供帳飲饌，皆異常等[113]」。《資治通鑑》修成後，神宗《獎諭詔書》云：「今賜卿銀絹、對衣、腰帶、鞍轡馬，具如別錄，至可領也[114]。」除了司馬光外，預修人員均有賞賜。劉恕因為早死，不見書成，故未被皇恩，後司馬光專門上書，「乞官劉恕一子[115]」。

(6) 私人著作詔付史館、秘閣收藏之例甚多：

羅處約，字思純，益州華陽人，著《東觀集》，詔付史館[116]。朱昂，字舉之，京兆人，著《資理論》三卷，詔以其書付史館[117]。姚鉉，字寶之，廬州合肥人，

---

110 《太平御覽》卷首引《國朝會要》語（明萬曆元年（1573）倪炳刊本）。

111 同上註。

112 （宋）王應麟撰，《玉海》卷五四「藝文」（《景印文淵閣四庫全書》第 943—948 冊，臺北市：臺灣商務，民國 72—75 年）。

113 同上註。

114 引自《資治通鑑》「獎諭詔書」（明萬曆間刻本）。

115 （宋）司馬光撰，《傳家集》之「迄官劉恕一子札子」（《景印文淵閣四庫全書》第 1094 冊，臺北市：臺灣商務，民國 72—75 年）。

116 （元）脫脫等編纂，《宋史》卷四四○「列傳一九九」（臺北市：鼎文，民國 67 年 9 月），頁 13035。

117 （元）脫脫等編纂，《宋史》卷四三九「列傳一九八」（臺北市：鼎文，民國 67 年 9 月），頁 13005。

編《唐文粹》，死後，子嗣復以其書上獻，詔藏內府，授嗣復永城主簿[118]。孫復，字明復，晉州平陽人，晚年病危，宋仁宗選史書，給紙筆，命其門人祖無擇就復家得書十五萬言，錄藏秘閣，特官其一子[119]。李燾著《續資治通鑑長編》於淳熙七年（1180）詔藏秘閣[120]。私人著作詔藏史館、秘閣，是一種崇高的榮譽，也反映了宋代官方對於著書的重視。上有好者，下必有甚焉。宋代官方鼓勵著書，在官方的帶動下，宋代圖書編撰蔚然成風。

2. 宋人好名，爭相立言以求不朽

清趙翼云：

> 歷朝以來，宋史最繁。且正史外又有稗乘雜說，層見疊出。蓋其時士大夫多尚名譽。每一巨公，其子弟及門下士必記其行事，私相撰述，如《王文正公遺事》、《丁晉公談錄》、《楊文公談錄》、《韓忠獻遺事》及《君臣相遇傳》、《錢氏私志》、《李忠定靖康傳信錄》、《建炎進退志》、《時政記》之類，刊刻流布。而又有如《朱子名臣言行錄》之類，揚光助瀾，是以宋世士大夫事跡傳世者甚多，亦一朝風氣使然也[121]。

不僅史書如此，其他著作眾多的原因也如此。當然，這種思想為儒家歷來傳統，不過宋人尤為突出。

3. 積累了一套圖書編撰的經驗

不少學者在圖書編撰實踐中，摸索出許多行之有效的方法，大大推動了圖書編撰工作。著名學者楊億多次預修官書，有一套積累資料的方法，所用故事

118　（元）脫脫等編纂，《宋史》卷四四一「列傳二〇〇」（臺北市：鼎文，民國 67 年 9 月），頁 13054－13055。

119　（元）脫脫等編纂，《宋史》卷四三二「列傳一九一」（臺北市：鼎文，民國 67 年 9 月），頁 13832－13833。

120　（元）脫脫等編纂，《宋史》卷三八八「列傳一四七」（臺北市：鼎文，民國 67 年 9 月），頁 11918。

121　（清）趙翼撰，《陔餘叢考》之「宋人好名譽」（臺北市：世界，民國 49 年）。

常令子侄檢出處，每段用小片紙錄之，綴粘所錄而蓄之，時謂衲被[122]。司馬光編撰《資治通鑑》分為編寫凡例、編寫事目、編寫長編、刪定潤色四個階段。著名學者朱熹在總結修史的辦法時說：

> 先以歷內年月日下刷出合立傳人姓名，排定總目；次將就題名內刷出逐人拜罷年月，注于本目之下；次將取到逐人碑志、行狀、奏議、文集之屬附于本目之下；次將總目內刷出收索到文字人姓名，略具鄉貫履歷，鏤板行下諸州曉示，搜訪取索，仍委轉運司專一催督。每月上旬差人申送本院，不得附遞，恐有損失。如本月內無收到文字，亦仰依據差人申報。到記當日內收附勾銷注于總目本姓名下依前例[123]。

4. 在長期的圖書編撰實踐中，造就了一支圖書編撰的骨幹隊伍。

　　茲將預修兩種以上官書的編撰者列表四舉例如下：

表四　宋代預修兩種以上官書的編撰者一覽表

姓　名	字號	籍　貫	預　修　書　名	『宋史』出處
王　祐	景叔	大名莘縣	《文苑英華》、《李氏開寶重定本草》等	卷二六九
李宗諤	昌武	深州饒陽	《重修太祖實錄》、《續通典》等	卷二六五
盧多遜		懷州河內	《舊五代史》、《開寶通禮》等	卷二六五
石中立	表臣	河南洛陽	《冊府元龜》、《續通典》等	卷二六三
趙安仁	樂道	河南洛陽	《冊府元龜》、《重修太祖實錄》等	卷二八七

---

122 （明）彭大翼撰，《山堂肆考》卷一二六（《景印文淵閣四庫全書》第 974－978 冊，臺北市：臺灣商務，民國 72－75 年）。

123 （宋）朱熹撰，《朱文公集》之「史館修史例」（四部叢刊初編縮本第 58－59 冊，臺北市：臺灣商務，民國 54 年）。

扈　蒙	日用	幽州安次	《太平御覽》、《太平廣記》、《文苑英華》等	卷二六九
董　淳			《太平御覽》、《太平廣記》、《太祖實錄》等	卷四三九
趙邠幾	亞之	鄆州須城	《太平御覽》、《太平廣記》、《太祖實錄》等	卷四三九
李　昉	明遠	深州饒陽	《太平御覽》、《太平廣記》、《文苑英華》等	卷二六五
呂文仲	子臧	歙州新安	《太平御覽》、《文苑英華》等	卷二九六
路　振	子發	永州祁陽	《冊府元龜》、《兩朝國史》等	卷四四一
宋　白	太素	大　名	《太平御覽》、《太平廣記》、《太祖實錄》等	卷四三八
劉承規	大方	楚州山陽	《冊府元龜》、《太祖實錄》等	卷四六六
王　旦	子明	大名莘縣	《冊府元龜》、《文苑英華》等	卷二八二
陳堯佐	希明	閬州閬中	《真宗實錄》、《宋三朝國史》等	卷二八四
李　穆	孟雍	開封陽武	《太平御覽》、《太平廣記》、《文苑英華》等	卷二六三
戚　綸	仲言	應天楚丘	《冊府元龜》、《大中祥符封禪記》等	卷三〇六
劉　筠	子儀	大　名	《冊府元龜》、《太祖實錄》等	卷三〇五
王欽若	定國	臨江新喻	《冊府元龜》、《太祖實錄》等	卷二八二
孫　奭	宗古	博州博平	《冊府元龜》、《太祖實錄》等	卷四三一
丁　謂	謂之	蘇州長洲	《大中祥符封禪記》、《景德會計錄》等	卷二八三

李　維	仲方	洺州肥鄉	《冊府元龜》、《太祖實錄》、《續通典》等	卷二八二
王舉正	伯仲	真　　定	《真宗實錄》、《慶曆國朝會要》、《宋三朝國史》等	卷二六六
宋敏求	次道	趙州平棘	《仁宗實錄》、《宋兩朝國史》等	卷二九一
曾　鞏	子固	建昌南豐	《三朝國史》、《兩朝國史》等	卷三一九
林　希	子中	福　　州	《宋兩朝國史》、《神宗實錄》、《元豐增修五朝會要》等	卷三四三
曾　肇	子開	建昌南豐	《宋兩朝國史》、《政和重修會要》、《神宗實錄朱墨本》等	卷三一九
趙　鼎	元鎮	解州聞喜	《神宗實錄》、《哲宗實錄》等	卷三六〇
呂祖謙	伯恭	婺　　州	《重修徽宗實錄》、《宋文鑑》等	卷四三四
李　燾	仁甫	眉州丹稜	《宋四朝國史》、《重修徽宗實錄》等	卷三八八
洪　邁	景盧	鄱　　陽	《欽宗實錄》、《宋四朝國史》等	卷三七三
陸　游	務觀	山　　陰	《孝宗實錄》、《光宗實錄》等	卷三九五
李心傳	微之	井　　研	《孝宗實錄》、《光宗實錄》等	卷四三八

　　眾多人才為宋代官方修書提供了組織保證。宋代民間的圖書編撰家人數更多，從而為宋代圖書編撰奠定了堅實的學術基礎。

5. 圖書編撰的題材範圍變寬

　　如果說宋代以前圖書編撰的選材範圍比較狹窄的話，那麼宋人則開放思想，凡與人生有關者，例如休閒、娛樂方面的內容都堂而皇之地編撰成書，正如《四庫全書總目‧子部雜家類雜品屬按語》所說：

古人質樸，不涉雜事，其著為書者，至射法、劍道、手搏、蹴鞠止類。至《隋志》而《狩器圖》猶附小說，《象經》、《棋勢》猶附兵家，不能自為門目也。宋以後則一切賞心娛目之具，無不勒有成編，圖籍于是始眾焉[124]。

宋趙希鵠《洞天清錄》、周密《雲煙過眼錄》等就是這方面的著作。我國最早的詩話專著是宋歐陽修撰的《六一詩話》。其後，詩話著作日漸增多，正如《四庫全書總目·詩人玉屑》所說：「宋人喜為詩話，裒集成編者至多。」另外，佛經總集《大藏經》的編撰也始於宋代。

6. 藏書眾多

圖書資料對於著書立說是不可缺少的。宋代崇文院、龍圖閣、太清樓、玉宸殿、四門殿等處都藏有大量圖書，據《宋史·藝文志敘》載：

> 真宗時，命三館寫四部書二本，置禁中之龍圖閣及後院之太清樓，而玉宸殿、四門殿亦各有書萬餘卷[125]。

宋代著名圖書編撰家李昉、李宗諤、陳彭年、歐陽修、劉恕、宋敏求、曾鞏、司馬光、王欽臣、李誡、葉夢得、鄭樵、李燾、陸游、王柏、王應麟、周密等都擁有大量藏書。

7. 宋代雕版印刷的普及刺激了圖書編撰

高效率的圖書製作方式極大地推動了圖書編撰，緩解了「出書難」的矛盾，調動了廣大著者著書立說的積極性。

---

124 （清）永瑢等編纂，《四庫全書總目提要》子部·雜家類·雜品屬按語（臺北市：臺灣商務，民國 54 年 2 月臺一版）。

125 （元）脫脫等編撰，《宋史》卷二○二「藝文一」敘（臺北市：鼎文，民國 67 年 9 月），頁 5033。

（二）政府圖書的編纂特點

宋初由封建國家編纂的圖書，以規模大、卷帙多、內容豐富而著稱。這主要表現在叢書、類書、總集類圖書的編纂。

宋太祖開寶四年（971）開始編纂的《北宋官版大藏經》（簡稱《開寶藏》），是我國古代最早的一部大型官修佛教典籍叢書[126]。它從開編、刊刻到出齊，歷時 13 年。全書共計五千四十八卷，收書一千七十六部，分為帙，主要依據唐《開元釋教錄》「入藏錄」編定[127]。宋真宗時，命王欽若等在開封的太清宮編輯《祥符寶文統錄》這部道藏叢書。祥符九年（1061）書成，凡三洞四輔四三五九卷[128]，同樣是一部浩大的宗教典籍。宋徽宗時，進一步搜求道家遺書，命道士劉遠道校定道書，在《祥符寶文統錄》的基礎上，又增至五三八七卷，並改名《萬壽道藏》。宋代以封建國家的力量編纂的幾部佛、道叢書既是對中國古代佛、道思想的總結，也收集和保存了與之直接或間接聯繫著的各類學術著作。後來民間所編輯刊刻的佛、道藏經都是此基礎上進行的。

宋代由封建國家編纂的大部頭類書主要有兩部：一是宋太宗太平興國二年至太平興國八年（977－983）李昉、扈蒙等人編輯的百科全書性質的《太平御覽》一千卷。一是宋真宗景德二年至大中祥符六年（1005－1013），由王欽若、楊億等人編輯的政事歷史方面的專門性類書《冊府元龜》一千卷。這兩部類書，在編纂規模、卷帙數量、類目編排，以及收書範圍等方面都超越了前代。

現將宋代及前代的主要官修類書列表比較如下：

---

126 （清）繆荃孫，《儒學警悟序》謂，俞鼎孫、俞經的《儒學警悟》為叢書之始。李富華〈《開寶藏》研究〉，《普門學報》第 13 期，2003 年 1 月，頁 1。

127 據張新鷹《關於佛教大藏經的一些資料》記載：「日本人小野玄妙考證《大藏經》全數應為 5，586卷、537 帙。」（詳見《世界宗教資料》1981 年 4 期）

128 （宋）王應麟撰，《玉海·藝文》卷五十二，元後至元 6 年（1340）慶元路儒學刊至正 11 年（1351）修本。

表五　歷代主要官修類書一覽表

朝　代	類書名稱	卷　數	類　目	收書範圍
曹魏	《皇覽》	千餘篇	四〇餘部	《太平御覽》卷六〇三引《三國典略》:「包括群言」
梁	《壽光書苑》	二〇〇卷	未詳	《梁書・文學傳・序》:「文章之盛,煥乎聚焦」
北齊	《修文殿御覽》	三六〇卷	五五部二四〇類目	據《太平御覽》卷六〇一引《三國典略》可知,收書大抵北朝文史。
隋	《長洲玉鏡》	二三八卷	不詳	《續談助》卷四引唐杜寶《大業雜記》:顧言對曰:「今文籍又富於梁朝,是以取事多於《遍略》。
唐	《藝文類聚》	一〇〇卷	四六部二二七子目	引書達一四三一種
宋	《太平御覽》	一〇〇〇卷	五五部五三六三類六三附類	引書凡一六九九種
	《冊府元龜》	一〇〇〇卷	三一部一一一六門	彙集了十七史的全部史料

　　上表反映了宋代官修類書規模龐大、卷帙眾多、類目細緻、內容豐富。其中《冊府元龜》的編纂,又充分體現了宋代官修類書從內容到體例上的變化。

　　宋以前的類書,如《皇覽》、《修文殿御覽》,以及宋代的《太平御覽》等,都是百科全書性質的類書。這些類書大都是以部統目,分門別類的排比事類。

另有一些為適應科舉考試或應用的類書，如《藝文類聚》等，是以詞章、名篇為主，事、文相兼的類書[129]。而《冊府元龜》則與之不同，它輯錄了自上古至五代歷朝君臣的事蹟，所取材料以正史為主，兼及經書、子書，「異端小說，咸所不取[130]」。從編排體例上看，它把十七史中歷朝的事類和人物分門編次，從帝王、閏位部至總錄、外臣部共分成三十一部，又析為一千一百一十六門。每部都有總序，詳述本部事蹟的沿革，等於一篇小史，文字多則數千，少則數百。每門又各有小序，是該門的理論和歷史的概述，從幾十字到幾百字不等[131]。

據載：「初撰篇序，諸儒皆作。帝以體例不一，祥符元年（1008）二月丙午，遂擇李維等六人撰訖，付楊億竄定[132]。」由於大、小序由楊億一人總成，因此體例一致，取捨嚴謹，「援據經、史，頗近體要[133]。」《冊府元龜》中大、小序的出現，是宋代官修類書編纂體例上的進步。它繼承和借鑒了漢以來《七略》、《漢書·藝文志》等目錄書中編排大、小序的優良傳統，把「辨章學術、考鏡源流」的指導思想引入類書的編纂過程中，對我國古代類書的發展具有十分重要的意義。

宋太宗時期，李昉等人還受詔編輯了兩大部書，即小說類編性質的《太平廣記》500 卷及文章總匯的《文苑英華》一千卷。它們同《太平御覽》、《冊府元龜》合稱為「宋代四大書」[134]。這四部書不僅保存了現已亡佚的大量古籍，

---

129 歐陽詢在《藝文類聚》序中說：《流別》（指晉摯虞的《文章流別》）、《文選》專取其文；《皇覽》、《遍略》直書其事，其結果是「文義既殊，尋檢難一。」為了解決這個問題，而創立了事、文相兼的新體例。

130 （宋）王應麟撰，《玉海·文藝》卷五十四，元後至元 6 年（1340）慶元路儒學刊至正 11 年（1351）修本。

131 詳見《冊府元龜》之各部類。

132 （宋）王應麟撰，《玉海·文藝》卷五十四，元後至元 6 年（1340）慶元路儒學刊至正 11 年（1351）修本。

133 同上註。

134 《碎金·書籍》第十四于《文苑英華》、《冊府元龜》、《太平御覽》、《太平廣記》下注四個小字：「四大部書。」余家錫考《碎金》之為書，在宋元時即已有之（見影印本《碎金》跋）。可見，「四大書」的提法宋時已有之。

同時把宋以前歷代古籍資料分門別類地加以收集，匯為巨制，為後人研究宋以前的社會面貌提供了重要依據。

宋代國家編纂書籍以史書為多。因此，圖書的編纂特點又集中反映了在史籍的編纂過程中。宋代修史制度極為嚴密，設有多種編修機構。首先沿襲了唐代設館修史的制度，並在此基礎上擴大其組織規模。史館是宋代的主要編修機構，設有監修國史、修撰等官。修史分為修前代史和本朝史（國史）兩類。每修前代史則別置史局，設提舉、修撰等官，書成即罷。凡修國史別置院于宣徽北院之東，謂之編修院。《文獻通考》引《東京記》云：「編修俗呼為史館，天聖修真宗史，欲重其任，降敕宰相為提舉，參知政事、樞密副使為修史，其同修史以殿閣學士以上為之，編修官以三館、秘閣校理以上及京官。史畢，即停[135]。」

元豐改制後，歸秘書省國史案，「每修前朝國史，則別置國史、實錄院，以首相提舉，翰林學士以上為修國史，則別置國史、實錄院。以首相提舉，翰林學士以上為修國史，余侍從官為同修國史，庶官為編修官[136]。」

南宋紹興初，實錄、國史皆寓史館，後罷史館，遇修實錄，則別置實錄院，遇修國史即置國史院[137]。嘉泰二年（1202），將國史、實錄院並置[138]。

宋朝官修前代史主要有：宋太祖建隆二年（961）監修國史王溥等新修梁、後唐、晉、漢、周《五代會要》三十卷[139]。開寶六年（973）詔參知政事薛居政正監修《五代史》，成書一百五十卷[140]。宋太宗、真宗時期編有「四大部書」。宋仁宗慶曆五年（1045年）五月，設編修唐書官，重修唐書[141]，嘉佑六年（1061）書成，計二百二十五卷。關於宋朝編修的國史，據《宋史·藝文志》及《宋國

135　（元）馬端臨（撰），《文獻通考》卷五十一「職官考」五，明嘉靖三年（1524）司禮監刊本。

136　（元）馬端臨（撰），《文獻通考》卷五十一「職官考」五，明嘉靖三年（1524）司禮監刊本。

137　（清）徐松編，《宋會要輯稿·職官》一八之六〇，民國二十五年（1936）國立北平圖書館影印本。

138　《宋史》卷一百六十四「職官志」四，明成化十六年（1480）兩廣巡撫朱英刊嘉靖間南監補本。

139　（宋）李燾編纂，《長編》卷四，乾德元年七月甲寅，（景印文淵閣四庫全書，臺北：臺灣商務印書館，1983-1986。）

140　（宋）李燾編纂，《續資治通鑑長編長編》卷十四，開寶六年四月戊申。

141　（宋）李燾編纂，《續資治通鑑長編長編》卷一百五十六，慶曆五年五月庚子。

史藝文志輯本》序所載,歷朝國史達一二千卷,曾作為元修宋史的主要依據。但宋代所修國史迄今已無一卷遺存。

其他史書或史料的編輯,也是「各置局他所」[142]。如修《太宗實錄》在諸王賜食廳,修《真宗實錄》在元符觀,祥符中修《冊府元龜》于宣徽院南院廳,修本朝《會要》於編修院,修仁宗、英宗實錄在慶寧宮等[143]。由於修史不能公開,故不得不另就他所,以「避眾人所見」[144]。

編修機構除上述外,又設有起居院、日曆所、實錄院、會要所等,一般為非常設機構,主要根據修書的需要而設置。這些機構在宋代不同時期歸屬不一(或歸屬史館,或歸編修院。元豐改制後,統歸秘書省國史案),但總的看來,它們已成為有組織、有職掌的定型機構,並且在宋代歷朝史料的編輯中發揮了重要作用。

關於這些機構所編纂的書籍,今見於著錄的有十四部實錄[145],十部會要[146],十一部日曆[147],三部玉牒[148]。宋修起居注歷代相沿不斷,但今原書大都亡佚,僅存周密撰《乾淳起居注》一卷[149]。

官、私修史的結合,是宋代國家圖書編纂過程中出現的又一個特點。自從唐代開始建立設館修史制度,實行集體修史,改變了個人修史的傳統,這是史書編纂的一大進步。但這種制度很不完善,劉知幾在《史通》中已列舉了它的弊端[150]。宋代在完善官修史書制度的同時,也注意克服這些弊端。例如司馬光《資治通鑒》的編纂就是一個成功的嘗試。

---

142 (宋)宋敏求撰,《春明退朝錄》卷中,清道光辛卯(十一年 1831)六安晁氏活字印本。

143 同上註。

144 同註 142。

145 《宋史·藝文志》史部、編年類,《玉海·藝文》卷四十八。

146 俞正燮,《癸巳類稿》卷十二,《宋會要輯本跋》及近人湯中(字爰禮)著《宋會要研究》。

147 《宋史·藝文志》史部、編年類,《玉海·藝文》卷四十八。

148 《宋史·藝文志》史部、譜牒類著錄。

149 (宋)周密(撰),《乾淳起居注》一卷,清順治丁亥(4年)兩浙督學李際期刊本。

150 (唐)劉知幾(撰)《史通》卷二十「忤時」,明正嘉間(1506-1566)蜀中刊本。

　　編寫一部編年體通史巨著，本是司馬光個人的一項宏偉計畫。在學習和研究史學的過程中，他注意到：「春秋之後，迄今千餘年，《史記》至《五代史》一千五百卷，諸生歷年不能盡其篇第，畢世不暇舉其大略[151]。」因此，「常欲刪取其要，為編年一書[152]」，以「敘國家之勝衰，著生民之休戚」[153]。

　　宋仁宗嘉佑年間（1053－1063 年），他首先編寫了一部上起共和、下迄五代的大事年表，於歷代治亂興衰之跡作了扼要的記載，名為《歷年圖》，共為五卷，英宗治平元年（1064 年）進給皇帝。在此基礎上，又寫成了《通志》八卷，起周威烈王二十三年（西元前 403 年），止秦二世三年（西元前 207 年）。這就是《資治通鑒》的前 8 卷。進呈之後，引起英宗皇帝的重視，因而詔置局于崇文院，由司馬光延薦協修人員繼續編纂。從此，這個私人計畫變成了國家的任務。在官府的支持下，司馬光得以安心地從事這項艱巨的工作。

　　首先在人員選配上，司馬光充分運用了自己的支配權。按舊例，國家編纂圖書，都是由皇帝委派人員。由於政治等各種因素的影響，人員頻繁更換，致使內部互不協調，糾紛迭起，影響了書籍的編纂。以宋代重修《唐書》為例，僅提舉就更換了 5 人[154]。這些人不但心存五日京兆，無意搞好重修工作，且以個人恩怨為重，對一些有才之士不予重用。如賈昌朝不喜歡歐陽修，開局伊始，將其排斥於外。直到嘉佑初年，歐陽修才回京領導刊修[155]。又如宋祁不為韓琦所歡心，故多外補。直至嘉佑末，才再入為翰林學士而始重修《唐書》[156]。在這些種情形下，使唐書的修纂初無定例，終無復審，各循私好，體不歸一，錯

---

151 劉恕，《通鑒外紀自序》，明末刊本。

152 《司馬文正公傳家集》卷十七「進通志表」，清乾隆六年（1741）桂林陳氏吳門縣署刊本。

153 《資治通鑒》卷六十九，明萬曆間刻本。

154 提舉始為賈昌朝。賈罷相後，乃用丁度。丁死，劉沆代之。劉罷相，王堯臣代之。王死，又用曾公亮。

155 宋敏求《春明退朝錄》卷下，葉夢得《石林燕語》卷四，凌揚藻《蠡勺編》卷十二「新書告成之難」。

156 高似孫《緯略》卷十二「歐宋唐書」，葉夢得《石林詩話》明崇禎庚午（三年，1630）虞山毛氏汲古閣刊本。

誤多端[157]。而《通鑒》的修纂則不同。司馬光自始至終為全書的主編，並自行選用協修人員。他選用人員有嚴格的條件：必須在政治上志同道合，在史學上觀點一致，在才學上是有特殊成就的專門名家。如劉恕、劉攽、范祖禹等，他們的政治觀點和司馬光相同，在史學上有很高的造詣。劉恕博文強記，熟悉三國至隋以及五代的事蹟[158]。劉攽「博記能文章」[159]，是著名的漢史專家。范祖禹「智識明敏，好學能文」[160]，尤精於唐代史實。

司馬光選用這些人才，據所長而分工。其間各次分工雖有變動，但司馬光始終負責全書的定編工作。由於司馬光善於領導史局，任用史家，充分發揮了主編負責、分工合作、集體撰修的作用，從而克服了官修史書所造成的責任不明、著述無主現象，保證了史書編纂工作高品質的進行。

其次，《通鑒》的編纂得到國家優厚的待遇和充分的物質支持。司馬光初奉詔編書，置局于崇文院，皇帝特許其借閱三館、秘閣及龍圖、天章閣的圖書。

司馬光及其助手在《通鑒》的編纂過程中，充分利用了國家豐富的藏書，這是單由私人修書所難以做到的。據宋人高似孫統計：「《通鑒》采正史之外，其用雜史諸書凡三百二十二家[161]」。與此同時，宋神宗又「賜以潁邸舊書二千四百卷[162]」，在物質上充分提供「御府筆、墨、繒絹及御前錢以供果餌[163]」，並多次派人去慰問。此外，宋神宗皇帝還以此書「鑒於往事，有資於治道[164]」，賜名

---

157 （宋）吳縝《新唐書糾謬》，明海虞趙開美校刊本。

158 《宋史》卷四四四「劉恕傳」，明成化十六年（1480）兩廣巡撫朱英刊嘉靖間南監修補本。

159 《宋史》卷三一九「劉攽傳」，明成化十六年（1480）兩廣巡撫朱英刊嘉靖間南監修補本。

160 《司馬文正公傳家集》卷四五「薦范祖禹狀」，清乾隆六年（1741）桂林陳氏吳門縣署刊本。

161 《文獻通考》卷一九三，文中三百原作二百，據《四庫全書總目提要》改正（見高似孫《史略》卷四）。

162 《宋史》卷三百三十六「司馬光傳」，明成化十六年（1480）兩廣巡撫朱英刊嘉靖間南監修補本。

163 司馬光《進資治通鑒表》（《資治通鑒》，明萬曆間刻本。）
《續通鑒·宋紀》卷一〇一（《續資治通鑒》上海古籍出版社據清嘉慶六年馮集梧等遞刻本影印，2002年。）

164 胡三省《新註資治通鑒序》（《資治通鑒》，明萬曆間刻本。）

《資治通鑒》，並親自撰寫序文。這種空前的禮遇和支持，保證了《通鑒》之編纂的順利進行，也足以證明宋代對官修史書的重視。

　　《通鑒》是中國古代官私合作修史的傑作。它的編纂，在一定程度上糾正了官修史書的某些弊端，同時也有利於克服「私家力薄，無由可成[165]」的困難，對後代修史有一定的借鑒作用。

　　宋代封建國家憑藉大量藏書編纂各類書籍，除佛、道、史籍外，也涉及到其他門類，如醫藥、科技、天文、曆法等，其中尤以醫書的編纂為多[166]，清人王昭槤云：

> 自古稗史之多，無如兩宋。雖若「捫虱新語」、「碧雲騢」，不無污衊正人，然一代文獻，賴茲以存。學者考其顛末，可以為正史之助[167]。

　　宋代醫書眾多與官方提倡有關，據宋太宗「太平興國六年十二月訪求醫書詔」：

> 宜令諸路轉運司遍指揮所管州府，應士庶家有前代醫書，並許詣闕進納。及二百卷以上者，無出身與出身已任職官者亦與迁轉，不及二百卷，優給緡錢賞之[168]。

　　官方所編《太平聖惠方》流布天下。宋代類書亦多，這些類書質量良莠不齊、質量低劣者，人們戲稱之為「兔園冊子」。因此，宋人在編輯過程中，或網羅散佚，或去粗取精，或音釋注解，或分類編目，付出了很大的心力。

---

165 司馬光《進資治通鑒表》(《資治通鑒》，明萬曆間刻本。)

　　《續通鑒‧宋紀》卷一〇一 (《續資治通鑒》上海古籍出版社據清嘉慶六年馮集梧等遞刻本影印，2002年。)

166 詳見何應忠「論兩宋時期的醫學發展」。《宋史研究論文集》1982 年年會編刊。

167 (清)王昭槤撰，《嘯亭雜錄》卷三 (臺北市：弘文館，民國 75 年)。

168 楊家駱編，《宋大詔令集》卷二一九 (臺北市：鼎文，民國 61 年)。

第三章　宋代「四大書」的編纂出版

一、綜述

　　我國類書起源於三國，始於魏文帝下令編成的《皇覽》；隨後，兩晉隋唐多有編纂。宋承接唐末、五季之後，天下稍安，重視文教事業、重視文人的確是當時的明智之舉。宋代編纂類書的風氣尤盛，無論數量、種類，都已超過前代，即使明清兩代也難望其項背[1]；採擇材料的範圍，也比前代更廣。宋代出現一批大型類書，與宋初重視圖書積聚和設法重用前朝舊臣的措施有所關係。

　　宋初太祖、太宗都積極執行這一政策，太宗時更是積極發展文化事業，為了便於學習古往今來治國之良方，避免出現方針政策上的失誤而下詔編纂了四部大書，太宗時的《太平御覽》一千卷、《太平廣記》五百卷、《文苑英華》一千卷；這三部加上真宗趙恒時編的《冊府元龜》一千卷，合稱為宋代四大書。因宋代版刻已經盛行，所以，這四部書一直流傳至今，尚完整存在。四部書中除《文苑英華》為文章總集外，其餘都是綜合性或專科性類書。

　　自《冊府元龜》編纂成書以後，我們習慣上將其與《太平御覽》、《太平廣記》、《文苑英華》合成為北宋的「四大部書」。這種提法，實源於宋人：《碎金》書籍篇十四提及它們時，其下小注云：「四大部書」[2]。當代著名目錄學家，古文獻學家余嘉錫認為《碎金》之為書，在宋、元時即已有之。其後人們一直沿用，有的也稱作為四大書。

1　（元）脫脫等編纂，《宋史》卷二〇七「藝文六」，明成化十六年（1480）兩廣巡撫朱英刊嘉靖間南監修補本。

2　（明）不著撰人，《碎金》書籍篇十四，明刊大字本。

　　從受詔編纂的時間來看，四大部書先後為《太平御覽》、《太平廣記》、《文苑英華》和《冊府元龜》。這裏需要說明的是，據《玉海》引《實錄》記載《太平御覽》與《太平廣記》，同為宋太宗太平興國二年三月受詔開始編撰。但在成書的時間上，《太平廣記》則比《太平御覽》提早成書，前者成書於太平興國三年八月，後者成書於太平興國八年十二月。據《宋會要輯稿》，《文苑英華》受詔始編於太平興國七年九月，成書於雍熙三年十二月。據《續資治通鑑長編》，

　　《冊府元龜》受詔始編於宋真宗景德二年九月，成書於大中祥符六年八月。從總體上來說，四大部書是北宋初期的產物，因此，人們在研究它們編纂成書的緣起時，往往從這一時期的歷史環境背景入手，來探討促成宋初四大部書成書的各種因素的。

　　最早，人們認為修撰如此卷軼浩繁的類書，有統治者為了緩和統治階級內部矛盾的政治意圖。這種看法源於宋人王明清所著《揮塵後錄》引朱敦儒的說法，朱敦儒云：

> 太平興國中，諸降王死，其舊臣或宣怨言，太宗盡收之，置之館閣。使修群書，如《冊府元龜》、《文苑英華》、《太平廣記》之類。廣其卷恢，厚其祿贍給，以役其心，多卒老於文字之間[3]。

　　這也就是說，朝廷修纂類書，其實是當時的一種政治手段，目的在於安撫降臣，防其反叛之心，屬於政治上的懷柔策略。此說影響頗大，元人劉塤《隱居通議》云：

> 宋初編《文苑英華》之類尤不足采，或謂當時削平諸僭，其降臣聚朝多懷舊者，慮其或有異志，故皆位之館閣，厚其爵祿，使編纂群書，如《太平御覽》、《廣記》、《英華》諸書，遲以歲月，困其心志，於是諸國之臣

3　（宋）王明清，《揮塵後錄》卷一，（景印文淵閣四庫全書第 1038 冊，臺北市：臺灣商務，民國 72−75 年）。

俱老死文字。間世以為深得老英雄法，推為長策[4]。

明代談愷《太平廣記跋》則直接繼承。

但此說由於根據的史實有問題，故受到了人們的質疑。南宋李心傳《舊聞證誤》已經指出了朱希真的抵悟之處，稱：

> 江南之與選者特光祿張師黯、徐鼎臣、杜文周、吳正儀等數人。其後，湯、徐並直學士院，張參知政事，杜官至龍圖閣直學士，吳知制誥，皆一時文人。此謂「多老於文字之間」者，誤也。當修《御覽》、《廣記》時，李重光尚亡恙，今謂因「降王死而出怨言」，又誤矣。《冊府元龜》乃景德二年王文穆、楊文公奉詔修，朱說甚誤[5]。

後來，在 1934 年，聶崇歧先生在他的《太平御覽引得序》中，進一步進行了有力的批駁，於是他說：

> 愚意以為太宗之救修群書，不過為點綴升平，欲獲「右文令主」之名。其用南唐遺臣之言，亦僅以其文學優贍，初不必有若何深意。王氏訛謬抵悟，不足信也[6]。

郭伯恭的《宋四大書考》承繼該說：「總之，太宗救纂諸書，其表揚己之稽古今名者實多，其用心於政治背景者則少[7]。」

以上兩種說法，儘管有些針鋒相對，但其著眼點都是立足於政治視角。後來，伴隨著類書研究逐漸成為獨立的一項領域，人們開始逐漸用較為廣闊的視

4　（元）劉塤，《隱居通議》卷十三「文章一·古今類編」，中華書局，1985 年版，第 139 頁。

5　（宋）李心傳，《舊聞證誤》卷一，清嘉慶間（1791-1820）南昌彭氏知聖道齋鈔本。

6　聶崇歧，「太平御覽引得序」（《太平御覽引得》，上海古籍出版社，1990），第 vii 頁。

7　郭伯恭，《宋四大書考》（臺灣商務印書館，1971 年），第 9 頁。

角審視這一問題。在 1943 年 12 月，張滌華先生專門系統研究我國類書的著作
《類書流別》中，他從類書發展的歷程角度，指出了宋代類書的繁榮，其認為
宋代類書的繁榮，是由當時的文風、政治、社會制度促成。他說：

> 嘗試推尋所由，亦有三故：一者四六之體，宋人最工；華藻飯釘之習，
> 亦宋人最尚；而四六全在類編古語，豫蓄待用，故比次之業，緣此而
> 興。……二二 者，科舉學盛，人皆欲速其讀書，故多自作類書，以為作
> 文豫備；而書賈牟利，亦多所刊佈。……三者，宋初削平諸僭，降臣聚
> 朝，慮其才無所施，或懷怨望，於是豐其凜餼，使撰不急之書，困老英
> 雄，允推長策。然則當時類書之盛，非特緣於學術風氣，抑且有政渾作
> 用推移其間矣[8]。

從以上本人所見到的探討四大部書成書原因和條件的研究歷程來看，人們
彼此的認識是不斷深化的，從最早的單一因素促成說發展到了今天的多種因素
的優合說。較為寬泛地總結，主要是從政治背景和文化背景著眼的，也基於修
撰大型書籍的經驗認識，涉及了官修類書修撰需要的物質、人力和技術等物質
基礎和客觀社會環境，以及帝王的個人因素等，因而，如果將這些論說合理地
綜合起來看待，可以說實際上已經很是全面而令人信服地指出了各種因素，在
宋代初期這個特殊的歷史環境下，促成了四大部書的成書。歸納起來，則主要
有：

（一）政治因素的促成

古代的類書從編纂的角度看，可以分為兩大類：一為官修類書，二為私撰
類書。因此，官修類書可以說是朝廷政治上的文化行為，其與政治之間的關係
不言而喻，與私撰類書相比，它的修纂更能受到統治者實施的政治行為上的意
圖之影響。宋初四大部書的修撰，皆為奉詔而行，已是不爭之史實，屬朝廷政

8　張滌華，《類書流別》之「盛衰第四」（北京：商務印書館，1985 年），第 27 頁。

治上的文化行為，故就此而言，它們的修成，我們難以否認統治者的一些政治意圖。

　　僅就反映四大部書修纂情況而留下的歷史紀錄來看，如根據《續資治通鑒長編》、《宋會要輯稿》、《宋史》、《玉海》等的記載，我們最多能說的就是，四大部書的修撰是宋王朝為了治理國家的需要，即希望借此類書匯總的各類知識，汲取歷代的成敗經驗，達到他們提倡的「文治」理想和「教化」之目的。

（二）物質基礎客觀條件的保障

　　宋之四大部書中，《太平御覽》、《文苑英華》、《冊府元龜》各有一千卷，《太平廣記》五百卷，可見每部的卷數都很大，其編纂是一項較大的工程，需要物力、人力和時間等各種客觀條件的保障。北宋到太宗、真宗時，社會已經基本趨於穩定，百姓安居樂業，經濟逐漸繁榮，朝廷財政收入增多，這確實能為四大部書的修纂提供物力和時間保障。

　　同時，北宋的建立者趙匡胤為了能在五代十國割據的混亂政局中，迫於「國倚兵而立」的局勢，為了使其政權長治久安，採取了「用文抑武」的策略，提高文臣的地位，借此牽制掌握軍權的武臣，防止高級將帥仿效自己，即以文官政治取代武將專政。後來者也因北方長期有少數民族強悍的政權之威脅，註定也要「國倚兵而立」，故不能不繼續這種策略，因而宋代科舉大盛，朝廷文化人才濟濟，這得以使修纂工程有了人才上的保障。

（三）文化條件的保障

　　類書是具有資料彙編性質的工具書，其編纂往往是「述而不作」，因此修成類書的一個重要前提條件是：必須有可資利用的豐富圖書資料。

　　北宋建立不久，受唐末以來兵連禍結的動盪局勢之影響，朝廷館藏圖書約有一萬二千餘卷，這與《舊唐書》卷四十六《經籍志》所載唐代秘書省「當省

元掌四部御書十二庫，共七萬餘卷[9]。」相比，的確很少。經宋太祖、宋太宗注重收集圖書的努力，到太平興國三年初，「三館新成，盡遷舊館之書，分為兩慶，置庫藏之。……正副本凡八萬卷[10]。」《宋史》卷二〇二〈藝文志〉載：「始太祖、太宗、真宗三朝，三千三百二十七部，三萬九千一百四十二卷[11]。」由此可知，在四大部書撰修之際，朝廷的藏書可謂大有改觀，逐漸豐富，這為四大部書的修成，提供了文獻資料上的保障。同時，更提供了良好的學術思想文化氛圍。

（四）宋太宗、真宗父子二人性嗜讀書的影響

《宋史‧文苑列傳》云：「太宗、真宗，其在藩邸，亦有好學之名，及其即位，彌文日增[12]。」宋太宗繼位後，重視文化，刻苦讀書卻有過之而無不及。宋太宗曾對近臣說：

> 朕每退朝，不廢觀書，意欲酌前代成敗而行之，以盡損益也[13]。

又謂：

> 夫教化之本，治亂之源，苟無書籍，何以取法[14]？

9　（後晉）劉昫等撰，《舊唐書‧經籍志》《中國歷代圖書著錄文選》北京：北京大學出版社，1995 年 10 月，頁 78。

10　（宋）江少虞，《宋朝事實類苑》卷三十一「詞瀚書籍」，上海古籍出版社，1981 年，第 393 頁。

11　（元）脫脫，《宋史》卷二〇二〈藝文志〉，明成化十六年（1480）兩廣巡撫朱英刊嘉靖間南監修補本。

12　（元）脫脫，《宋史》卷四三九〈列傳一九八‧文苑一〉，明成化十六年（1480）兩廣巡撫朱英刊嘉靖間南監修補本。

13　（宋）李燾撰，《續資治通鑑長編》卷二三（景印文淵閣四庫全書第 314－322 冊，臺北市：臺灣商務，民國 72－75 年）。

　　明確地道出了他讀書的目的。為此，宋太宗多次下詔，命三館廣泛搜訪史書，並組織大批儒臣編修書籍。太平興國八年（983）十一月，《太平總類》基本編成，宋太宗下詔曰：

　　　　史館所修《太平總類》，自今日進三日，朕當親覽。

　　宰臣宋琪等以為：

　　　　窮歲短晷，日閱三卷，恐聖躬疲倦。

　　宋太宗卻道：

　　　　朕性喜讀書，開卷有益，不為勞也。此書千卷，朕欲一年讀遍，因思學者讀萬卷書亦不為勞耳[15]。

　　仍然堅持每天讀三卷書，並將書名改為《太平御覽》。
　　在太宗、真宗的倡導下，宋代歷朝帝王乃至皇室成員，幾乎無不勤於讀書。宋真宗自謂：

　　　　朕每因暇日，閱《君臣事跡》草本，遇事簡，則從容省覽；事多，或至夜漏二鼓乃終卷[16]。

14　（宋）李燾撰，《續資治通鑑長編》卷二五（景印文淵閣四庫全書第 314－322 冊，臺北市：臺灣商務，民國 72－75 年）。

15　（宋）李燾撰，《續資治通鑑長編》卷二四（景印文淵閣四庫全書第 314－322 冊，臺北市：臺灣商務，民國 72－75 年）。

16　（宋）王應麟撰，《玉海》卷五四「景德冊府元龜」（景印文淵閣四庫全書第 943－948 冊，臺北市：臺灣商務，民國 72－75 年）。

　　父子二人嗜好讀書又勤於讀書的性情，也為四大部書的修成起到了一定的催化作用。

　　由於政府提倡文治，就需要編修可以提供吸取統治經驗的類書；在這種情形之下，促使了科舉制度的發展和應舉人數的急增。此外，宋代的雕版印刷技術已經臻於完善，裝訂形式也有了改進，從而為類書的大量刻印提供了技術保障。因此，宋代所編修的「四大書」和其他一些類書同樣可為當時的政府所利用。

　　宋初，政府採取的文化政策比較得當。首先，宋太宗對原十國降王諸臣採取拉攏收買手段，設館閣延攬這些人，予以豐厚俸祿，使他們編輯類書，以消除其不滿甚至反抗的情緒。其次，宋朝一直實行右文政策，就是宋太宗本人對文化典籍也非常重視，這使得當時的學術活動相當積極，以至於在北宋初年，政府就編制成了著名的宋初四大書，即是《太平御覽》、《太平廣記》、《文苑英華》、《冊府元龜》等，同時還出現了各種仿唐、續唐的類書，客觀上反映了宋代文化事業發展的一面。

　　總之，宋初修撰四大部書，是一項朝廷的政治文化行為，它們得以成書，是當時客觀歷史環境下的多種因素促成的，既有統治者的政治意圖的推動，也離不開當時社會提供的經濟、文化等各種客觀條件的保障和支持，還與統治者個人的文化素養和認識的推動不無關係。

二、《太平御覽》

（一）纂修經過

　　宋承五代擾亂之後，文獻蕩然無存，迄宋太宗繼位，天下安定，崇尚文治，由於太宗崇儒好學，稽古右文，一面開科取士，拔擢人才，一面設館修書，敕纂典籍。《太平御覽》規模，惟略遜於《冊府元龜》，可稱為前所未有之大類書。

　　宋初太祖、太宗都積極執行這一政策（重視文教事業、重視文人），太宗時更是積極發展文化事業。宋太宗因類書門目繁集，不易偏讀，於是諭令詞臣，

採摭菁英，裁成類例，新編一部大類書，此即《太平御覽》。據〈太平御覽小引〉曰：「帝閱前代類書，門目紛雜，失其倫次，遂詔修此書[17]。」又據（宋）王應麟《玉海》卷五十四引〈實錄〉云：

> 太平興國二年三月戊寅，詔翰林學士李昉、扈蒙，左補闕知制誥李穆，太子少詹事湯悅，太子率更令徐鉉，太子中允張洎，左補闕李克勤、右拾遺宋白、太子中允陳鄂、光祿寺丞徐用賓、太府寺丞吳淑、國子監丞舒雅、少府監丞呂文仲、阮思道等，共十四人。同以前代《修文御覽》、《藝文類聚》、《文思博要》及諸書，分門編為一千卷……八月十月庚辰，詔：史館所修《太平總類》一千卷，宜令日進三卷，朕當親覽焉。……十二月庚子書成，凡五十四門。詔曰：史館新纂《太平總覽》一千卷，包括群書，指掌千古，頗資乙夜之覽，何止名山之藏，用錫嘉稱，以傳來裔，可改名《太平御覽》[18]。

　　為了便於學習古往今來治國之良方，避免出現方針政策上的失誤，他下詔編纂了三部大書，其中之一的《太平御覽》從太平興國二年開始修纂，到太平興國八年完成，大概用了六年九個月的時間，稱得上是精雕細琢。此書本名《太平總類》，後改名為《太平御覽》，似可認為受到了前人所編《修文殿御覽》的影響。

　　此書編始於宋太平興國二年（977），成於太平興國八年（983），歷時六年。初名《太平總類》，又稱《太平類編》、《太平編類》。據宋敏求《春明退朝錄》載：

> 太宗昭諸儒，編故事一千卷曰《太平總類》……帝日覽三卷，一年而讀周，賜名曰《太平御覽》[19]。

17　（宋）李昉（撰），《太平御覽》明萬曆元年（1573）倪炳刊本

18　（元）王應麟，《玉海》卷五十四，元後至元 6 年（1340）慶元路儒學刊至正 11 年（1351）修本

19　（宋）宋敏求撰，《春明退朝錄》卷下，清道光辛卯（十一年 1831）六安晁氏活字印本。

因此，北宋的局部統一為完成《太平御覽》一書創造了良好條件，編纂隊伍中的飽學之士得此機緣聚集一處，並有財力物力上的充分保證。無論宋太宗詔令編纂此書的主觀目的為何，客觀結果都是有益於文教，為數不少的古代文獻賴此得存，實為後世之幸。《太平御覽》五十五部和一千卷的規模為後世類書樹立了一個樣板，使得官修類書有相當部分走上了大型化的道路，後來王朝也以此彰顯國力。它的編纂體例不能說盡善盡美，甚至檢索仍有不便，但較之材料豐富這一優點來說實乃瑕不掩瑜。它注意到了區分正文引文，在編寫方法上仍可謂有所進步。毫無疑問，它是我國古代類書編纂史上的一座高峰。

（二）纂修者略述

編纂《太平御覽》一書的人員最初有十四人：詔翰林學士李昉、扈蒙，左補闕知制誥李穆，太子少詹事湯悅，太子率更令徐鉉，太子中允張洎，左補闕李克勤，右拾遺宋白，太子中允陳鄂，光祿寺丞徐用賓，太府寺丞吳淑，國子監丞舒雅，少府監丞呂文仲、阮思道等十四人，同以前代《修文御覽》、《藝文類聚》、《文思博要》及諸書，分門編為一千卷。領修者是李昉，後來又經歷了一次人事變動，後李克勤、徐用賓、阮思道改任他官，再續命太子中允王克貞、董淳、直史館趙隣幾補其缺。《玉海》卷五十四引〈國朝會要〉云：「惟克勤、用賓、思道改他官，續命太子中允王克貞、董淳、直史館趙隣幾預焉[20]。」

由於當時事務繁多，令一批飽學之士、行政人才長期進行專職編書工作實在難以辦到，因此有部分人員曾兼任他官掌管其他事務，對該書的編纂貢獻大小不一。對於一部千卷大書來說，十三人的主要編纂隊伍實在不能稱其為多，再加上為了保證編書品質，則長達六年多的編纂時間應該說是很合理很正常。

統計《太平御覽》之纂修，歷時六年有半，以千卷浩瀚之卷帙，僅十數人分任之，在其十四人，僅李昉、扈蒙、李穆、徐鉉、張洎、宋白、吳淑、舒雅、呂文仲、趙隣幾等十人《宋史》有傳，其餘湯悅、王克貞《宋史》雖無傳，然事蹟尚可考；至於陳鄂儘知其於太平興國二年六月，曾詳定《玉篇切韻》，董淳

20　（元）王應麟，《玉海》卷五十四，元後至元 6 年（1340）慶元路儒學刊至正 11 年（1351）修本

僅知其於太平興國三年，曾同修《太祖實錄》而已。茲參以始志，將李昉等十一人，略述其歷官梗概如下：

1. 李昉（925－996）

字明遠，深州饒陽（今屬河北）人，北宋文學家。五代後漢乾佑進士，歷仕後漢、後周兩朝。入宋後，加中書舍人。建隆三年，罷為給事中。開寶二年，復拜中書舍人。未幾，直學士院。太宗即位，加昉戶部侍郎，受詔與扈蒙、李穆、郭贄、宋白同修《太祖實錄》。太平興國中，改文明殿學士。十一月，趙普出鎮，昉與宋琪俱拜平章事。未幾，加監修國史。雍熙元年郊祀，命昉與琪並為左右僕射，昉固辭，乃加中書侍郎。淳化二年，復以本官兼中書侍郎、平章事，監修國史。至道二年，臥疾數日薨，年七十。贈司徒，諡文正。昉自後漢、後周至宋，累官右僕射、中書侍郎平章事。參加編纂《舊五代史》，主編《太平御覽》、《太平廣記》、《文英苑華》等書，著有文集五十卷，今已失傳[21]。

2. 扈蒙（915－986）

字日用，幽州安次人。生於梁末帝貞明元年，卒於宋太宗雍熙三年，年七十二歲。少以文學名。晉天福中（940年左右）舉進士第。入漢，為鄂縣主簿。仕周，為右拾遺，直史館，知制誥。時從弟載為翰林學士，兄弟並掌內外制，時號「二扈」。宋初，由中書捨人遷翰林學士。後充史館修撰。開寶中（971年左右）與李穆等同修五代史，詳定《古今本草》。太宗即位，召拜中書舍人，旋復翰林學士，與李昉等同修《太祖實錄》，又編《文苑英華》。雍熙三年（986），被疾。以工部尚書致仕，未幾，卒。蒙多著述，有《鰲山集》二十卷[22]。

3. 李穆（928－984）

字孟雍，開封武陽（今河南西平）人。周顯德初，以進士，為鄆、汝二州從事，遷右拾遺。宋初，以殿中侍御史，選為洋州通判，又移陝州。開寶五年（972），以太子中允召，明年拜左拾遺，知制誥。太平興國初，轉左補闕；三

21　（元）脫脫（撰）《宋史》二百六十五〈列傳卷二十四〉明成化十六年（1480）兩廣巡撫朱英刊嘉靖間南監修補本

22　（元）脫脫（撰）《宋史》二百六十九〈列傳卷二十八〉明成化十六年（1480）兩廣巡撫朱英刊嘉靖間南監修補本

年（978），加史館修撰；四年，從征太原；還拜中書舍人，預修《太祖實錄》。八年春與宋白等同知貢舉，復拜中書舍人，史館修撰；五月，召為翰林學士，六月，知開封府；十一月，擢拜左諫議大夫，參知政事。善篆、隸，工丹青。卒年五十七[23]。

4. 徐鉉（916－991）

字鼎臣，揚州廣陵人。生於梁末帝貞明二年，卒於宋太宗淳化二年，年七十六歲。十歲能屬文，不妄交遊。與韓熙載齊名，江東謂之「韓、徐」。又與弟鍇齊名，號稱「二徐」。鉉稱「大徐」，鍇稱「小徐」。仕吳為校書郎。仕南唐，歷尚書左丞、兵部侍郎、翰林學士、御史大夫、吏部尚書。隨李煜歸宋，為太子率更令。太平興國初，李昉獨直翰林，鉉直學士院。四年（979）從征太原，八年，出為右散騎常侍，遷左常侍。淳化初（990），坐累謫靜難行軍司馬。卒於官。鉉精小學及篆隸，嘗受詔校《說文》，續編《文苑英華》。著有《騎省集》三十卷，《質疑論》若干卷。又有《稽神錄》六卷[24]。

5. 張洎（933－996）

字師黯，一字偕仁，滁州全椒人。生於後唐明宗長興四年，卒於宋太宗至道二年，年六十四歲。少有俊才，博通經典。性險詖，好攻人短。南唐時舉進士。起家上元尉，累遷禮部員外郎，知制誥。參預機宜，恩寵第一。歸宋，拜太子中允。太宗即位，以其文雅，選直舍人院。未幾，使高麗；復命，改戶部員外郎。太平興國四年，出知相州，後充史館修撰，累官至給事中，參知政事，與寇準同列。但政事一決於準，無所參預，而奉準愈謹。後改刑部侍郎，能知政事。至道二年（996）罷知政事，洎奉詔嗚咽，疾甚而卒。洎文采清麗，博覽道、釋書。著有文集五十卷[25]。

---

23 （元）脫脫（撰）《宋史》二百六十三〈列傳卷二十二〉明成化十六年（1480）兩廣巡撫朱英刊嘉靖間南監修補本

24 （元）脫脫（撰）《宋史》四百四十一〈列傳卷二百〉明成化十六年（1480）兩廣巡撫朱英刊嘉靖間南監修補本

25 （元）脫脫（撰）《宋史》二百六十七〈列傳卷二十六〉明成化十六年（1480）兩廣巡撫朱英刊嘉靖間南監修補本

6. 宋白（936－1012）

　　字太素，大名人。生於晉高祖天福元年，卒於宋真宗大中祥符五年，年七十七歲。年十三，善屬文。建隆二年，（961）擢進士第。乾德初，（963）試拔萃高等，授著作佐郎。太宗擢為左拾遺，權知兗州。幾余召還，會劉繼元降，白奏平晉頌。太宗召至行宮褒慰。嘗三掌貢舉，頗致譏議。仕終吏部尚書。卒，謚文憲。白嘗與李昉等編《文苑英華》一千卷，《宋史本傳》又有文集一百卷，《文獻通考》並行於世[26]。

7. 吳淑（947－1002）

　　字正儀，潤州丹陽人。生於漢高祖天福元年，卒於宋真宗咸平五年，年五十六歲。純靜俊爽，屬文敏速，善書，尤工篆籀，以近臣薦，試學士院，授大理評事。預修《太平御覽》、《太平廣記》、《文苑英華》。歷太府寺丞、著作佐郎。始置秘閣，以本官充校理。嘗獻《九弦琴五弦阮頌》，太宗賞其優博。又獻《事類賦》百篇，詔令注釋。淑分注成三十卷上之。遷水部員外郎。至道二年（996），兼掌起居舍人事，預修《太宗實錄》。再遷職方員外郎。淑著有文集十卷，《江淮異人錄》三卷，《秘閣閒談》五卷。又取《說文》有字義者千八百餘條，撰《說文五義》三卷[27]。

8. 舒雅（約990年前後在世）

　　字子正，旌德人。生卒年均不詳，約宋太宗淳化初前後在世。好學善屬文。南唐時，舉進士第。歸宋，為將作監丞。後充秘閣校理，編纂經史，與吳淑齊名。累遷職方員外郎。求出，得知舒州。州境有淺山靈仙觀，有神仙勝跡。雅恬於榮宦，即請掌觀事。東封，就加主客郎中，改直昭文館，轉刑部。在官居觀累年，以山水吟詠自樂，時人美之。卒，年七十餘。雅為西昆體詩人之一，

26　（元）脫脫（撰）《宋史》四百三十九〈列傳卷一百九十八·文苑一〉明成化十六年（1480）兩廣巡撫朱英刊嘉靖間南監修補本

27　（元）脫脫（撰）《宋史》四百四十一〈列傳卷二百〉明成化十六年（1480）兩廣巡撫朱英刊嘉靖間南監修補本

所作可於西昆酬唱集中見之[28]。

9. 呂文仲

字子臧，歙州新安人。生年不詳，約卒於宋真宗景德末。南唐時，進士及第，調補臨川尉。再遷大理評事，掌宗室書奏。入宋，授太常寺太祝，稍遷少府監丞。預修《太平御覽》、《太平廣記》、《文苑英華》，改著作佐郎。以文史字學為太宗所知。太宗每觀古碑刻，常召文仲與舒雅、杜鎬、吳淑讀之。

嘗令文仲讀《文選》，繼又令讀《江海賦》。遂以本官充翰林侍讀。雍熙初，遷著作佐郎副。淳化中，遷起居舍人，兵部員外郎。咸平三年（1000），拜工部郎中，充翰林侍讀學士。受詔集太宗歌詩為三十卷，詔書加獎。真宗景德四年（1007），改刑部侍郎，充集賢院學士。未幾，卒。文仲富詞學，器韻淹雅。曾使高麗，善於應對。清淨無所求，遠近悅之。文仲著有文集十卷[29]。

10. 趙隣幾

字亞之，鄆州須城人，家世為農。少好學，能屬文，嘗作《禹別九州賦》，凡萬餘言，人多傳誦。周顯德二年（955），舉進士，起家秘書省校書郎，歷許州、宋州從事。太平興國初，召為左贊善大夫、直史館，改宗正丞。四年（979），郭贄、宋白授中書舍人，告謝日交薦之，俄而隣幾獻頌，上覽而嘉之，遷左補闕、知制誥，數月卒，年五十九。為文浩博，慕徐、庾及王、楊、盧、駱之體，及掌誥命，頗繁富冗長，不達體要，無稱職之譽。所著有文集三十四卷、《會昌以來日曆》二十六卷、《鯢子》一卷、《六帝年略》一卷、《史氏懋官志》五卷，及其他書五十餘卷[30]。

11. 湯悅

本姓殷，名崇義，陳州西華人。博洽能文章，仕南唐李璟，官至學士，歷

28　（元）脫脫（撰）《宋史》四百四十一〈列傳卷二百〉明成化十六年（1480）兩廣巡撫朱英刊嘉靖間南監修補本

29　（元）脫脫（撰）《宋史》二百九十六〈列傳卷五十五〉明成化十六年（1480）兩廣巡撫朱英刊嘉靖間南監修補本

30　（元）脫脫（撰）《宋史》四百三十九〈列傳卷一百九十八‧文苑一〉明成化十六年（1480）兩廣巡撫朱英刊嘉靖間南監修補本

樞密使。及後主煜即位，進右僕射同平章事。開寶二年（969）五月，罷為潤州
節度使，仍同平章事。入宋，避宣祖廟諱，易姓名曰湯悅。太宗敕撰《江南錄》
十卷，自言有陳壽史體，當世頗稱之。又俾同修《太平御覽》等書[31]。

12. 王克貞（930—989）

字守節，廬陵（今江西吉安）人。幼善屬文，風骨峻整。南唐保大十年（952）
進士及第，累官至中書舍人、樞密副使。宋初授太子中允。以文學受知太宗，
與張洎同為誥命典正，預修《太平廣記・總類》。歷戶、兵二部員外郎，禮、戶
二部郎中。太宗聞其有文詞，命直舍人院，誥命典正漢、滑、襄、梓四州事，
皆以寬簡為務，仁愛推誠。端拱二年（989）秋，自梓潼還京，卒於興州之傳舍，
享年六十[32]。

綜觀李昉、扈蒙、李穆、徐鉉、張洎等人，授命撰修《太平御覽》之後，
或兼掌絲綸，或參贊軍旅，或分心於吏事，或勞神於案牘，其不能專心致志於
纂述，已可概見。陳鄂、董淳二人事蹟雖不可詳考，然於《太平御覽》纂修期
間，實亦兼攝他事；趙隣幾參與稍晚，又復早卒；其致力於《太平御覽》者，
殆均甚少。惟獨吳淑、呂文仲、湯悅、王克貞四人傳中，特著明預修《御覽》
之事，又未言其於纂修期間有他職之遷，然則對於《御覽》致力最深者，預修
諸儒，殆皆莫出四人也。

（三）基本部類

《太平御覽》是以《修文殿御覽》、《藝文類聚》、《文思博要》等書為藍本
進行編纂的，也充分利用了當時的政府藏書，其分類原則與編排方法大抵是以
天、地、人、事、物為序。全書一千卷，目錄十卷，約五百萬字，分為五十五
部，這是依據《周易・繫辭》所說的「凡天地之數五十有五」，以表示包羅萬象，

31　（清）吳任臣（撰），《十國春秋》卷二十八，清乾隆五十三年（1788）昭文周昂重刊本。

32　（宋）徐鉉（撰）《徐公文集》卷之二十九，清萃古齋鈔本（清）陶成（纂），《江西通志》卷七
　　十五〈大宋故尚書戶部中王君墓誌銘〉，清雍正十年（1732）刊本。

總括群書的意思。其五十五部詳目如下[33]：

表六　《太平御覽》基本部類

部　　別			卷　　別		備　　註
部次	部名	類數	總卷起訖	卷數	
一	天	三九	卷一～一五	一五	
二	時序	三九	卷一六～三五	二〇	
三	地	一五五	卷三六～七五	四〇	內有一四類，又共分五三八目
四	皇王	二二三	卷七六～一一六	四一	
五	偏霸	一〇七	卷一一七～一三四	一八	
六	皇親	二五七	卷一三五～一五四	二〇	
七	州郡	二〇	卷一五五～一七二	一八	內有九類，又共分三三一目
八	居處	九六	卷一七三～一九七	二五	
九	封建	二九	卷一九八～二〇二	五	
一〇	職官	四一四	卷二〇三～二六九	六七	
一一	兵	一七一	卷二七〇～三五九	九〇	
一二	人事	二三四	卷三六〇～五〇〇	一四一	
一三	逸民	二	卷五〇一～五一〇	一〇	
一四	宗親	二五	卷五一一～五二一	一一	
一五	禮儀	八二	卷五二二～五六二	四一	

33 （宋）李昉等撰，《太平御覽》「目錄」（景印文淵閣四庫全書第 893 冊，臺北市：臺灣商務，民國 72－75 年）。

一六	樂	三五	卷五六三～五八四	二二	內雜樂類又分一六目
一七	文	六四	卷五八五～六〇六	二二	
一八	學	二八	卷六〇七～六一九	一三	
一九	治道	一〇	卷六二〇～六三四	一五	
二〇	刑法	四六	卷六三五～六五二	一八	
二一	釋	一〇	卷六五三～六五八	六	
二二	道	五三	卷六五九～六七九	二一	
二三	儀式	二〇	卷六八〇～六八三	四	
二四	服章	七九	卷六八四～六九八	一五	
二五	服用	八一	卷六九九～七一九	二一	
二六	方術	二五	卷七二〇～七三七	一八	
二七	疾病	五七	卷七三八～七四三	六	
二八	工藝	三五	卷七四四～七五五	一二	
二九	器物	一〇六	卷七五六～七六五	一〇	
三〇	雜物	二三	卷七六六～七六七	二	
三一	舟	二七	卷七六八～七七一	四	
三二	車	五〇	卷七七二～七七六	五	
三三	奉使	一	卷七七七～七七九	三	
三四	四夷	三九〇	卷七八〇～八〇一	二二	
三五	珍寶	四四	卷八〇二～八一三	一二	
三六	布帛	三四	卷八一四～八二〇	七	
三七	資產	九四	卷八二一～八三六	一六	

三八	百穀	一五	卷八三七～八四二	六	
三九	飲食	六三	卷八四三～八六七	二五	
四○	火	八	卷八六八～八七一	四	
四一	休徵	一六	卷八七二～八七三	二	內地類又分一三目，草類又分一九目。
四二	咎徵	八三	卷八七四～八八○	七	
四三	神鬼	二	卷八八一～八八四	四	
四四	妖異	五	卷八八五～八八八	四	
四五	獸	一二二	卷八八九～九一三	二五	
四六	羽族	一一八	卷九一四～九二八	一五	
四七	鱗介	二○七	卷九二九～九四三	一五	
四八	蟲豸	八二	卷九四四～九五一	八	
四九	木	一二七	卷九五二～九六一	一○	
五○	竹	四○	卷九六二～九六三	二	
五一	果	七六	卷九六四～九七五	一二	
五二	菜茹	三七	卷九七六～九八○	五	
五三	香	四二	卷九八一～九八三	三	
五四	藥	二○三	卷九八四～九九三	一○	
五五	百卉	一○七	卷九九四～一○○○	七	

　　《太平御覽》從天、地、皇王到菜、香、藥、百卉，共分五十五部，每部又分若干子目。如天部，即分有元氣、太易、太初、太始乃至四時、閏、歲、歲除等四十七個子目。據統計，《太平御覽》全書共有四千五百五十八個子目，每個子目之下，再按時間先後，順次徵引有關資料。如天部「太始」條，就順

次徵引了《易・乾鑿度》、《帝王世紀》、《楚辭・天問》（包括王逸注）、張衡《玄圖》和阮籍《大人光生傳》。這些資料，既注明了出處，又大多是原文，較少省改，已具備了資料工具書性質，為使用者提供了極大方便。

在《太平御覽》一千多條子目下，引證古書體例：先寫書名，次錄原文，按時代先後排列，不加己見。所引多為經史百家之言，小說、雜書很少引用。一條中同引一書資料的，均排在一起，先列書名，次錄原文；再引責標「又」。其引文體例，亦較他類書為優，分別正文與附注，而《藝文類聚》、《初學記》等，皆正文與注相連，不加分別。《太平御覽》引用正文作大字，注文作雙行小字，以示區別。

其體例如卷二十五時序部・秋分類[34]：

《說文》曰：「龍，春分而登天，秋分而入淵。」《易說》曰：「秋分，閶闔風至，雷始收聲，鷙鳥擊，玄鳥歸。」又曰：「兌，西方也，主秋分。」《孝經說》曰：「斗指西為秋分。」又曰：「秋分，日在內衡。」《文子》曰：「陰陽調，日夜分，故萬物春分而生，秋分而成。生與成必得和之精。故積陰不生，積陽不化，陰陽交接，乃能成和」（此天地之氣和平，故萬物得以生成故也。）《京房易候》曰：「虹，八月出西方，粟貴。」……《周書時訓》曰：「秋分八月中，雷乃收聲。不收聲，即人民不安（又云：諸侯驕逸放蕩于上）。蟄蟲坏戶。不坏戶，即邊方不寧（又云：人靡有賴）。水始涸。水不涸，即人多痼疾。」《曆日疏》曰：「秋分，八月之中氣也。秋分之時，日出于卯，入于酉，分天之中、陰、陽氣等。晝五十刻，夜五十刻，一晝一夜，二氣中分，故謂之秋分也。」

這一條先取字書《說文》對「秋分」的解釋，然後列舉事類，集中了有關的引證，括號內為原文雙行小注。

34　（宋）李昉等撰，《太平御覽》（景印文淵閣四庫全書第 893 冊，臺北市：臺灣商務，民國 72－75 年）。

以如此繁重之部類，細檢內類之中，可以發現有重合的地方。如：

表七 《太平御覽》小類重合表

序號	小類名稱	所屬卷數（一）	所屬部類	所屬卷數（二）	所屬部類
1	雹	卷一四	天部	卷八七八	咎徵部
2	旱	卷三五	時序部	卷八七九	咎徵部
3	土	卷三七	地部	卷八七三	咎徵部
4	大白山、岷山	卷四〇	地部	卷四四	地部
5	瓦	卷一八八	居處部	卷七六七	雜物部
6	井	卷一八九	居處部	卷八七三	休徵部
7	市	卷一九一	居處部	卷八二七	資產部
8	鐃	卷三三八	兵部	卷五八四	樂部
9	旗	卷三四〇	兵部	卷六八〇	儀式部
10	旛	卷三四〇	兵部	卷六八〇	儀式部
11	旌	卷三四〇	兵部	卷六八〇	儀式部
12	旆	卷三四一	兵部	卷六八〇	儀式部
13	節	卷三四一	兵部	卷六八一	儀式部
14	彈	卷三五〇	兵部	卷七五五	工藝部
15	椎	卷三七五	兵部	卷七六三	器物部
16	痴	卷四九〇	人事部	卷七三九	疾病部

17	缶	卷五八四	樂部	卷七五八	器物部
18	第	卷五九三	文部	卷六〇六	文部
19	蓋	卷七〇二	服用部	卷七七六	車部
20	瓚	卷七六一	器物部	卷八〇七	珍寶部
21	量	卷七六五	器物部	卷八三〇	珍寶部
22	何國	卷七九三	四夷部	卷七九六	四夷部
23	伽色尼	卷七九三	四夷部	卷七九七	四夷部
24	水銀	卷八一二	珍寶部	卷九八八	藥部
25	麻	卷八四一	百谷部	卷九九五	百卉部
26	貜	卷九一〇	獸部	卷九一三	獸部
27	茱萸	卷九六〇	木部	卷九九一	藥部
28	射干	卷九六〇	木部	卷九九三	藥部
29	鬼目	卷九七四	果部	卷九九八	百卉部
30	杜蘅	卷九八三	香部	卷九九一	藥部
31	離南	卷九七一	果部	卷一〇〇〇	百卉部

　　上述各類大多分入兩部，而「大白山、岷山」、「何國」、「伽色尼」、「貜」居然在同一部類中出現兩次，這不能不說是編者的失誤。上面所提到的一事物分屬兩類的問題，多應該合二為一，或作說明。而有的門目中又有該分而沒有分立者。此外，有的部類包含的小類太多，另卷一百一十九「偏霸部三」之「劉元海」、「劉淵」，置於同卷，此係因名號不同，而誤以一人為二，實為疏失所導致。所有這些，說明編制體例上的混亂，這都不能不說是《太平御覽》的缺陷。

當然，如此一部大型類書，成於眾人之手，又經過近千年的傳抄版刻，內容上的疏忽在所難免，我們在使用時應多注意。

（四）引書

《太平御覽》，引用之書，列有目錄者計一千六百九十種，此外有古律詩、古賦、銘、箴、雜書等，不及具錄，南宋洪邁在《容齋五筆》云：

> 國初承五季亂離之後，所在書籍，印校極劣，宜其焚燼蕩析，了無孑遺。然太平興國中，編次《御覽》，引用一千六百九十種……以今考之，無傳者十之七八矣[35]。

南宋陳振孫則認為《太平御覽》所引之書，並非宋初即有其書。在其《直齋書錄解題》云：

> 特因諸家類書之舊爾。以三朝國史考之，館閣及禁書中，總三萬六千餘卷，而《御覽》所引用之書多不著錄，蓋可見矣[36]。

明胡應麟也持同一看法，認為：

> 《太平御覽》蓋因襲唐諸類書《文思博要》、《三教珠英》等，仍其前引書，非必宋初盡存也。亦有宋世不存，而近時往往出者，又以抄拾類書得之。此皆人未所目驗，故知之最真。洪以博洽名，而早列清華，或未

曉此曲折[37]。

又云：

> 《太平御覽》引用書一千六百九十餘種，非必宋初盡存，大率晉宋以前得之《修文御殿》，齊梁以後得之《文思博要》，而唐人事蹟，則得之本書也[38]。

由於《太平御覽》引用多書，保存的大量古書遺文，十之七八今已亡佚，其中漢人傳記百種，舊地方志二百種，更是十分難得的珍貴材料，故被人們譽為輯佚工作的寶山。但該書又是眾人合編，不乏重覆牴牾，誤引疊載，然所引經史，常可訂正今本之謬誤，「存古定偽」是《太平御覽》最大功用。

《太平御覽》徵引古書相當豐富。從卷首冊所列《太平御覽經史圖書綱目》（以下簡稱《綱目》）中可以見到所引之書為一六九〇種（實有一六八九種）。這還不包括古律詩、古賦、銘、箴、雜書等類在內。據范希曾《書目答問補正》說，《太平御覽》引用之書有二八〇〇多種，這是把詩、賦、銘、箴等都計算在內而得出的數字[39]。近人馬念祖編《水經注等八種古籍引用書目彙編》，則稱《太平御覽》引用書經核實後為二五七五種[40]。此書非但徵引賅博，而且所引用的古書十之七八早已失傳。清阮元曾說：

37　（明）胡應麟，《經籍會通》卷四，（《少室山房筆叢》，明萬曆戊午（四十六年， 1618）汪湛然金華刊本。

38　（明）胡應麟，《二酉綴遺》卷上，（《少室山房筆叢》，明萬曆戊午（四十六年， 1618）汪湛然金華刊本。

39　（清）范希曾撰，《書目答問補正》，民國二十年（1931）南京國學圖書館排印本。

40　馬念祖編，《水經注等八種古籍引用書目彙編》（書目類編五十六，成文，1978 年 7 月），頁25855。

存《御覽》一書，即存秦漢以來佚書千餘種矣，洵宇宙不可少之古籍也[41]。

可見《太平御覽》不但是一部重要的綜合性資料工具書，而且是保存古代佚書最為豐富的類書之一。

《太平御覽》徵引諸書，一般說較下功夫，並不一味因襲舊的類書。例如北周宗懍的《荊楚歲時記》，唐代的《初學記》、《藝文類聚》等類書都有徵引，但上述二書徵引該書文字有一個共同的毛病，就是正文、注文連寫而不加區別，使人無法辨別孰為正文，孰為注文。但本書徵引《荊楚歲時記》卻克服了上述毛病，將正文、注文區分的十分清楚。這說明，《太平御覽》在編修時，儘管參酌、採錄了以前的類書，並沒有一味地、簡單地作「二道販子」，而顯然是對不少引文都檢核了原書，這是應該充分肯定的。

《太平御覽》在現存古類書中是保存五代以前文獻、古籍最多的一部，而且引書比較完整，多整篇整段文字，後代學者雖看不到原書，但從《太平御覽》中可找到一些可貴的文獻資料。例如：論述農業技術的《范子計然》、《氾勝之書》原書早已不見，我們靠《太平御覽》的引用才得以知道兩書的一些內容，知道兩千多年前有關農業生產的一些知識。又如，我國古代科學家張衡創製渾天儀和地震儀的原著早已亡佚，但在《太平御覽》卷二天部渾儀目內，就有記載。又如，崔鴻的《十六國春秋》是記述五胡十六國時期的重要史籍，據考證此書北宋時已失傳，司馬光修《資治通鑒》時已看不到原書，可是《太平御覽》引用此書達四八〇多條。

更為人稱道的是，《太平御覽》引用了大量的古地理書。清代輯佚家王謨輯《漢唐地理書鈔》時，利用《太平御覽》頗多，曾說：「《太平御覽書目》一千六百九十種，內地理書約三百種，較諸類書尤為賅博[42]。」它保留了漢唐間西域及海南諸國多種古地理書的片斷就是例證。例如《吳時外國傳》為三國孫吳時中郎康泰撰。《梁書‧海南諸國傳》總敘云：「及吳孫權時，遣宣化從事朱應，

41 （清）阮元撰，《經籍纂詁》（臺北市：世界，民國45年）。

42 （清）王謨輯，《漢唐地理書鈔》（北京：中華，1961年9月），頁6。

中郎康泰通焉。其所經及傳聞，則有百數十國，因立紀傳[43]。」按孫權既定江左之後，屢耀兵海外，黃龍二年遣將軍衛溫諸葛直將軍士萬人浮海求夷洲及亶洲。康泰的書大約寫於公元 227 年左右。但此書早已不見，只散見於諸類書中，《太平御覽》引用了十九條。由於《太平御覽》保存古籍如此之多，因此被歷代學者所重視，作輯佚工作的，更把它視作「寶山」。

　　此書徵引廣博，對校勘古籍和輯集佚書有用。向來為學術界所重視。《四庫全書總目提要》云：

> 宋初，去古未遠，即所采類書，亦皆具有淵源，與後來鉏釘者迥別，故雖蠹蝕斷爛之餘，尚可據為出典。世所傳宋以前書，可考見古籍佚文者，僅六、七種：曰裴松之《三國志注》，曰酈道元《水經注》，曰劉孝標《世說新語注》，曰李善《文選注》，曰歐陽洵《藝文類聚》，曰徐堅《初學記》，其一即此書也。殘碑斷碣，剝蝕不完，歐陽、越、洪諸家，尚籍之以訂史傳。況四庫精華，匯于巨帙，獵山漁海，采摭靡窮，又烏可以難讀廢哉[44]？

　　《太平御覽》所引之書，並不是宋代初年都存在，而是沿襲了以前的類書。

　　明胡應麟認為此書記載晉、宋以前的事，得之《修文殿御覽》，齊、梁以後得之《文思博要》。而《太平御覽》因雜鈔前代類書，未加細校，再加編修上的草率，所以引書方面重複、錯落、訛謬，不一而足。以《綱目》來說，此目並非修書當時所編，這從《綱目》中並列了《唐書》、《舊唐書》即可看出。因修《太平御覽》時，只有劉昫撰修的一種《唐書》。歐陽修等重修的《唐書》是在仁宗嘉祐五年（1060）成書，此後劉書才冠一「舊」字。《太平御覽》所引只能

43　許雲樵輯註，《康泰吳時外國傳輯註》（新加坡：東南亞研究所，1971 年 3 月），頁 1。（唐）姚思廉奉敕撰，《梁書·海南諸國傳》（景印文淵閣四庫全書第 260 冊，臺北市：臺灣商務，1983-1986 年），頁 460。

44　（清）永瑢等奉敕撰，《四庫全書總目提要》「子部·類書類一」（臺北市：臺灣商務，　民國 54 年 2 月臺 1 版），頁 2792。

是劉昫的《唐書》。但《綱目》中並列兩種，這純係編者杜撰。也說明，此目必非當時所編，定在嘉祐五年之後。

當然，《太平御覽》在引書方面也不是沒有不足和錯誤，在這方面有三種情況值得注意：

1. 所引一書的書名不統一

如《太平御覽經史圖書綱目》（按即引書目），列有兩部書：一部是《宋永初古今山川記》，未署作者名氏；一部是劉澄之《宋初古今山川記》。查卷四八《羊山》條，徵引有《宋永初山川記》，卷四九《昭山》條、卷一六四《逕州》條同。卷五六《滄浪水》條，徵引有《永初山川記》，卷一六九《沔州》條同。卷一八三《居處部》徵引有劉澄之《宋初山川古今記》。這些書名，都與《綱目》所列不同。這裡極大的可能是：《綱目》所列二書，本是一部書，由於徵引時省改書名，致誤成了兩部書，從省改的情況看，我們很難斷定所引究竟為哪一部書。

2. 有些書名似是篇名

如《綱目》中所列：《立後土國語》、《諷諫木國語》、《見君大韓子》、《殺諫庚符子》，似都不像書名，而像篇名。至如，《晉書州郡志》、《宋書州郡志》之類，則顯然是篇名，不應與書名等列。

3. 有些引文脫略書名

如卷二七一引劉向《新序》論兵事，其「又曰」云：「樂毅以弱燕破強齊七十餘城者，齊無法故也……近者，曹操以八千破袁紹五萬者，袁無法故也……」這裡所謂「又曰」，按其通例，是繼續徵引劉向《新序》。然則，劉向是西漢末年人，怎能預知東漢末年曹操、袁紹爭戰之事？這所謂「又曰」，顯然是別為一書而脫去了書名。這種情況，對於一部成於眾任之手的千卷大書來說，有所疏失就不足怪了。

《太平御覽》的文獻價值很高，但其缺點錯誤也不少。因雜抄前代類書，未加細校，再加編修上的草率，所以引書方面就有重複、錯落和訛謬。在書的部類方面，重複之處也屢見不鮮，這說明編制體例上的混亂，這都不能不說是

《太平御覽》的缺陷。正因它是類書，使用該書，要先瞭解它的類目，判斷你要查的事物與哪類有聯繫，然後按部、按目去查檢。為了查檢方便，還可參考錢亞新編的《太平御覽索引》和聶崇岐主編的《太平御覽引得》。

三、《太平廣記》

（一）纂修經過

　　《太平廣記》是宋代李昉等奉太宗之命所編、薈萃中古時期文言小說菁英並裁成類例的大型類書。專門收集自秦漢至宋初一千多年的野史小說。據《玉海》引《會要》記載：「先是，帝閱類書，書目紛雜，遂詔修此書。興國二年三月詔昉等取野史小說集為五百卷，三年八月書成，號曰《太平廣記》[45]。」又宋代學者陳振孫《直齋書錄解題》卷十一「小說類」著錄《太平廣記》五百卷：「太平興國二年，詔學士李昉、扈蒙等修《御覽》，又取野史、傳記、故事、小說撰集，明年書成，名《太平廣記》[46]。」由以上二則文獻可知，《太平廣記》是李昉、扈蒙等於宋太宗太平興國二年（977）三月奉旨修纂的小說集，於太平興國三年（978）八月書成，歷時約一年五個月。

　　因編於太平興國年間，又和《太平御覽》同時編纂，而所以名為《太平廣記》。負責編修的有李昉、扈蒙、李穆、湯悅、徐鉉、宋白、張泊、王克貞、董淳、趙鄰幾、陳鄂、吳淑和呂文仲等人。其中王克貞、董淳、趙鄰幾三人一開始並未參加，而李克勤、徐用賓、舒雅、阮思道四人是開始參加而中途退出的。太平興國六年（981），詔令刊刻，刻成以後，鏤板頒天下，不久又因言者以為非學者所急而將墨板收藏於太清樓[47]。

　　關於這部書的編纂目的，李昉在書成之後給皇帝的進表中說：

45　（元）王應麟，《玉海》卷五十四，元後至元 6 年（1340）慶元路儒學刊至正 11 年（1351）修本。

46　（宋）陳振孫，《直齋書錄解題》卷十四＜小說家類＞（臺北：廣文，民 68 年 5 月再版）。

47　（元）王應麟，《玉海》卷五十四，元後至元 6 年（1340）慶元路儒學刊至正 11 年（1351）修本。

臣先奉敕撰集《太平廣記》五百卷者，伏以六籍既分，九流並起，皆得
聖人之道，以盡萬物之情。足以啟迪聰明，鑒照今古。伏惟皇帝陛下，
體周聖啟，德邁文思，博宗群言，不遺眾善。以為編秩既廣，觀覽難周，
故使采摭菁英，裁成類例[48]。

　　文中說明這些作品是因為可以啟迪聰明才智，鑒察古今得失，是為了能夠
周覽各家，不遺眾善而撰集的。明代《太平廣記》的刊刻者談愷則說：

宋太平興國間，既得諸國圖籍，而降王諸臣，皆海內名士，或宣怨言。盡收
用之，置之館閣，厚其廩細餼，使修群書。以《修文御覽》、《藝文類
聚》、《文思博要》、解史子集一千六百九十餘種，編成一千卷，賜名《太
平御覽》；又以野史、傳記、小說諸家，編成五百卷，分五十五部，賜名
《太平廣記》[49]。

　　也就是說，宋太宗是為了籠絡他所征服的五代十國中的降王諸臣，給他們
高俸祿，使他們有事做，以消除他們的不滿情緒，才讓他們修撰了《太平廣記》。
看來這兩個方面的原因是兼而有之。但無論如何，《太平廣記》在歷史上的重要
價值，卻是大大超過了趙宋君臣的編纂初衷。

（二）基本類目

　　《太平廣記》是一部文言小說類書，全書五百卷，九十二大類，目錄十卷，
引用書目二百四十二種[50]。全書以故事性、傳奇性為標準，彙集了近七千個故

48　（宋）李昉等奉敕纂，《太平廣記》＜太平廣記表＞，明嘉靖丙寅（四十五年，1566）談愷刊本。

49　（宋）李昉等奉敕纂，《太平廣記》＜談愷序＞，明嘉靖丙寅（四十五年，1566）談愷刊本。

50　對於《太平廣記》是否為類書，不同的研究者對此作出的結論是不一樣的，如張滌華《類書流別》
　　（修訂本，商務印書館，1985年）、胡道靜《中國古代的類書》（中華書局，1982年第1版，2005
　　年新1版）不把《太平廣記》列入類書，認為它是小說總集；劉葉秋《類書簡說》（上海古籍出版社，
　　1980年）、戴克瑜、唐建華主編《類書的沿革》（四川省圖書館學會編印，1981年）、戚繼芬《中

事，這些作品反映了從先秦兩漢至宋初，尤其是唐代廣泛的社會生活，有著豐富的內容，也展示了這一歷史階段小說藝術的發展。

　　《太平廣記》與《太平御覽》不同之處是：該書專收漢代至宋初的野史小說、釋藏、道經等和以小說家為主的雜著等 400 多種，還包括史料、傳記、詩文、地理、博物、制度、傳說、文物、醫藥、藝術以及卜筮星相諸方面，都有較高的研究價值。而《太平廣記》的類目編排體現出一個突出的特點，即具有鮮明的宗教性特色。

　　《太平廣記》跨越時間從西漢至北宋初年約千年，編目九十二個大類，二百三十九個小類（詳見表八），所錄之事涉及世間萬物、自然靈異等方面，所錄之人則涉及社會各個階層。因此，《太平廣記》小說類目進行研究是必要且重要的，對於進一步瞭解《太平廣記》全書價值乃至中國古代小說題材分類學具有先導意義。

表八　《太平廣記》基本類目

類　別		卷　別		備　註
類次	名　稱	總卷起訖	各類卷數	
一	神仙	一～五五	五五	
二	女仙	五六～七〇	一五	
三	道術	七一～七五	五	
四	方士	七六～八〇	五	
五	異人	八一～八六	六	

國的類書、政書和叢書》（商務印書館，1996 年）、夏南強《類書通論》（湖北人民出版社，2001年）則認為《太平廣記》是部類書。這種情況的出現是由於他們對類書的概念界定不同而導致的結果。對於古今研究者對類書界定的異同詳見夏南強《類書通論》第 1-7 頁。本文認為所謂類書主要體現在兩點上，在內容上它是資料一彙編，二在形式上它是分類編纂。從這兩點來看，《太平廣記》是部類書，只不過這是部專門性的文言小說類書而己，屬於類文類書。夏南強把類書分為三類:類事類書、類文類書和事文並舉類書。《類書通論》，第 45-49 頁。類書、類文類書和事文並舉類書。《類書通論》，第 45-49 頁。

六	異僧	八七～九八	一二	
七	釋證	九九～一〇一	三	
八	報應	一〇二～一三四	三三	內分金剛經、法華經、觀音經、崇經像、陰德、異類、冤報、婢妾、殺生、宿業畜生十類
九	徵應	一三五～一四五	一一	內分帝王休徵、人臣休徵、邦國咎徵、人臣咎徵四小類
一〇	定數	一四六～一六〇	一五	下含婚姻小類二卷
一一	感應	一六一～一六二	二	
一二	讖應	一六三	一	
一三	名賢	一六四	一	附諷諫類
一四	廉儉	一六五	一	附吝嗇類
一五	義氣	一六六～一六八	三	
一六	知人	一六九～一七〇	二	
一七	精察	一七一～一七二	二	
一八	俊辨	一七三～一七四	二	按一七四卷附幼敏類十條
一九	幼敏	一七五	一	
二〇	器量	一七六～一七七	二	
二一	貢舉	一七八～一八四	七	卷一八四附氏族類
二二	銓選	一八五～一八六	二	
二三	職官	一八七	一	
二四	權幸	一八八	一	

二五	將帥	一八九～一九〇	二	卷一九〇附雜諧智類
二六	驍勇	一九一～一九二	二	
二七	豪俠	一九三～一九六	四	
二八	博物	一九七	一	
二九	文章	一九八～二〇〇	三	卷二〇〇附武臣有文類
三〇	才名	二〇一	一	附好尚類
三一	儒行	二〇二	一	附怜才、高逸二類
三二	樂	二〇三～二〇五	三	下含琴、瑟、歌、笛、觱篥、羯鼓、琵琶、五絃、箜篌九小類
三三	書	二〇六～二〇九	四	下含雜編小類一卷
三四	畫	二一〇～二一四	五	
三五	算術	二一五	一	
三六	卜筮	二一六～二一七	二	
三七	醫	二一八～二二〇	三	下含異疾小類半卷共十三條
三八	相	二二一～二二四	四	
三九	伎巧	二二五～二二七	三	卷二二七附絕藝類
四〇	博戲	二二八	一	分弈棋、彈棋、藏鈎、雜戲四小類
四一	器玩	二二九～二三二	四	
四二	酒	二三三	一	附酒量、嗜酒二類
四三	食	二三四	一	附能食、菲食二類
四四	交友	二三五	一	

四五	奢侈	二三六～二三七	二	
四六	詭詐	二三八	一	
四七	諂佞	二三九～二四一	三	
四八	謬誤	二四二	一	附遺忘類
四九	治生	二四三	一	附貪類
五〇	褊急	二四四	一	
五一	詼諧	二四五～二五二	八	
五二	嘲誚	二五三～二五七	五	
五三	嗤鄙	二五八～二六二	五	
五四	無賴	二六三～二六四	二	
五五	輕薄	二六五～二六六	二	
五六	酷暴	二六七～二六九	三	
五七	婦人	二七〇～二七三	四	下含賢婦、才婦、美婦人、妒婦、妓女五小類共三卷
五八	情感	二七四	一	
五九	童僕奴婢	二七五	一	
六〇	夢	二七六～二八二	七	下含夢休徵、夢咎徵、鬼神、夢遊四小類共五卷半
六一	巫	二八三	一	附厭咒類
六二	幻術	二八四～二八七	四	
六三	妖妄	二八八～二九〇	三	
六四	神	二九一～三一五	二五	卷三一五附淫祠類

六五	鬼	三一六～三五五	四〇	
六六	夜叉	三五六～三五七	二	
六七	神魂	三五八	一	
六八	妖怪	三五九～三六七	九	卷三六七附人妖類
六九	精怪	三六八～三七三	六	分為雜器用（附偶像）、凶器、火、土四小類
七〇	靈異	三七四	一	
七一	再生	三七五～三八六	一二	正文內分婦人再生、縊死復再生、易形再生、遇仙官再生等四小類
七二	悟前生	三八七～三八八	二	
七三	冢墓	三八九～三九〇	二	
七四	銘記	三九一～三九二	二	
七五	雷	三九三～三九五	三	
七六	雨	三九六	一	附風、虹二類
七七	山	三九七	一	附溪類
七八	石	三九八	一	附坡沙類
七九	水	三九九	一	附井類
八〇	寶	四〇〇～四〇五	六	分為金、水銀、玉、雜寶、錢、奇物六小類
八一	草木	四〇六～四一七	一二	分為木、文理木、異木、藟蔓、草、草花、木花、果、菜、五谷、茶荈、芝（附菌蕈）、

				苔、香藥、服餌、木怪、花卉怪、藥怪、菌怪十九小類
八二	龍	四一八~四二五	八	下含蛟小類半卷共一三類
八三	虎	四二六~四三三	八	
八四	畜獸	四三四~四四六	三	分為牛、牛拜、牛償債、牛異、馬、駱駝、騾、驢、犬、羊、豕、猫、鼠、鼠狼、獅子、犀、象、雜獸、狼、熊、狸、猬、麞、獐、鹿、兔、猿、獼犭猴、猩猩、猓、犭然、猴、三二類
八五	狐	四四七~四五五	九	
八六	蛇	四五六~四五九	四	
八七	禽鳥	四六〇~四六三	四	下含孔雀、燕、鸚鵡、鵲（附鴿）、雜、雞、鵝（附鴨）、鷺、鷹、鸜鵒、雀、鳥、梟（附鵂）一三小類共二卷
八八	水族	四六四~四七二	九	下含水怪、水族為人、人化水族、龜四小類共五卷
八九	昆蟲	四七三~四七九	七	
九〇	蠻夷	四八〇~四八三	四	
九一	雜傳記	四八四~四九二	九	
九二	雜錄	四九三~五〇〇	八	

從上述表八臚列的類目可以看出，《太平廣記》主要體現在以下幾方面：

1. 鮮明的宗教文化色彩

《太平廣記》類目融合了儒、釋、道三家思想。儒家思想自不必說，「貢舉」、「銓選」、「職官」、「權幸」、「將帥」這類表政事的類目以及「文章」、「儒行」、「名賢」、「廉儉」、「氣義」等大量對世人德藝品格進行評判的類目都反映出一定的儒家文化內涵。這當然同《太平廣記》編者俱為深受儒家文化思想薰陶的文人士大夫有關。作為宋初的官修類書，與前代類書相比，《太平廣記》類目鮮明的宗教文化色彩則是其重要特徵之一。

從《太平廣記》分類來看，書中體現佛道二家宗教信仰的神怪故事占的比重最大，「神仙」五十五卷、「女仙」十五卷、「道術」五卷、「方士」五卷、「異人」六卷、「異僧」十二卷、「釋證」三卷、「報應」三十三卷、「幻術」四卷、「妖妄」三卷，「神」二十五卷、「鬼」四十卷、「夜叉[51]」二卷、「神魂」一卷、「妖怪」九卷、「精怪」六卷、「靈異」一卷、「再生」十二卷、「悟前生」二卷、「龍」八卷，再加草木鳥獸故事中涉及的道士僧人故事等，占了五百卷《太平廣記》大半內容。

我國第一部小說總集，《太平廣記》傳錄了自漢魏到北宋初年絕大部分的野史筆記小說，卻正是不入儒家正統學者法眼的稗聞奇怪之流，佛道成仙感應果報之說佔據《太平廣記》類目最重要的位置，表明了宗教文化在文學審美中的重要性正式進入官方視野。

不過，要明悉宗教文化和《太平廣記》的深層關係顯然還得從書中所收小說的內容和彼此間聯繫入手。就小說名目來看，具有道教色彩的小說「神仙」五十五卷、「女仙」十五卷、「道術」五卷、「方士」五卷、「神」二十五卷、「鬼」四十卷、「神魂」一卷、「龍」八卷、「幻術」四卷、「妖妄」三卷、「妖怪」九卷、「精怪」六卷、「靈異」一卷，約計一百八十二卷，具佛教色彩的小說「異僧」十二卷、「釋證」三卷、「報應」三十三卷、「夜叉」二卷、「再生」十二卷、「悟

---

[51]　「夜叉」本屬佛教類目，是指佛教中的鬼，因其是「鬼」類，據以類相從的編排原則，故編排在「鬼」類目之後。

前生」二卷，約計六十四卷。「異人」類的奇人異事以道士居多。佛教在「鬼」、「妖妄」、「妖怪」、「精怪」類或和道教有共通之處，但從小說數量來看，道教類小說還遠甚於佛教類小說。

文學和宗教的關係往往受政治、經濟和社會風尚等多種關係的牽動。宋初佛道二教並重，而官方對道教更為倚重和推崇，受太宗詔令編纂的《太平廣記》其類目自然也表現出更偏重道教文化的特點。

2. 濃厚的人本文化知性氣息

建立在儒、釋、道三家思想基礎上的《太平廣記》類目，以人為本，尊崇生命。全書名目編排上呈現出一種博大恢弘的人本文化知性氣息。全書九十二個大類，從卷首的「神仙」到卷末的「雜錄」，中間如「釋證」、「報應」、「徵應」、「定數」、「感應」、「讖應」、「名賢」、「諷諫」、「廉儉」、「吝嗇」、「氣義」、「知人」、「精察」、「俊辯」、「幼敏」、「器量」、「驍勇」、「豪俠」、「才名」、「儒行」、「奢侈」、「詭詐」、「諂佞」、「謬誤」、「褊急」、「嗤鄙」、「無賴」、「輕薄」、「酷暴」等二十五個大類很明顯都是對人之生命特質和價值不同方面的詮釋。而再如「神仙」、「女仙」、「方士」、「異人」、「異僧」、「銓選」、「貢舉」、「職官」、「權幸」、「將帥」、「童僕奴婢」、「神」、「鬼」等十三個名目都是人所變化產生的各類層次不同的生命群體。

即使是「草木」、「龍」、「虎」、「畜獸」、「狐」、「蛇」、「禽鳥」、「水族」、「昆蟲」、「雷」、「雨」、「山」、「石」、「水」這些自然界的其他生命形式也依然表現出以人為情節穿行主體的跡象，人在生活中接觸到種種奇異現象，作為見證者參與者講述自然界存在和發生的種種奇物奇事。這些自然界的物類都具有靈性，很多會變化，具有類似於人的某些生命特徵。

此外「道術」、「文章」、「樂」、「書」、「畫」、「算術」、「卜筮」、「醫」、「相」、「伎巧」、「酒」、「食」等文化名目亦反映出「人」這一社會群體對生命探索精研的過程，融入了古人濃厚的生命靈異意識，形成我國傳統文化特有的生命哲學。

《太平廣記》類目從最高生命級別「神仙」、「女仙」到帝王將相、凡夫俗

子，再到神鬼精怪、山川草木、鳥獸蟲魚，囊括了世間形形色色的生命形式，整個生命流程以「人」為主線，表現出以人為本、尊崇生命的意識。

　　宋初官方偃武修文，對知識文化予以重建。太宗時代，有意擴大取士範圍。取士從最初每年三十人增加到一百零九人，宋人葉夢得遂驚呼「自是連放五榜，通取八百餘人，自唐以來未有也[52]。」宋初官方大量選拔任用文人，修撰《太平御覽》、《冊府元龜》、《太平廣記》等大型類書，在此知識文化之風盛行下編纂而成的《太平廣記》，其內容編排自然也流露出濃厚的人文知性意識。

3. 暗含我國古代哲學思想的生命靈異等級意識

　　《太平廣記》類目具有鮮明的宗教文化色彩，以人為本，尊崇生命。然而在這些特點中還夾雜著一股暗含我國古代哲學思想的生命靈異等級意識。

　　《太平廣記》九十二個大類（不含附錄名目），排名前五位的小說名目為神仙（五十五卷），鬼（四十卷），報應（三十三卷），神（二十五卷），女仙（十五卷），定數（十五卷），可以看出，全書類目的重心集中在仙、鬼、神、報應、定數等這些同生命靈異、生死因果有關的內容。

　　《太平廣記》這種類目安排同唐五代道士杜光庭《錄異記》類目有相似之處，《錄異記》是《太平廣記》重要引書之一，其類目思想對《太平廣記》有重要影響，其序云：

> 怪力亂神，雖聖人不語，經誥史冊，往往有之。前達作者《述異記》、《博物志》、《異聞集》，皆其流也。至於六經圖緯河洛之書，別著陰陽神變之事、吉凶兆朕之符，隨二氣而生，應五行而出，雖景星甘露、合璧連珠，嘉麥嘉禾、珍禽珍獸、神芝靈液、卿云醴泉，異類為人，人為異類，皆數至而出，不得不生：數訖而化，不得不沒。亦由田鼠為駕，野雞為蜃，雀化為蛤，鷹化為鳩，星精降而為賢巨，岳靈生而為良輔。金古所載，其徒實繁。晉石莘神，賃人幻物，鳥血魚火，為災為異。有之乍驚於聞

聽，驗之乃關於數曆，大區之內，無日無之[53]。

由序文得知，《錄異記》的編纂初衷亦是秉承《述異記》、《博物志》、《異聞集》之流講述怪力亂神之種種異事[54]。

天文曆算之學和「因象求義，見數推理」的占卜之術，與陰陽五行學說、讖緯神學都有密切聯繫。早在魏晉道教開教、教團成立時期，一些學養深厚的道教學者就開始利用陰陽五行等數術方技之學，整理前些出現的神仙理論與傳說，為新興的道教建立一套修煉法門和信仰基礎，數術方技之學最終也成為道教重要的知識體系。《錄異記》序文中貫穿《錄異記》異征變化的理論線索就是「數曆」之類的陰陽五行數術之學。

《太平廣記》類目表現出對道教文化極力推崇的傾向，借鑒了很多《錄異記》類目結構。同時，《太平廣記》也增加了更多人文地理方面的內容，特點重在以人為中心的社會與自然界的「生命靈異」而非《錄異記》的「異征變化」。但其生命靈異等級的結構亦包含著古代哲學思想，分為「天」、「人」、「地」的大脈絡，卷首「神仙」、「女仙」生命等級最高，他們由人修煉而成，仙術玄妙，超脫生死，代表著最高天意，自由來往於天界和人間。「道術」、「方士」、「異人」、「異僧」介於仙凡之間，這些類目中的人物知曉天意、通明變化，許多人最後修煉成為地仙，亦屬於「天」的大範圍內；從「釋證」到「銘記」講述世人入世、儀奉信仰、文化涵養、德行操守、生死運轉的方面，是對凡人普通生命歷程的豐富表現，屬於「人」的大範圍；從「雷」到「蠻夷」講述地理氣候山川、各類動植物、鳥類昆蟲，屬於「地」的大範圍。

《太平廣記》類目這種「天」、「人」、「地」的大脈絡和基本為同一編纂班組人員完成的《太平御覽》類目「天」、「地」、「人」的大脈絡略有不同。從《御覽》為名目來看，其編排大致呈現出「天」、「地」、「人」的大脈絡。天、地、

53　（五代）杜光庭撰，《錄異記》，《續修四庫全書》第 1264 冊「子部·小說家類」（上海市：上海古籍出　版社，2002）。

54　同上註。

人乃為三才，「清輕者上為天，濁重者下為地，沖和氣者為人」[55]。

　　《太平御覽》名目排列正是「天」的內容居首，「地」的內容隨後，而「人」的內容壓軸，且「沖和氣者」的人其社會生活的方方面面在「三才」中所占比重也最大。又《太平御覽》分類五十五部，取《易》，「天地之數五十有五」之意，可見其編纂思想暗合中國古代陰陽五行數術思想。而若從中國古代陰陽五行數術思想來看，「神仙」、「女仙」小說卷目數字似乎也隱隱向我們傳遞著某種資訊。《太平廣記》「神仙」五十五卷，《易·繫辭傳》云：「天數二十有五，地數三十，凡天地之數五十有五。此所以成變化而行鬼神也」。「五十五」乃合天地之數，為大衍大吉之數。「女仙」十五卷，《易緯·乾鑿度》云：「易一陰一陽，合而為十五之謂道。」，「十五」代表「道」。聯繫「神仙」、「女仙」在《太平廣記》全書中分列第一第二的特殊位置，《太平廣記》從卷目位置和卷次數字上也賦予了仙類小說在全書編排中居首的象徵意義。此外，《太平廣記》全書分為五百卷。「五百」這個數字同佛教亦緊密相關。印度古代貫川五百表示「多」的意思，和我國古人川「三」或「九」來表不多數很相像。如五百羅漢、五百比丘、五百弟子等。《太平廣記》分卷總計五百，乃取佛教常用「五百」表多數的象徵意義。

　　這部書在編纂體例方面，也和《太平御覽》一樣，有不少零亂重複、分合失當之處。如「神仙」類外，又有「女仙」，還另分「神」一類。卷一百三十七「應徵」類三《人臣體征》，引《幽明錄》「陳仲舉」一條，與卷三百十六「鬼類」類一，內容全同，只是後者小題寫作「陳蕃」而已。這可能是因書由多人編撰，選材重複所致。

　　唐代小說的絕大部分收集在《太平廣記》中，明清人編印的唐代小說集卻往往是改頭換面的偽書，所以魯迅指點讀者看唐人小說還是要看《太平廣記》。當然，《太平廣記》中收的不只是唐代作品，還有不少是漢魏六朝的作品。其中單篇流傳的唐代傳奇大多已經收入了新的選本，如魯迅編的《唐宋傳奇集》、汪闢疆編的《唐人小說》等書，比較容易見到。但不少已經散失的小說集還很少

55　（宋）李昉等奉敕纂修，《太平御覽》卷一引「三五曆紀」明萬曆元年（1573）倪炳刊本。

有經過認真整理的版本，我們要了解宋代之前中國古代小說的全貌，也只能通讀《太平廣記》。

除了上述之外，實際上《太平廣記》可以說是一部宋代之前的小說的總集。其中有不少書現在已經失傳了，只能在本書中看到它的遺文。許多唐代和唐代以前的小說，就靠它而保存了下來。書中最值得重視的是第四八四至四九二卷，九卷雜傳記中所收的「李娃傳」、「東城老父傳」、「柳氏傳」、「長恨傳」、「無雙傳」、「霍小玉傳」、「鶯鶯傳」等，都是名篇，最早見於本書。還有收在器玩類的「古鏡記」，收在鬼類的「李章武傳」，收在龍類的「柳毅傳」，收在狐類的「任氏傳」，收在昆蟲類的「南柯太守傳」等，也都是非常有名的作品。但是《太平廣記》的分類標準並不統一，如講精怪的「東陽夜怪錄」、講龍女的「靈應傳」，都收在雜傳記類，按類別就一時不容易找到。從這裏可以了解到宋初人將一部分唐代傳奇稱作「雜傳記」，還沒有用「傳奇」這一名稱。

《太平廣記》不僅匯存了大量的小說傳奇，而且已包含了有關歷史、地理、宗教、民俗與名物、典故、詞章、考據等方面的豐富內容，可供多方面的參考和研究。書中所采圖經，如《渝州圖經》、《隴州圖經》、《建州圖經》、《黎州圖經》、《新津縣圖經》、《通望縣圖經》等，大都未見著錄，為研究魏晉南北朝和唐代社會狀況有用的資料。又如書各卷引《譚賓錄》一書的唐人故事，多為「正史」所不載。如卷八十一「異人」中引《梁四公記》一書，敘述梁時高昌國遣使員貢獻鹽和乾蒲桃、刺蜜、白麥麵等物，又記扶桑之蠶、扶南之碧玻黎鏡等，都是有關異域交通、風土的寶貴材料。

《太平廣記》對後來的文學藝術的影響十分深遠。宋代以後，話本、曲藝、戲劇的編者，都從《太平廣記》中選取素材，把許多著名故事加以改編。例如演張生、崔鶯鶯故事的「西廂記」，有各種不同的劇本，這個故事差不多已經家喻戶曉了，可是最早保存在《太平廣記》中的它的素材「鶯鶯傳」，卻很少人知道。

小說是作者一定時期社會背景、思想情感的反映，它們不僅僅承擔著某一時期訓世悅人的功能，還作為特定歷史時期文化的多目鏡、傳載體將中國文化

的內涵、特性和精神巧妙地展現在我們面前。宋初《太平廣記》的故事名目編排，反映了編者共同的文化思想和審美品好，由此也為我們展示了一個從小說類目上解讀中國傳統文化的新視角。

（三）引書

　　《太平廣記》專門收集了自漢至宋初的各種小說、筆記、野史，也收錄了一部份道家、釋家的作品共五百多種。《太平廣記》引用的書籍，據舊刻本書前開列的引用書目有三四三種之多，但實際引用的書目四七五種，在每篇之末都注明了來源，但偶爾有些錯誤，造成同書異名或異書同名，因而不能根據它作出精確的統計了。

　　談刻本在表、跋之後，是《太平廣記引用書目》，該《引用書目》存在嚴重的問題，遭到近代學者的一致懷疑。總結前人的研究[56]，該《引用書目》主要存在以下問題：

1. 《引用書目》共列引書三百四十三種，其中《妖亂志》、《河洛記》重複出現，實為三百四十一種，而《太平廣記》實際引書不止此數，據盧錦堂先生所撰《太平廣記引書考》一書云《太平廣記》實引書四百一十九種。

2. 《引用書目》中有晚出之書，如《海錄碎事》、《吳興掌故集》[57]。

3. 書名雖見於《引用書目》，而今本《太平廣記》正文卻未注出該書者十五種。

　　據張國風先生《太平廣記宋本原貌考》一文指出，現存有宋本依據的版本有三種，分別為明人沈與文的野竹齋鈔本、清人陳鱣據宋刻本所校的許自昌本、孫潛據宋鈔本所校的談愷刻本，其中孫校本於《引用書目》未校一字，可見孫所據的宋鈔本沒有《引用書目》，而陳校本則明確標出：「宋本無此五頁，談愷

56　詳見《太平廣記引書考》、張國風先生《太平廣記宋本原貌考》、鄧嗣禹《太平廣記引得序》、郭伯恭《宋四大書考》。

57　《海錄碎事》為南宋葉廷珪所撰類書，晚於《太平廣記》；《吳興掌故集》更是明人徐獻忠所撰。

增入。」

　　由此得出，盡管無法肯定宋本《太平廣記》必無《引用書目》，即便有，也非談本之《引用書目》，現在看到的很可能是談愷所加。

　　《太平廣記》不僅《引用書目》問題很多，正文中之引書舛誤也不少，如卷一九四《僧俠》談刻本注《唐語林》，而據《太平廣記引書考》所言，《唐語林》作者王讜，《四庫提要》云：

> 其為宋徽宗時人，則其書非《廣記》編者所能徵引及之，疑經後人竄改。查此條未見于今本《唐語林》，而今本《酉陽雜俎》卷九有之[58]。」

　　除此之外還有「引書名稱雜亂不一，濫注出處而未能證實[59]」等訛亂之處。

　　既然《太平廣記》在引用書目上多有錯漏，那麼《太平廣記》之引書究竟如何引起學者的關注，據鄧嗣禹《太平廣記引得序》統計，現存《太平廣記》引用之書，實有四百七十五種；郭伯恭《宋四大書考》從之；一九九六年中華書局出版《太平廣記引得》共錄引書五百二十三種；另外，尚有五百二十六種之說[60]。之所以出現上述數據差異，是由於《太平廣記》之引書常有異稱、簡稱。程毅中先生以為《太平廣記》的引用書目，問題很複雜，需要作許多校勘、考證的工作，因此，《太平廣記》的引書，根本不可能統計出一個確切數字來，只能說大致有四百多種，多於前人所說的三百四十餘種。

　　臺北大學盧錦堂副教授之博士論文《太平廣記引書考》，對《太平廣記》的引書作了一一考證，並將其中一書二名、書名繁簡以及字誤等情況逐本考察，從而得出以下結果：

　　引書之見於歷代書志著錄而引用書目復有者，凡二百五十五種。

58　（清）永瑢等編纂，《四庫全書總目提要》（臺北市：臺灣商務，民國 54 年 2 月臺 1 版）。

59　（清）永瑢等編纂，《四庫全書總目提要》（臺北市：臺灣商務，民國 54 年 2 月臺 1 版）。

60　據臺北大學副教授盧錦堂之博士論文《太平廣記引書考》中提到：馬念祖《水經注等八種古籍引用書目匯編》云此數，楊家駱所撰《新增補正引書總目》從之。

引書之見於歷代書志著錄而引用書目無者，凡四十八種。

引書之未見於歷代書志著錄而引用書目有者，凡五十七種。

引書之未見於歷代書志著錄而引用書目無者，凡五十八種。

合計四百一十八種。

這一數據相比之下應該更具有可靠性。即使偶有存疑待考之處，四百一十九種之數也當是這一組數據中最接近真實的，故本研究採其說。

《太平廣記》編纂於宋初，所采宋前典籍四百餘種，其中絕大多數都是小說作品，迄今大半湮沒，若非《太平廣記》，我們對它們恐怕就一無所知了。

《太平廣記》在引書方面，多今本所無的內容，而且往往全部錄入，因而保存了不少失傳了的書，可供後人輯佚、訂訛之用。如其中所引五代孫光憲《北夢瑣言》，清末繆荃孫在校刊《雲自在龕叢書》本時，多根據其訂正不少誤字，並從中輯出佚文四卷。《太平廣記》保存了大量珍貴的宋前小說史料，是研究古代小說必備的工具書。並且，《太平廣記》以其采擷之宏富，包羅古今，除文學、小說之外，還有諸如政治、歷史、宗教、風俗、藝術等其他研究領域的重要參考文獻。

四、《文苑英華》

（一）纂修過程

《文苑英華》為宋初官修《太平廣記》、《太平御覽》系列大書之一種，是上繼《昭明文選》的一部總集。李燾《續資治通鑑長編》卷二十七載：

> 太宗以諸家文集其數實繁，雖各擅所長，亦蕪穢相間，乃命翰林學士宋白等精加銓擇，以類編次，為《文苑英華》一千卷。雍熙三年十二月壬

寅上之，詔書褒答[61]。

可知《文苑英華》的編纂目的之一是對諸多文集「精加鉥擇」，編選精華，也就是說《文苑英華》一開始就是以選本面貌出現的。《玉海‧總集文章》對此記載更詳細，稱：

> 帝以諸家文集其數至繁，各擅所長，蓁蕪相間，乃命翰林學士承旨李昉……閱前代文章，撮其精要，以類分之為千卷，目錄五十卷，雍熙三年十二月壬寅書成，號曰《文苑英華》。……十二月壬寅翰林學士宋白等上表，宋白等表曰：「席繢經史，堂列縑緗，咀嚼英念腴，總覽翹秀，撮其類例，分以布居，使沿沂者得其餘波，慕味者接其妍唱。」上覽而善之，詔答曰，近代以來，斯文浸盛，雖述作甚多，而妍媸不辨，遂令編緝止取菁英，所謂摘鸞鳳之羽毛，截犀象之牙角書，書成來上，實有可觀，宜付史館[62]。

這裡除了闡明《文苑英華》要選錄精華之外，還強調「使沿沂者得其餘波，慕味者接其妍唱」的示範作用，即為世人提供學習和創作的範本。而這些編纂目的的背後有一個大的宗旨就發揮了文教功用。

宋初儒學復興，尤重文學教化功能。宋太宗下令編纂《太平御覽》、《太平廣記》等書時，曾說：

> 王者雖以武功克定，終需用文德致治。朕每退朝，不廢觀書，意欲酌前

61　（宋）李燾，《續資治通鑑長編》卷二十七（景印文淵閣四庫全書第 314 冊，臺灣商務印書館，1983-1986）。

62　（宋）王應麟，《玉海》卷五十四〈藝文‧總集文章〉，元後至元 6 年（1340）慶元路儒學刊至正11 年（1351）修本。

代成敗而行之，以盡損益也[63]。

雍熙元年，太宗又曰：「人教化之本，治亂之源，苟無書籍，何以取法[64]？」從太宗的一席話中不難看出宋初王朝對待文化的態度，對己而言是要從中借鑒文治經，對國民而言是要發揮文學的教化作用。正是出於教化目的，宋太宗在修書用人上是所選擇的。例如在詩歌編選上，宋太宗就選擇致力於儒學復興的宋初名儒楊徽之，據《宋史·楊徽之傳》載：「以徽之精于風雅，分命編詩，為百八十卷[65]。」

《文苑英華》是宋初文臣在儒家意識指導下編纂而成的，目的是以範本的形式引導民眾學習創作，發揮文學的教化功能。

（二）纂修者略述

關於《文苑英華》的編纂時間和編纂人員，《宋史》卷四三九載：「太平興國五年，與程羽同知貢舉，俄充史館修撰、判館事。八年，復典貢部，改集賢殿直學士、判院事。未幾，召入翰林為學士。雍熙中，召白與李昉集諸文士纂《文苑英華》一千卷[66]。」《宋會要·崇儒》有詳細記載：

太平天國七年九月，命翰林學士承旨李昉，學士扈蒙，直學士院徐鉉，中書舍人宋白，知制誥賈黃中、呂蒙正、李至，司封員外郎李穆，庫部員外郎楊徽之、監察禦使李範、秘書丞楊礪，著作佐郎吳淑、呂文仲、胡汀、著作佐郎直史館戰貽慶，國子監丞杜鎬，將作監丞舒雅，閱前代

63　李攸，《宋朝事實》卷三聖學（景印文淵閣四庫全書第 608 冊，臺灣商務印書館，1983-1986）。

64　（宋）李燾，《續資治通鑑長編》卷二十五（景印文淵閣四庫全書第 314 冊，臺灣商務印書館，1983-1986）。

65　（元）脫脫撰，《宋史》〈卷二九六、第五五〉，明成化十六年（1480）兩廣巡撫朱英刊嘉靖間南監修補本。

66　（元）脫脫撰，《宋史》〈卷四三九、第一九八〉，明成化十六年（1480）兩廣巡撫朱英刊嘉靖間南監修補本。

文集，撮其精要，以類分之，為千卷。雍熙三年十二月書成，號曰《文苑英華》。昉、蒙、蒙正、至、穆、範、礪、淑、文仲、汀、貽慶、鎬、雅繼領他任，續命翰林學士蘇易簡、中書舍人王祐、知制誥范杲、宋湜與宋白等共成之[67]。

可知《文苑英華》的編纂時間為太平興國七年九月（982）至雍熙三年十二月（987）年，歷時四年多。有李昉、扈蒙、徐鉉、宋白、賈黃中、呂蒙正、李至、李穆、楊徽之、李範、楊礪、吳淑、呂文仲、胡汀、戰貽慶、杜鎬、舒雅、蘇易簡、王祐、范杲、宋湜等二十一人前後參與《文苑英華》編纂工作。這二十一人中有十九人在《宋史》有參與《文苑英華》編纂的記載，胡汀、戰貽慶無記載。但是《宋史》又提到了《宋會要》未提及的趙昌言、王旦和盛度（等三人也參與《文苑英華》編纂工作[68]。綜合而言，參與《文苑英華》編纂的大概有二十四人。茲據《宋史》各傳，將宋白、賈黃中、呂蒙正、李至、楊徽之、楊礪、蘇易簡、王祐、范杲、宋湜等十一人，略述於下：

1. 宋白（936～1012）

字太素，大名人。生於晉高祖天福元年，卒於宋真宗大中祥符五年，年七十七歲。年十三，善屬文。建隆二年（961），擢進士第。乾德初（963），試拔萃高等，授著作佐郎。太宗擢為左拾遺，權知兗州。歲餘召還，預修《太祖實錄》，俄直史館。從征太原，劉繼元降，奏平晉頌。太宗召至行宮褒慰，還拜中書舍人。太平興國五年（980），與程羽同知貢舉，俄充史館修撰。八年（983），改集賢殿直學士，未幾，召入翰林為學士。雍熙中，與李昉等編纂《文苑英華》一千卷。端拱初（998），加禮部侍郎。嘗三掌貢舉，頗致譏議。仕終吏部尚書，

67　（清）徐松，《宋會要輯稿‧崇儒》五之一，《宋會要輯稿》，開封：河南大學出版社，2001 年 9 月，頁 261。

68　趙昌言，《宋史》卷二六七本傳記載其「入拜職方員外郎，知制誥，預修《文苑英華》」；王旦，《宋史》卷二八二本傳記載其「為著作佐郎，預修《文苑英華》、《詩類》」；盛度，《宋史》卷二九二本傳記載其「嘗奉詔同編《續通典》、《文苑英華》，注釋禦集。」

卒。贈左僕射，謚文安。又有文集一百卷[69]。

2. 賈黃中（941～996）

　　字媧民，滄州南皮人。生於晉高祖天福六年，卒於宋太宗至道二年，年五十六歲。幼聰悟，六歲舉童子科，七歲能屬文，觸類賦詠。年十五，舉進士，授校書郎，集賢校理，遷著作佐郎，直史館。建隆三年（962），遷左拾遺，歷左補闕。開寶八年（975），通判定州，判太常禮院。太宗即位，遷禮部員外郎。太平興國二年（977），知昇州；五年，召歸。有薦黃中文學高第，召試中書，拜駕部員外郎。知制誥。八年，遷司封郎中，充翰林學士。端拱初，加中書舍人，二年，兼史館修撰。淳化二年（991），拜給事中，參知政事。當世文行之士，多所薦引。然畏慎過甚，中書政事，頗留不決，故時論不之稱許。贈禮部尚書，著有文集三十卷[70]。

3. 呂蒙正（946～1011）

　　字聖功，（或作望功）河南人。生於晉出帝開運三年，卒於宋真宗大中祥符四年，年六十六歲。（宋史本傳作年六十八，不著卒於何年。此依三續疑年錄據富弼撰神道碑）太平興國二年（977），擢進士第一，授將作監丞，通判昇州。會征太原，召見行在，授著作郎，直史館，加左拾遺。五年（980），拜左補闕，知制誥。累官中書侍郎，兼戶部尚書平章事，監修國史。為人質厚寬簡，有重望，以正道自持，遇事敢言。至道初（995），判河南府，政尚寬靜，委任僚屬，事多總裁而已。真宗即位（998），進左僕射。咸平六年（1003），授太子太師，封蔡國公，改封許。景德二年（1005），表請歸洛。贈中書令，謚文穆[71]。

69　（元）脫脫撰，《宋史》〈卷四三九、第一九八〉，明成化十六年（1480）兩廣巡撫朱英刊嘉靖間南監修補本。

　　郭伯恭著，《宋四大書考》（商務印書館，1940年2月），頁78-79。

70　（元）脫脫撰，《宋史》〈卷二六五、第二四〉，明成化十六年（1480）兩廣巡撫朱英刊嘉靖間南監修補本。郭伯恭著，《宋四大書考》（商務印書館，1940年2月），頁79。

71　（元）脫脫撰，《宋史》〈卷二六五、第二四〉，明成化十六年（1480）兩廣巡撫朱英刊嘉靖間南監修補本。郭伯恭著，《宋四大書考》（商務印書館，1940年2月），頁79-80。

4. 李至（947～1001）

　　字言幾，真定人。生於漢高祖天福元年，卒於宋真宗咸平四年，年五十五歲。幼沉靜，好學能屬文。及長，辭華典贍。舉進士，起家將作監丞，通判鄂州。累遷右補闕，知制誥。太平興國八年（983），轉比部郎中，為翰林學士，冬，拜右諫議大夫，參知政事。時議親征范陽，至切諫。以目疾求解機政，授禮部侍郎。淳化五年（994）兼判國子監，請刊刻二《傳》、二《禮》、《孝經》、《論語》七經疏。又引吳淑、舒雅、杜鎬檢正訛謬，與李沆裁處之。真宗即位，拜工部尚書，參知政事。咸平元年（998），又以目疾求解，授武信軍節度使，徙知河南府，卒，贈侍中。其為人剛嚴簡重，人士罕登其門。嘗師徐鉉，手寫鉉及鉉弟鍇集置於幾案；又賦五君詠，即為鉉及李昉、石熙載、王祐、李穆而作[72]。

5. 楊徽之（922～1000）

　　字仲猷，建州浦城人。生於梁末帝龍德元年，卒於宋真宗咸平三年，年八十歲。幼刻苦好學。好吟詠，每對客論詩，終日忘倦。周顯德中（957左右），舉進士甲科。同時登第者十六人，世宗命覆試，惟徽之與李覃、何曮、趙鄰幾中選。起家校書郎，集賢校理。乾德初，出為天興令，歷峨嵋、全州，遷左拾遺。太宗賞其詩，遷侍御史，轉庫部員外郎。會詔李昉等采緝前代文字，類為《文苑英華》，以徽之精於風雅，分命編詩為百八十卷。歷遷刑兵二部郎中。端拱初，拜左諫議大夫，出知許州，入判史館事，加修撰。真宗時，拜工部侍郎。歷禮兵二部侍郎、祕書監、翰林待讀學士。其為人純厚清介，守規矩，尚名教，尤惡非道以干進者。後患足疾而卒，贈兵部尚書，著有文集二十卷[73]。

6. 楊礪（930～999）

　　字汝礪，京兆鄠人。生於後唐明宗長興二年，卒於宋真宗咸平二年，年六十九歲。建隆中（961左右），舉進士第一。起家鳳州團練推官。開寶九年（976），

72　（元）脫脫撰，《宋史》〈卷二六六、第二五〉，明成化十六年（1480）兩廣巡撫朱英刊嘉靖間南
　　監修補本。郭伯恭著，《宋四大書考》（商務印書館，1940年2月），頁80。

73　（元）脫脫撰，《宋史》〈卷二九六、第五五〉，明成化十六年（1480）兩廣巡撫朱英刊嘉靖間南
　　監修補本。郭伯恭著，《宋四大書考》（商務印書館，1940年2月），頁80-81。

詣闕獻書，召試學士院，授隴州防禦推官。入遷光祿寺丞，久之，轉秘書丞；改屯田員外郎、知鄂州，以善政聞。真宗即位，拜給事中、判吏部銓。未幾，召入翰林為學士。咸平初，知貢舉，俄拜工部侍郎、樞密副使。二年（999），卒，贈兵部尚書。礪為文尚繁，無師法。每作詩一題或數十篇。著有文集二十卷[74]。

7. 蘇易簡（958～996）

字太簡，梓州銅山人。生於周世宗顯德五年（958），少聰悟好學，風度奇秀，才思敏贍。太平興國五年（980），年逾弱冠，舉進士。太宗方留心儒術，貢士皆臨軒覆試。易簡所試三千餘言立就，奏上，覽之稱賞，擢冠甲科。解褐將作監丞，通判升州，遷左贊善大夫。八年，以右拾遺知制誥。雍熙初，以郊祀恩進秩祠部員外郎。二年，與賈黃中同知貢舉。三年，充翰林學士。淳化元年，丁外艱。二年，同知京朝官考課，遷中書舍人，充承旨。易簡續唐李肇《翰林志》二卷以獻，帝賜詩以嘉之。帝嘗以輕綃飛白大書「玉堂之署」四字，賜之。會郊祀，充禮儀使。改知審刑院，俄掌吏部選，遷給事中、參知政事。以禮部侍郎出知鄧州，移陳州。至道二年（996），卒，年三十九，贈禮部尚書。易簡常居雅善筆箚，尤善談笑，旁通釋典，所著《文房四譜》、《續翰林志》及《文集》二十卷，藏于秘閣[75]。

8. 王祜

字景叔，大名莘人。少篤志詞學，性倜儻有俊氣。歷仕後晉、後漢、後周，曆魏縣、南樂二令。太祖受禪，拜監察御史，由魏縣移知光州，遷殿中侍御史。乾德三年（965），知制誥。六年，加集賢院修撰，轉戶部員外郎。繼以用兵嶺表，徙知襄州。湖湘平，移知潭州。召還，攝判吏部銓。時左司員外郎侯陟自揚州還，複判銓，祐判門下省，陟所注擬，祐多駁正。盧多遜與陟善，陟因訴之，多遜素惡祐不比己，遂出祐為鎮國軍行軍司馬。太平興國初，移知河中府。

74　（元）脫脫撰，《宋史》〈卷二八七、第四六〉，明成化十六年（1480）兩廣巡撫朱英刊嘉靖間南監修補本。郭伯恭著，《宋四大書考》（商務印書館，1940年2月），頁81。

75　（元）脫脫撰，《宋史》〈卷二六六、第二五〉，明成化十六年（1480）兩廣巡撫朱英刊嘉靖間南監修補本。郭伯恭著，《宋四大書考》（商務印書館，1940年2月），頁82。

入為左司員外郎，拜中書舍人，充史館修撰。未幾，知開封府，以病請告。太宗謂祐文章、清節兼著，雍熙四年（987）十月，特拜兵部侍郎。月餘卒，年六十四[76]。

9. 范杲

字師回，大名宗城人。少刻志於學，為文深僻難曉，後生多慕效之。以蔭補太廟齋郎，再遷國子四門博士。稍遷著作佐郎，出為許、鄧二州從事。太平興國初，遷著作郎、直史館，歷右拾遺、左補闕。雍熙二年（985），同知貢舉。俄上書自言其才比東方朔，求顯用，以觀其效。太宗壯之，擢知制誥。求典京兆以便養。太宗從其請。改工部郎中，罷知制誥。移知壽州，上言：「家世史官，願秉直筆，成國朝大典。」召為史館修撰，固求掌誥詞，帝從之。旋太宗惡其躁競，改右諫議大夫、知濠州，復召為史館修撰。初，太宗以太祖朝典策未備，乃議召杲。杲聞命甚喜，以為將加優擢，晨夜趨進。至宋州，遇朗州通判錢熙，杲問以「朝議將任僕何官」，熙言：「重修《太祖實錄》爾。」杲默然久之。感疾，至京師，旬月卒，年五十六[77]。

10. 宋湜（949～999）

字持正，京兆長安人。幼警悟，風貌秀整，器識沖遠，好學美文詞，善談論，曉音律，妙於奕棋，筆法遒媚，書帖之出，人多傳效。太平興國五年（980）進士，釋褐將作監丞、通判梓州権鹽院，就遷右贊善大夫。宋准薦其文，拜著作郎、直史館。雍熙三年（986），以右補闕知制誥，加戶部員外郎，與蘇易簡同知貢舉，俄判刑部，賜金紫。淳化二年（991），以事坐累，降均州團練副使。旋移汝州，與王禹偁並召入為禮部員外郎、直昭文館。五年（994），以職方員外郎再知制誥、判集賢院，知銀臺、通進、封駁司。至道元年（995），為翰林

---

76 一作叔子（《輿地紀勝》卷六九），按：祐或作祜，其字景叔，當系景慕西晉羊祜（叔子）之為人。百衲本《宋史》本傳及卷二八二《王旦傳》、司馬光《涑水紀聞》卷七、《續資治通鑑長編》並作祜，石介《徂徠石先生文集》卷二《遇魏東郊》詩亦云：「投篇動範杲，落筆驚王祜」，故當作祜。）（註：（元）脫脫撰，《宋史》〈卷二六九、第二八〉，明成化十六年（1480）兩廣巡撫朱英刊嘉靖間南監修補本。郭伯恭著，《宋四大書考》（商務印書館，1940 年 2 月），頁 82-83。

77 （元）脫脫撰，《宋史》〈卷二四九、第八〉，明成化十六年（1480）兩廣巡撫朱英刊嘉靖間南監修補本。郭伯恭著，《宋四大書考》（商務印書館，1940 年 2 月），頁 83。

學士，知審官院、三班。又兼修國史、判昭文史館事，加兵部郎中。真宗即位，拜中書舍人。咸平元年（998）冬，改給事中，充樞密副使。真宗北巡，卒於澶州，年五十一，贈吏部侍郎，諡曰忠定。有文集二十卷[78]。

11. 王旦（957～1017）

字子明，大名莘人。幼沉默，好學有文。太平興國五年（980），進士及第，為大理評事、知平江縣。趙昌言為轉運使，以威望自任，屬吏屏畏，入旦境，稱其善政，以女妻之。代還，命監潭州銀場。何承矩典郡，薦入為著作佐郎，預編《文苑英華》、《詩類》。遷殿中丞、通判鄭州。淳化初，王禹偁薦其才任轉運使，驛召至京，旦不樂吏職，獻文召試，命直史館。二年（991），拜右正言、知制誥。累官至兵部郎中。真宗即位，拜中書舍人，累擢知樞密院，進太保。旦當國最久，事至不膠，有謗不校，軍國重事，皆預參決。薦引朝士，不令其人自知。天禧元年（1017）卒，年六十一。贈太師尚書令、魏國公，諡文正。有文集二十卷，已佚[79]。

（三）基本類目

《文苑英華》最大的價值是保存了豐富的資料，為後世學術之淵藪。此書上起梁末，下迄晚唐五代，選錄作者近二千二百人近二萬件作品。其體例約略模仿《文選》也分為三十八類，而又名稱不盡相同，詳見表九。

---

78 （元）脫脫撰，《宋史》〈卷二八七、第四六〉，明成化十六年（1480）兩廣巡撫朱英刊嘉靖間南監修補本。郭伯恭著，《宋四大書考》（商務印書館，1940年2月），頁83-84。

79 （元）脫脫撰，《宋史》〈卷二八二、第四一〉，明成化十六年（1480）兩廣巡撫朱英刊嘉靖間南監修補本。郭伯恭著，《宋四大書考》（商務印書館，1940年2月），頁84。

表九　《文苑英華》基本類目[80]

類　　別		卷　　別		各類所收篇數
類次	類名	總卷起訖	各類卷數	
一	賦	一～一五〇	一五〇	一二四七
二	詩	一五一～三三〇	一八〇	一〇六三五
三	歌行	三三一～三五〇	二〇	三六七
四	雜文	三五一～三七九	二九	三〇〇
五	中書制誥	三八〇～四一九	四〇	一一二五
六	翰林制誥	四二〇～四七二	五三	六五二
七	策問	四七三～四七六	四	八二
八	策	四七七～五〇二	二六	一五三
九	判	五〇三～五五二	五〇	九八〇
一〇	表	五五三～六二六	七四	一二一一
一一	牋	六二七	一	九
一二	狀	六二八～六四四	一七	三一一
一三	檄	六四五～六四六	二	一三
一四	露布	六四七～六四八	二	八
一五	彈文	六四九	一	六
一六	移文	六五〇	一	八
一七	啟	六五一～六六六	一六	二三八
一八	書	六六七～六九三	二七	三〇七

80　（宋）李昉等奉敕撰，《文苑英華》「目錄」（景印文淵閣四庫全書第1333冊，臺北市：臺灣商務，民國72-75年）

一九	疏	六九四～六九八	五	三八
二〇	序	六九九～七三八	四〇	五九一
二一	論	七三九～七六〇	二二	一七八
二二	議	七六一～七七〇	一〇	九〇
二三	連珠喻對	七七一	一	五八
二四	頌	七七二～七七九	八	六七
二五	讚	七八〇～七八四	五	一四九
二六	銘	七八五～七九〇	六	七九
二七	箴	七九一	一	二三
二八	傳	七九二～七九六	五	三五
二九	記	七九七～八三四	三八	三〇九
三〇	謚、哀冊	八三五～八三九	五	三七
三一	謚議	八四〇～八四一	二	三〇
三二	誄	八四二～八四三	二	九
三三	碑	八四四～九三四	九一	三〇四
三四	誌	九三五～九六九	三五	二二一
三五	墓表	九七〇	一	七
三六	行狀	九七一～九七七	七	二三
三七	祭文	九七八～一〇〇〇	二三	二五六

　　各類所分子目多寡不等，文繁，不具錄。子目中有的又細分為若干次子目，如此煩碎，當是文章體用日益增多，《文選》分類已不敷應用和涵蓋，根據內容、對象等，隨文立目，大而全，雜而亂，並非文章形式體裁有這麼多分別；《文苑英華》一書子目分類明顯受到唐代類書的影響，與《太平御覽》殊致而同途，

編纂人員原本就是李昉、扈蒙這些主要的文官,所以不足為奇。

《文苑英華》編纂以前,看不到所制定的有關綱領與細則方面的文字,只有史料記載太宗一道不成文的聖旨,讓文臣們「閱前代文章,撮其精要」,進行編纂,告竣後,由宋白表奏太宗皇帝,稱善認可。所以,要對其體例做出一些客觀判斷,只能透過具體選錄體系,以及選錄情況進行分析,才可歸納出體例特點:

1. 具有上承《文選》賦、詩、文的模式,而自創賦、詩、歌行、文的範式。

《文苑英華》之前,雖然有許多文學總集存世,但諸多總集,既有詩文混選者,也有只選某種文體者。有的已經散佚或者殘缺,其體例不可臆測。但有的從其名稱可以判斷,如《古今詩苑英華》二十卷,雖不存世,我們可斷定專選詩歌作品無疑。《文苑英華》賦、詩、歌行、文的編排順序,不能說與此毫無關係。但是這部千卷巨帙,保留到今天,已是殘缺不全,雖然能看到並證明,它是詩文混選總集,如卷一五六所收就有西晉歐陽建《答石崇贈》一首為詩,又如卷三四七錄後魏高允《北伐頌》一首則為文,但不能完全看到其是否也是賦、詩、文的排列模式。

2. 從選錄作品的時間範圍看,沒有明確的上限與下限概念。

我們透過對所選錄的作家進行排比研究,發現與下限完全吻合者沒有。所以,很難看出其主觀上要從什麼朝代的作品開始選錄,緣此而形成了諸多關於《文苑英華》選錄詩文上限的不同說法。

3. 借用了類書方法編排

參與《文苑英華》纂修的文臣們,有許多人此前或在此期間曾經參與過《太平御覽》、《太平廣記》重大類書的編纂工作。《太平御覽》的類書體例是標準的,如按照天、時序、地、皇王、偏霸、皇親、州郡、居處、封建、職官、兵、人事、逸民等五十五部。而《文苑英華》在作品的編排上也照此辦理,如賦作按照天象、歲時、地類、水、帝德、京都等加以排列,雖所列的類目名稱不完全一樣,但其方法卻極為相似。

4. 所選詩文，一般不作刪節。

　　《文苑英華》選錄作品基本上能保持一首或者一篇作品的完整性，不像類書性質的《藝文類聚》，收錄詩文中常有刪節等現象。這從某種意義上說，恰是《文苑英華》這部總集的價值所在。

5. 存者不錄，以時代為序，唐代前多標注時代。

　　以時代為序，只有在兩個或者兩個以上作者是同題或者題目相近的同類作品才能體現出來，如卷三四五杜甫與司空曙兩人有同題《杜鵑行》，杜甫在前，司空曙在後。對唐前有的標注時代，而有的就不標注，如卷三三一《白雪歌》作者，朱孝廉就不標，而同卷《奉和湘東王春日篇》作者就標「梁鮑泉」。此外，有的卷目錄中是以詩人名字為標目，如卷三四一列李白三首、杜甫三首等，均是送行類詩，卷目錄沒有列具體的題目，但在正文中某一首詩，則又列其題目。

　　總之，在正常情況下，一部文學總集體應該開宗明義，有一個確切的範圍及收錄標準，以及如何編排等說明文字，而《文苑英華》的編纂工作缺少了這一點，但是我們總覽全書，約略可以看到其體例上的一些特點，如承《文選》模式，自創賦、詩、歌行、文模式；具有借用類書編排方法，模糊的時限範圍，保持作品完整的選取原則，堅持存者不錄、以時代為序、唐前標注時代等。

　　另外，從《文苑英華》總的分類思想來看，是按照不同的文體組織編排詩文歌賦等文獻。從形式上看，雖然三十八大類的類目與《文選》不盡相同，但它與《文選》三十八大類一脈相承，卻是毫無疑義。《文選》三十八大類中，只有賦、詩兩大類有細分的小類，而《文苑英華》幾乎每個大類都有進一步的細分。有的大類還分到了三級類目。如「記」類，下分宮殿、廳壁、公署、館驛等小類，「廳壁」之下，又分為中書、翰林、尚書省、御史台、寺監、府署、藩鎮、州郡、監軍使、使院、幕職、州上佐、州官、縣令、縣丞、簿尉、宴饗等子目。「翰林制誥」類，下分赦書、德音、冊文等小類，「赦書」分為登极赦書、改元赦書等子目。「德音」分為宣慰德音、放減德音等子目。「冊文」分為皇帝冊文、尊號玉冊文、皇太子冊文等等。在小類類目先後的安排上，《文苑英華》的編者盡量按照「天、地、人、事、物」的順序，有時甚至「削足適履」也在

所不惜。如上引賦、詩兩大類的小類排序，明顯可以看出其用意。由於編者著眼於將相關主題的文獻集中在一起，因此，《文苑英華》小類下的子目，有的區分得十分瑣細。為了達到集中相關主題文獻的目的，在小類的處理上，《文苑英華》並沒有嚴格按照統一的標準，有的過於煩瑣蕪雜；同類之中，還出現了一些相同的小類詞目。如雜文類，「辯論」、「雜說」各二見；「雜制作」四見。雖然其涵蓋的內容不盡相同，但畢竟給人以彼此混淆分理不清之感。儘管如此，《文苑英華》按主題纂集相關文獻的分類思想及其實踐，在類書分類思想史上，仍然是有一定的地位和意義的。

（四）校勘

文學總集《文苑英華》編纂要比前兩種類書複雜得多，不僅編纂時間長，而且編成後，幾經修訂，方得以在南宋雕版印刷。據有關資料所載，印前凡修訂校勘四次。

第一次修訂校勘在真宗朝。由於「右文」政策的急功近利和用人不當，《文苑英華》不但在棄取編排上存在嚴重缺陷，在文字上也魯魚亥豕，舛謬頗多。故在成書後二十年，也就是真宗景德四年（1007），便又重新組織力量進行校勘。王應麟《玉海》卷五四載：

> 景德四年八月丁巳，詔三館分校《文苑英華》，以前所編次，未盡允愜，遂令文臣，擇前賢文章，重加編錄，艾繁補闕換易之，卷數 如舊。并加注曰：今方外學者少書誦讀，不能廣博。《文苑英華》先帝纘次，當擇館閣文學之士校正，與李善《文選》并鏤板頒布，庶有益于學者[81]。

前面是校勘的理由，後面加注則是其校勘目的。但同卷又引《實錄》所記載的這次校勘工作：「景德四年（1007）八月丁巳，命直館校理校勘《文苑英華》

81　（宋）王應麟，《玉海》卷五十四〈藝文・總集文章〉，元後至元 6 年（1340）慶元路儒學刊至正 11 年（1351）修本。《宋會要輯稿・崇儒四》〈勘書〉（開封：河南大學出版社，2001 年 9 月，頁 213。）

及《文選》,摹印頒行。」其目的是準備「摹印頒行」,提供給學者觀覽,這可證明《文苑英華》於太宗雍熙三年(987)十二月編完進呈後,到真宗便發現其所存在的問題,故重新分官校理。這次校理,又重新選取了一些古賢的好文章,替換了一些原不該收錄的拙劣文章;刪去了一些繁文冗章,補進了一些缺漏的文章;並對收錄文章重行編錄,使體例也有所調整。

　　第二次校勘仍在真宗朝。第一次校勘後又過了兩年,也就是真宗大中祥符二年,《玉海》同卷引《實錄》載:「祥符二年(1009)十月己亥,命太常博士石待問校勘,十二月辛未又命張秉、薛映、戚綸、陳彭年覆校[82]。」這又可以證明在真宗時不但對《文苑英華》重新編錄過,還又組織力量對它進行校勘過。但這次校勘具體做了那些工作,很難進行分辨,然而不幸的是,就在這次對《文選》、《文苑英華》校勘後,「未幾,宮城火,二書皆燼[83]。」這就是說,真宗時對《文選》和《文苑英華》所花費的心力,都付之一炬了。

　　　　第三次校勘在十多年後,也就是到了宋仁宗天聖年間,才又由「監三館書籍劉崇超上言:李善《文選》援引該贍,典故分明,欲集國子監校官校定淨本,送三館雕印。從之。天聖七年十一月板成,又命直講黃鑑、公孫覺校對焉[84]。」證明在真宗時宮中失火後,《文苑英華》就再未有人提及了,而《文選》則確是由三館雕版印行了。

　　南渡以後,高宗中興,文事繼續受到重視。至孝宗趙昚又命儒臣校勘過《文苑英華》。這次校勘《文苑英華》的起因,是孝宗先欲刻江鈿《文海》,周必大

82　《宋會要輯稿‧崇儒四》〈勘書〉(開封:河南大學出版社,2001 年 9 月,頁 213。)(宋)王應麟,《玉海》卷五十四〈藝文‧總集文章〉,元後至元 6 年(1340)慶元路儒學刊至正 11 年(1351)修本。

83　《宋會要輯稿‧崇儒四》〈勘書〉(開封:河南大學出版社,2001 年 9 月,頁 213。)(宋)王應麟,《玉海》卷五十四〈藝文‧總集文章〉,元後至元 6 年(1340)慶元路儒學刊至正 11 年(1351)修本。

84　《宋會要輯稿‧崇儒四》〈勘書〉(開封:河南大學出版社,2001 年 9 月,頁 213。)

回奏此書去取差謬，不足觀。孝宗於是乃詔館職裒集《皇朝文鑒》，周必大又就此提出了《文苑英華》。他說《文苑英華》「雖秘閣有本，然舛誤不可讀」。孝宗皇帝遂「傳旨取入，遂經乙覽」。故命校勘官員再次校定《文苑英華》。但「時御前置校正書籍一、二十員，皆書生稍及文墨者，月給少錢，滿數歲補進武校尉。既得此為課程，往往妄加塗注。繕寫裝飾，付之秘閣，後世將遂為定本[85]。」所以這次校勘仍然是敷衍塞責，無足憑信。

第四次校勘在南宋慶元初年，周必大致仕告老，擺脫了繁忙的政務，故又由他主持，再次對《文苑英華》進行校勘，才算最後有了定本。

> 晚幸退休，偏求別本，與士友詳議，疑則闕之。凡經史子集傳注、《通典》、《通鑒》及《藝文類聚》、《初學記》，下至樂府、釋、老、小說之類，無不參用。惟是元修書時歷年頗多，非出一手。叢勝重複者，首尾衡絕。一詩或析為二，二詩或合為一。姓氏差互，先後顛倒，不可勝計。其間賦多用員來，非讀《秦誓》正義，安知今之云字乃員之省文。以堯韭對舜榮，非《本草》注，安知其為菖蒲。又如切瑳之瑳，馳驅之驅，掛帆之帆，仙裝之裝，《廣韻》各有側音。而流俗改切瑳為郊課，以駐為驅，以席易帆，以仗易裝。今皆正之，詳注逐篇之下。不復偏舉[86]。

可見這次校勘是動了真格的，於是也就有了真水準。

周必大主持的這次校勘，使《文苑英華》第一次有了定本。其學識、功勞固不可沒。但任斯役並真正做事的，乃是彭叔夏，而並非周必大。中國的學術史上總產生這種悲劇，而且直到今天，還在繼續產生著。周必大主持校定《文苑英華》，實幹者本是彭叔夏，他卻只說「與士友詳議」，而不直書其名，令人不快。

---

85 （宋）周必大，《廬陵周益國文忠公集》〈平園續稿卷十五文苑英華序〉宋集珍本叢刊第五十一冊（北京：線裝書局，2004，頁 555。）

86 （宋）周必大，《廬陵周益國文忠公集》〈平園續稿卷十五文苑英華序〉宋集珍本叢刊第五十一冊（北京：線裝書局，2004，頁 555-556。）

　　還好，今世傳宋版《文苑英華》每卷後都鐫有「登仕郎胡柯鄉貢進士彭叔夏校正」的銜名，算是周必大還未貪天之功據為己有。彭叔夏也是廬陵人，與周必大為同鄉，光宗紹熙（1190～1194）中只中了個舉人。慶元初年周必大致仕還鄉，主特校勘《文苑英華》時，他正年富力強，所以多幹實事。彭叔夏很有心計，也有一定水準，又親涖實任《文苑英華》校勘之役，故當《文苑英華》校定付梓之後，他的《文苑英華辨證》十卷也就問世了。此次校勘最為精湛，明代胡維新認為《文苑英華》「至嘉泰之再雌，乃稱全本[87]」，《四庫全書總目》卷一八六《文苑英華辨證提要》認為「叔夏此書，考核精密[88]。」並且歷來被譽為考核精密，用意謹嚴。所以彭叔夏的功勞也沒有被埋沒。

　　綜上所述，可以看出《文苑英華》自北宋雍熙三年十二月（987）編纂藏事，至南宋嘉泰四年（1204）定本梓行，前後共歷二百一十七年，才得以面世。而在這二百多年中，一部編纂粗糙的《文苑英華》，卻經歷了規模大小不同的四次校勘。前三次校勘，沒得出任何結果。最後一次由於是周必大主持，嚴肅認真地進行，才有了較為可信的傳本。

　　元、明兩朝基本上沒有對《文苑英華》進行校勘。清代校勘《文苑英華》也是小規模，如勞格有《文苑英華辨證拾遺》，補充了《文苑英華辨證》中的一些遺漏。葉石君、范履、張元亮等人也對《文苑英華》進行過校勘。近代學者羅振玉、段瓊林等對《文苑英華》也做過部分校勘。三〇年代，傅增湘吸收前人成果，對《文苑英華》明初刻本進行校勘，花了近兩年的時間校出訛誤四五萬字，校勘較全面，包括疑字、脫訛、脫句、脫全篇、錯簡、補注、補校記等[89]。

　　《文苑英華》當時既非成於一人之手，錯誤自然很多，南宋彭叔夏所撰《文苑英華辨證》十卷，非常精審，改正了不少錯誤，列出了很多重要異文，是一部研究《文苑英華》的重要著作。明人重刊本，所據既為鈔本，成書又極為倉

87　（宋）李昉等奉編纂，《文苑英華》〈刻《文苑英華》序〉，明隆慶元年（1567）胡維新等福建刊本。

88　（清）紀昀等編纂，《四庫全書總目》卷一八六（板橋：藝文，1974）。

89　《藏園群書題記》卷八〈校本文苑英華跋〉（台北市：廣文，1988 年 12 月再版，頁 590。）

促，錯訛轉多。清人勞格所作《文苑英華辨證拾遺》份量不大。今人傅湘曾據明鈔本和部分別集校勘明刊本，其校本藏北京國家圖書館。

《文苑英華》編成以來，流傳不廣，利用較少。但成書在宋初，當時所見文集尚多，故所錄唐前十分之一，十分之九為唐文。南宋以後，唐人文集傳世已稀，如李商隱《樊南集》甲乙已經散佚，南宋人只能靠《文苑英華》所載重行輯出。張說雖有集，較《文苑英華》所載已少雜文六十一篇。後世流傳文集更為稀少，明人輯錄前人文集，也主要取資《文苑英華》。清代纂修《全唐詩》和《四庫全書》也用此書作為參考，《全唐文》和嚴可均輯《全上古三代秦漢三國六朝文》也無不取資此書。

《四庫全書》所收唐人文集七十六種，其中李邕、李華、李商隱的集子就是從《文苑英華》輯出的。輯佚為此書的第一價值。第二，書中收錄了很多詔誥、書判、表疏、碑誌，可以補充史料史傳缺漏，作為研究資料。清人徐松《登科記考》、勞格《唐尚書省郎官石柱題名考》和《唐御史台精舍題名考》、吳廷燮《唐方鎮年表》，以及今人岑仲勉的許多有關唐史的著作，許多重要材料來源也是《文苑英華》。第三，用於文字校勘。宋人編訂唐人文集，所據材料往往與《文苑英華》不同來源，文字互有差異，可以互相比勘，訂正訛誤。此書所附夾注「集作某」、「某史作某」，正是宋本互校的記載，有很大校勘價值。

五、《冊府元龜》

（一）編纂過程

宋至道三年（九九七）二月，宋太宗駕崩，其第三子趙桓奉遺詔即位，是為宋真宗。經太祖、太宗兩帝苦心經營，北宋政權已是十分穩定，但「一統天下」的雄心，仍然促使宋太宗不斷進行「北伐」，與遼爭奪「燕雲十六州」，結果太宗最後一次規模較大的雍熙北伐，以失敗而告終。遼因此掌握主動權，南下頻繁，北宋首都開封時有告警，而西北地區則黨項之李繼遷勢力因茲不斷坐

大，並姻連遼朝，為患西北。這種情況一直持續到景德元年（1004）澶淵盟約的簽署之際。從外部環境來看，太宗後期和真宗即位初期，北部和西北兩大勢力入侵威脅很大，局勢吃緊，朝廷主要精力在於對外，無暇顧及其他。澶淵盟約簽署後，加之此年西北的李繼遷中流矢而死於正月，故外患基本彌定，才有可能將修纂《冊府元龜》提到朝廷的議事日程上。

　　關於《冊府元龜》開始修纂的時間，宋人文獻多有記載。從我們今天能見到的相關文獻看，最早的記載見於南宋紹興元年（1131）成書的《麟台故事》，其云：「景德二年（1005）九月，命刑部侍郎資政殿學士王欽若、右司諫知制誥楊億修《歷代君臣事蹟》[90]。」稍後不久鄭樵（約 1103～1161）的《通志》稱：「景德中，詔王欽若、楊億編《歷代君臣事蹟》。」稍晚於《通志》並於興隆元年（1163）李燾開始上進的《續資治通鑑長編》將此事繫於景德二年九月，並云「丁卯，今資政殿學士王欽若、知制誥楊億修《歷代君臣事蹟》[91]。」晁公武始撰於 1151 年[92]的《郡齋讀書志》稱：「右皇朝景德二年，詔王欽若、楊億修《君臣事蹟》。」而同時期洪邁（約 1123～1202）的《容齋隨筆》未提始修時間。稍後，陳振孫（約 1186～1262）所著《直齋書錄解題》云：「景德二年，命資政殿學士王欽若、知制誥楊億修《歷代君臣事蹟》[93]。」幾乎與《直齋書錄解題》同時期王應麟（約 1223～1296）所著《玉海》云：「景德二年九月丁卯，命資政殿學士王欽若、制知誥楊億修《歷代君臣事蹟》[94]。」元代以後，記載《冊府元龜》修撰之事的文獻也有不少，但其引用史料不出前面宋人文獻，如馬端臨的《文獻通考》，其《冊府元龜》資料就來自《郡齋讀書志》與《容齋

90　（宋）程俱，《麟台故事》「修纂」（中國歷代國家藏書機構及名家藏讀敘傳選，北京：北京大學出版社，1997 年 12 月），頁 18。

91　（宋）李燾，《續資治通鑑長編》卷六一「景德二年九月丁卯」，（景印文淵閣四庫全書，臺北：臺灣商務印書館，1983-1986）。

92　李裕民，《四庫提要訂誤》（增訂本），中華書局，2005 年版，第 166 頁。

93　（宋）陳振孫，《直齋書錄解題》卷十四「類書類」（臺北市：廣文，民 68 年 5 月再版）。

94　（宋）王應麟，（《玉海》卷五四「藝文·景德冊府元龜」，元後至元 6 年（1340）慶元路儒學刊至正 11 年（1351）修本。

隨筆》；明刻《冊府元龜》中的「考據」則來自《玉海》和《文獻通考》等。

在上述南宋人所著文獻中，其中《續資治通鑑長編》和《玉海》記載《冊府元龜》修撰之事很是詳細，而且內容十分接近。本人認為他們的材料來源應是相同的，即為乾興元年（1022），《冊府元龜》撰修者之一李維受詔始纂，而在天聖二年（1024）成書的《真宗實錄》。據此，則《續資治通鑑長編》和《玉海》記載《冊府元龜》修撰之事的史料來源應當是當事人的第一手材料，是可靠的。因此，我們可以說，宋真宗頒布詔令開始編修《歷代君臣事蹟》，即《冊府元龜》的確切時間為：景德二年（1005）九月丁卯（舊曆二十二日），在還沒有其他證據時，這一點可以成為定論。

《冊府元龜》撰寫書局是臨時性的，領詔撰修的總負責人為王欽若與楊億。關於書局的地點，《事實類苑》稱：「真宗祥符中（1008～1016），修《冊府元龜》，王文穆（王欽若）為樞密使，領其事，乃就宣徽南院使廳以便其事95。」事實上，《冊府元龜》書局始設於景德二年（1005）九月。據《續資治通鑑長編》與《宋史‧宰輔表》，王欽若此年四月，罷參知政事，真宗置資政殿學士待之，並遷為刑部侍郎。到了景德三年二月，樞密使王繼英卒後，朝廷的樞密院職官有了調整，王欽若與陳堯叟並知樞密院事，「詔敘班以欽若、（馮）拯、（陳）堯叟、（趙）安仁、（韓）崇訓、（馬）知節為次96。」這年四月丙子，《長編》還稱：「（宋真宗）幸崇文院，觀四庫圖籍及所修《君臣事蹟》，遍閱門類，詢其次序97。」景德四年八月壬寅，再次幸崇文院觀新編《君臣事蹟》，並「入四庫閱視圖籍98。」宋代崇文院落成後，其藏書分佈概況，則是「院之東廊為昭文書，南廊為集賢

95　（宋）江少虞，《宋朝事實類苑》卷二五「官職儀制‧三館」，（景印文淵閣四庫全書第八七四冊，臺北：臺灣商務印書館，1983-1986）。

96　（宋）李燾，《續資治通鑑長編》卷六二「景德三年三月己亥」，（景印文淵閣四庫全書，臺北：臺灣商務印書館，1983-1986。）

97　（宋）李燾，《續資治通鑑長編》卷六二「景德三年四月丙子」，（景印文淵閣四庫全書，臺北：臺灣商務印書館，1983-1986。）

98　（宋）李燾，《續資治通鑑長編》卷六五「景德四年八月壬寅」，（景印文淵閣四庫全書，臺北：臺灣商務印書館，1983-1986。）

書，西廊有四庫，分經史子集四部，為史館書[99]。」據此，可以確定，《冊府元龜》書局自設立以來，至少在景德四年八月前，地點在崇文院的史館內。從王欽若執掌樞密院事，以及首次罷樞密使的時間—大中祥符七年六月來看，《事實類苑》所稱書局在宣徽南院使廳，則可能是由於王欽若因職事主要在樞密院，為方便起見，將書局遷移至此。至於具體遷移時間，則史不具載。

　　關於《冊府元龜》的完成時間，史書的記載是比較明確的，《續資治通鑑長編》云：「（八月）壬申，樞密使王欽若等上新編修《君臣事蹟》一千卷，上親制序，賜名《冊府元龜》[100]。」《玉海》也稱：「凡八年而成之，（大中祥符）六年八月十三日，壬申，欽若等以獻[101]。」其他諸如《直齋書錄解題》、《郡齋讀書志》、《文獻通考》等也曰「凡八年而成」，或曰「祥符六年書成」。故從開修時間—景德二年九月丁卯（舊曆二十二日）算起，修書時間差九天就是整整八年，八年而成，是為約數。宋人程俱《麟台故事》所云：「凡九年，至大中祥符六年成一千卷，上之。」則九年成之，更是大概之大概了。以上這些著作，據《冊府元龜》修撰之時，又不太甚遠，特別是《續資治通鑑長編》和《玉海》，其記載之可信度，為人們所公認，看來《冊府元龜》應該是在大中祥符六年（1013）八月壬申（十三日）前，整個修撰工作圓滿完成了。

　　終之，宋太宗詔編《太平御覽》與宋真宗詔編《冊府元龜》的編撰宗旨相近，「同為後世取法」。太宗的治世方略是以文化成天下，提倡編書的宗旨是給後世以借鑒，利於宋朝的長治久安，編成的《太平御覽》被其稱為「頗資乙夜之覽」因此賜名為《太平御覽》，「以傳來裔」。而真宗也十分注意編纂圖書的政治意圖，自稱編《冊府元龜》「蓋取著歷代君臣德美之事，為將來取法。至於開卷覽古，亦頗資於學者。」這與《御覽》的編纂宗旨如出一轍。而且，宋真宗

99　（宋）李燾，《續資治通鑑長編》卷一九「太平興國三年二月丙辰」，（景印文淵閣四庫全書，臺北：臺灣商務印書館，1983-1986。）

100　（宋）李燾，《續資治通鑑長編》卷八一「大中祥符六年八月壬申」，（景印文淵閣四庫全書，臺北：臺灣商務印書館，1983-1986。）

101　（宋）王應麟，《玉海》卷五四「藝文·景德冊府元龜」，元後至元 6 年（1340）慶元路儒學刊至正 11 年（1351）修本。

曾坦白承認他「載命群儒，共司綴輯」的《冊府元龜》，是「通遵先志、肇振斯文」的產物，也實有與其父比肩的意圖[102]。

宋真宗所規定的修書原則，主要有以下幾點：

1. 根據修書宗旨選編信史

編纂資料，大致是以正史為主，兼及經、子，不取小說、雜記。

2. 不修改史料

古籍在流傳中，往往由於轉抄刻出現錯誤，《冊府元龜》採取不改史料的原則，史料價值較高。

3. 統一體例

《冊府元龜》共三十一部，每部前有總序，部下分門，每門有小序，真宗對序文的撰寫，要求進一步貫徹誠勸之理的主要精神，使全書體例一致，取捨材料謹嚴，雖出眾人之手，但風格一致，無其他類書所存在的雜濫現象。

《太平御覽》在編纂分類思想上採取的正統與偏霸的封建觀念，對《冊府元龜》的編纂體例有影響。由於宋代開國以來，就處在北方強大少數民族政權覬覦的現實環境中，故宋朝士人十分重視正統與偏霸的區分，企圖為宋的將來統一尋找理論根據。《太平御覽》的編者也概莫能外，其中正統與偏霸的劃分完全遵循陳壽《三國志》的體例，以位於中原者為正統，其餘雄踞江南者為偏霸，接著又以北宋政治需要為主，而將南朝宋、齊、梁、陳；北方五胡十六國政權、北齊以及唐宋之際的北方五代和南方十國，統統劃入偏霸部。而《冊府元龜》亦專設僧偽一部，把曹魏以後五胡十六國，唐宋之際的北方五代和南方十國，皆看作僧偽之國，可以看出它的劃分基本上是遵循《太平御覽》的標準[103]。

（二）纂修者略述

鑒於《冊府元龜》的編撰者問題，由於各種書籍中相關史料的記載有含混、以及相互之間有出入和牴牾之處，前賢所錄也各執一詞，然而今天我們看

---

102 周生傑，《太平御覽研究》，四川：巴蜀書社，2008 年 12 月，第 421-423 頁。

103 周生傑，《太平御覽研究》，四川：巴蜀書社，2008 年 12 月，第 363-365 頁。

到的《冊府元龜》，無論是明本，還是宋殘本，題名均署「王欽若等編」。王欽若領銜署名，這絕不可與唐宋以後多數朝廷所修撰之史，宰相監之而多不參與實際工作，僅署其名的情況等量齊觀。此書由王欽若、楊億領詔始修，實際上王欽若全面負責並參與了實質的編修工作，貢獻很大，而且在大中祥符五年至七年期間，即書成時段內他實為宰相，首署其名，可謂名至實歸。

　　但對與同時參與編修工作的人，除卻王欽若、楊億外，其餘人數，後來的書籍記載並不一致，多有不同。最早記錄參與其事的是宋人程俱的《麟台故事》，其透露的訊息是：除王欽若、楊億外，先後參與編修的人有錢惟演、杜鎬、刁衎、李維、戚綸、王希逸、陳彭年、姜嶼、宋貽序、陳越、陳從易、劉筠、查道、王曙、夏竦以及「典掌其事」的內官劉承珪、劉崇超和注撰音義的孫奭，共二十人[104]。李燾《續資治通鑑長編》卷六一云：「欽若請以直秘閣錢惟演等十人同編修[105]。」王應麟《玉海》同《麟台故事》。晁公武《郡齋讀書志》中，不載內侍官劉承珪、劉崇超，為十八人。馬端臨《文獻通考》引晁氏。（宋）釋文瑩《玉壺清話》（書成於淳熙年間 1174—1189）卷四云：「後修《冊府元龜》，王相欽若總其事，詞臣二十八人分撰篇序，下詔須經楊億刪定，方許用之[106]。」陳造《江湖長翁集》卷三一云：「自命下至大中祥符六年，凡歷數載；自王欽若而下，大小臣編摩校勘，凡二十九人[107]。」今人郭伯恭《宋四大書考》稱有二十三人，除了《麟台故事》所記載二十人外，還有王旦、趙安仁、石中立[108]。而郭伯恭主要根據《宋史》，對編修者生平有大概的敘述，可惜並未參考其它文獻，特別是沒有參考《續資治通鑑長編》，從而認為王希逸、姜嶼、宋貽序，

---

104 （宋）程俱，《麟台故事•修纂》（中國歷代國家藏書機構及名家藏讀敘傳選，北京：北京大學出版社，1997年12月），頁18-19。

105 （宋）李燾，《續資治通鑑長編》卷六一（景印文淵閣四庫全書，臺北：臺灣商務印書館，1983-1986）。

106 （宋）釋文瑩，《玉壺清話》卷四（百部叢書集成初編 29；知不足齋叢書，板橋：藝文，1967-1968）。

107 （宋）陳造，《江湖長翁集》卷三一「題策府元龜」（景印文淵閣四庫全書 1166，臺灣商務印書館，1983-1986）。

108 郭伯恭，《宋四大書考》（商務印書館，1940年），頁111。

因《宋史》無傳，事蹟不可考。同時，也缺乏對他們出入書局時間的考辯。

有鑒於上述情況，在此仍然必要在前人的基礎上，對編纂人員的事蹟作必要的概述，重點就在敘述它們在《冊府元龜》編撰之時間段內（1005～1008）的活動，觀察編撰者有多少人。茲將編纂者略述於下：

1. 王欽若（962～1025）

《宋史》卷二八三有傳。字定國，臨江軍新喻（今江西新餘）人。進士甲科出身，起官為亳州防禦推官，遷秘書省秘書郎，監廬州稅，因處理民所輸「濕穀」事得當，「太宗大喜，手詔褒答，因識其姓名[109]。」後又因年旱力請蠲民租，為真宗稱譽曰：「小官獨敢為百姓伸理，此大臣節也[110]。」改為太常丞、判三司理欠憑由司，將五代以來沒有理清的「天下逋負」，「一夕命吏勾校成數[111]」，足見其之組織能力。這事使得真宗登位以來，「放天下逋欠錢物千餘萬，釋系囚三千餘人。」故而命學士院召試欽若，真宗覽其文後稱「欽若非獨敏於吏事，兼富於文詞。今西掖闕官，可特任之[112]。」得到了真宗的器重和賞識，官拜右正言、知制誥，召為翰林學士。咸平四年（1002）四月，授左諫議大夫、參知政事，成為有宋以來，南方士人登宰輔職位之第一人。

景德元年（1004），宋遼澶淵之戰爆發，王欽若主張避戰遷都江南，又與寇準不合，因茲而被時人及後代垢病，在歷史上聲名狼藉。時人將其與丁謂、陳彭年、林特、劉承珪稱謂「五鬼」。

在澶淵之戰中，王欽若自請出判天雄軍。景德二年（1005）二月，詔還回

---

109 （宋）李燾，《續資治通鑑長編》卷四二「至道三年十一月丙寅」（景印文淵閣四庫全書，臺北：臺灣商務印書館，1983-1986。）

110 （宋）李燾，《續資治通鑑長編》卷四二「至道三年十一月丙寅」（景印文淵閣四庫全書，臺北：臺灣商務印書館，1983-1986。）

111 （元）脫脫等，《宋史》卷283《王欽若傳》明成化十六年（1480）兩廣巡撫朱英刊嘉靖間南監修補本。

112 （宋）李燾，《續資治通鑑長編》卷四四「咸平二年二月辛丑」（景印文淵閣四庫全書，臺北：臺灣商務印書館，1983-1986。）

朝，真宗以「守藩有勞」，「加階邑、實封，中謝，又賜襲衣、金帶、鞍馬[113]。」四月，再表求罷，真宗首置資政殿學士處之。八月，便與知制誥楊億領詔撰修《歷代君臣事蹟》，即《冊府元龜》。「欽若請以直秘閣錢惟演等十人同編修。初令惟演等各撰篇目，送欽若暨億參詳，欽若等又自撰集上進，詔用欽若等所撰為定，有未盡者，奉旨增之[114]。」可見，王欽若實為撰修《冊府元龜》的總負責人，初步確定了它的體例。十二月，朝廷置資政殿大學士，王欽若居之。

景德三年（1006）二月，王欽若遷為尚書左丞，簽署樞密院事，不久又監修國史。大中祥符五年（1012）九月，王欽若與陳堯叟「依前官加檢校太傅同平章事，充樞密使。」史稱宋代「儒臣領樞密兼使相，自欽若、堯叟始[115]」。在這期間，據《事實類苑》之記載，王欽若為自己方便監修《冊府元龜》工作，就將《冊府元龜》修撰書局，移至樞密院辦公之地點─宣徽南院使廳。大中祥符六年（1013）八月，王欽若等修成《君臣事蹟》上進，真宗親制序文並賜名《冊府元龜》。大中祥符七年（1014）六月，免樞密使，寇準任之。八年（1015）四月，寇準免，王欽若與陳堯叟並遷樞密使。天禧三年（1019）六月，王欽若罷相。天聖元年（1023）九月，欽若守司徒兼門下侍郎平章事昭文館大學士監修國史。天聖三年（1025）十一月戊申，薨於相位。

其所著書有《鹵簿記》、《彤管懿範》、《天書儀制》、《聖祖事蹟》、《翊聖真君傳》、《五岳廣聞記》、《列宿萬靈朝真圖》、《羅天大醮儀》。還曾負責整理、校勘道書，凡增六百餘卷。

此則見王欽若在真宗朝，可謂寵極一時，甚得真宗的信賴。這恐怕也與王欽若的才幹與能力不無關係。史稱其「然智數過人，每朝廷有所興造，委曲遷

---

113 （宋）李燾，《續資治通鑑長編》卷五九「景德二年正月己巳」（景印文淵閣四庫全書，臺北：臺灣商務印書館，1983-1986。）

114 （宋）李燾，《續資治通鑑長編》卷六一「景德二年九月丁卯」（景印文淵閣四庫全書，臺北：臺灣商務印書館，1983-1986。）

115 （宋）李燾，《續資治通鑑長編》卷七八「大中祥符五年九月戊子」（景印文淵閣四庫全書，臺北：臺灣商務印書館，1983-1986。）

就，以中帝意。又性傾巧，敢為矯誕[116]。」因此，真宗將修《冊府元龜》之大事，交由其作為總負責，看重的則是王欽若辦事能力和其能夠忠實地貫徹真宗的意圖與目的。

《冊府元龜》的修撰，真宗也十分重視，往往閱覽進呈之草本後，出手札指示意見和錯誤，因此王欽若也似乎不敢懈怠，審閱認真並作注解，做了許多實際工作。《冊府元龜》正文下，也往往見注文有「臣欽若等曰」或「王欽若等曰」字樣。也許正是真宗的重視，王欽若之過於迎合帝意，故在編纂中，攬功於己，諉過於人。「所修書或當上意，褒賞所及，欽若即自名表首以謝，或繆誤，有所譴問，則戒書吏稱楊億已下所為以對[117]。」

2. 楊億（974～1020）

《宋史》卷三〇五有傳。字大年，建州浦城人（今屬福建省人）。七歲時就能屬文，為宋太宗所知。雍熙元年（984）十一月，太宗詔赴闕試詞藝，三天「試賦五篇，皆援筆立成[118]。」

授官為秘書省正字，當年十一歲。淳化年間（990～994），應命試翰林，賜進士第，遷為光祿寺丞。不久，便以楊億直集賢院。至道二年（996）春，遷為著作郎，來年四月，就超拜左正言，十一月，經錢若水推薦，參與編修《太宗實錄》。真宗咸平元年（998），《太宗實錄》修成，史稱「億所獨草凡五十六卷，故奏篇最速」，真宗「以億有史才，留不遣[119]。」九月，出知處州。三年（1000），詔還拜左司諫，第二年，擢為知制誥。景德元年（1004）二月，詔知通進、銀台司兼門下封駁事。景德二年（1005）九月，與王欽若受詔修《冊府元龜》。《宋

---

116 （元）脫脫等，《宋史》卷二八三《王欽若傳》，明成化十六年（1480）兩廣巡撫朱英刊嘉靖間南監修補本。

117 （宋）李燾《續資治通鑑長編》卷六七「景德四年十二月乙未」（景印文淵閣四庫全書，臺北：臺灣商務印書館，1983-1986。）

118 （宋）李燾《續資治通鑑長編》卷二五「雍熙元年十一月癸酉」（景印文淵閣四庫全書，臺北：臺灣商務印書館，1983-1986。）

119 （宋）李燾《續資治通鑑長編》卷四三「咸平元年九月甲子」（景印文淵閣四庫全書，臺北：臺灣商務印書館，1983-1986。）

史‧楊億傳》稱「會修《冊府元龜》，億與王欽若同總其事。」為茲楊億還寫下《受詔修書書懷感事三十韻》，「其間溢出接觸新生活的新鮮感[120]」。景德三年（1006）十一月，召為翰林學士，翌年，與王旦、王欽若等奉詔太祖、太宗史，《傳》稱：「凡變例多出億手。」大中祥符元年（1008）二月，真宗認為《君臣事蹟》的篇序，體例不統一，「遂擇李維等六人撰迄，付楊億串定[121]。」六年（1013）六月，楊億因母親得病，不俟命而歸省，出為太常少卿，分司西京。八月，《冊府元龜》修成，楊億進秩秘書監。七年八月，請求入朝，起知汝州。八年冬天，自汝州還朝，知禮儀院，判秘閣、太常寺。在大中祥符元年至四年之年間，也曾先後任兵部員外郎、戶部郎中。仁宗天禧二年（1019）冬，拜為工部侍郎。四年（1021）六月，真宗得疾，受宰相寇準密令，草表太子監國，到七月事情洩密，寇準去相位，楊億因此恐懼，於十二月卒。仁宗景祐元年（1034）四月，贈億禮部尚書，賜諡曰文。

　　楊億可謂宋初一代詞臣之佼佼者、大文豪。「于歷代典章制度，尤為該洽，故朝廷議論，必取正焉。經傳子史百家之學，罔不通貫。」當時「賢士大夫，翕然宗之[122]。」同時，「文格雄健，才思敏捷，略不凝滯，對客談笑，揮翰不綴。」乃至當時「公卿表疏，多假文于億[123]。」可謂集文學與史才於一身。而且早在真宗于藩邸時，「邸中書疏，悉億草定」，故真宗修《冊府元龜》，以王欽若、楊億領旨同修，看重的則就是楊億獨一無二的文史之學術能力。用今天的話說，楊億是編修《冊府元龜》的學術總負責。但楊億在政治上，素與寇準相善，薄王欽若其人，因此在書局中，王欽若、陳彭年「相與毀譽」[124]。但

120　李一飛，《楊億年譜》，上海古籍出版社，2002 年 8 月版，第 132 頁。

121　（宋）王應麟，《玉海‧藝文》卷五四 「‧景德冊府元龜」，元後至元 6 年（1340）慶元路儒學刊至正 11 年（1351）修本。

122　（宋）王偁，《東都事略》卷四七《楊億傳》，齊魯書社，2000 年版，第 370 頁。

123　（元）脫脫等，《宋史》卷三〇五《楊億傳》，明成化十六年（1480）兩廣巡撫朱英刊嘉靖間南監修補本。

124　（元）脫脫等，《宋史》卷三〇五《楊億傳》，明成化十六年（1480）兩廣巡撫朱英刊嘉靖間南監修補本。陳彭年低毀楊億，則是出於嫉妒楊億的才名在其之上。

總體上講，真宗對楊億還是非常優待的。

3. 錢惟演（977～1034）

　　《宋史》卷三一七有傳。字希聖，錢塘（今浙江杭州）人。他是吳越王錢俶的兒子，幼有俊才。太平興國二年（977），從其父歸宋，為右屯衛將軍，歷右神武軍將軍。咸平三年（1000）五月，以其博學能文辭，召試學士院，改太僕少卿、直秘閣。景德二年（1005）九月，預修《冊府元龜》，「詔與楊億分為之序[125]」。三年正月，「賜編修《君臣事蹟》官太僕少卿、直秘閣錢惟演等從蓉[126]。」

　　大中祥符元年（1008）正月，錢惟演因獻《祥符頌》，「擢司封郎中、知制誥[127]」。大中祥符四年九月，錢惟演曾以給事中為南岳奉冊副使。大中祥符八年，為翰林學士，坐私謁事罷之。後來遷尚書工部侍郎，再為學士、會靈觀副使。又坐貢舉失實，降給事中。天禧四年（1020）九月，復工部侍郎，擢樞密副使。五年十月，加官工部尚書。乾興元年二月，又加官兵部尚書。七月，拜為樞密使。十一月，罷為保大軍節度使、知河陽。天聖元年（1023）六月，徙知亳州。十二月，加同平章事、判許州。七年改武勝軍節度使。八年八月，徙判陳州、知江寧府。九年正月，改泰寧軍節度使、判河南府。明道二年（1033）三月，命惟演為景靈宮使，留京師。四月，出判河南府。九月，去平章事，為崇信軍節度使，歸鎮。景祐元年（1034）七月，卒於鎮所隨州。所著《典懿集》三十卷，又著《金坡遺事》、《飛白書敘錄》、《逢辰錄》、《奉藩書事》。

　　錢惟演之學識，為當時稱讚。《隆平集》稱：「有文章，與楊億、劉筠齊名[128]。」家富於藏書，可與秘府相比。真宗也嘗對宰臣曰：「惟演文學可稱。」入選編修《冊府元龜》，自是應當。

125　（元）脫脫等，《宋史》卷三一七《錢惟演傳》，明成化十六年（1480）兩廣巡撫朱英刊嘉靖間南監修補本。

126　（宋）李燾，《續資治通鑑長編》卷六二「景德三年正月癸酉」（景印文淵閣四庫全書，臺北：臺灣商務印書館，1983-1986。）

127　（宋）李燾，《續資治通鑑長編》卷六八「大中祥符元年正月甲申」（景印文淵閣四庫全書，臺北：臺灣商務印書館，1983-1986。）

128　（宋）王偁，《東都事略》卷24《錢俶傳》，齊魯書社，2000年版，第194頁。

4. 陳彭年（961～1017）

　　《宋史》卷二八七有傳。字永年，扶州南城（今屬江西）人。自幼好學，十三歲時便著《皇綱論》萬餘言，知名于江左。太平興國年間兩次舉進士不中。雍熙二年（985），始中第，起家江陵府司理參軍，歷任推官、轉運、寺丞等職，升秘書郎，調大理寺詳斷官。後出監湖州鹽稅，不久被停職。

　　真宗咸平初年（998），復為秘書郎。咸平三年，召試學士院，遷秘書丞、知閬州，旋改金州。四年（1001）四月，朝廷詔舉賢良方正，翰林學士朱昂推薦陳彭年，其辭不試。景德初年（1004），外任滿職，還朝授直秘閣。經杜鎬、刁衎的推薦其學識該博，命直史館兼崇文院檢討。一度代潘慎修《起居注》。景德二年（1005）九月，參與編修《冊府元龜》。三年，遷右正言，充龍圖閣待制。大中祥符二年（1009），進秩工部郎中，加集賢殿修撰。三年七月，改兵部郎中、龍圖閣直學士，遷右諫議大夫兼秘書監。六年（1013），為翰林學士。兼龍圖閣學士，參與編修《國史》。八年十月，遷工部侍郎。九年，拜刑部侍郎、參知政事、判禮儀院，充會靈觀使。天禧元年（1017）二月，卒。有文集百卷，《唐紀》四十卷。

　　陳彭年可謂天資聰穎，學識突出。史稱：「幼而篤學，老亦不倦[129]」，又「博聞強記」。在館職任上，以博洽得真宗賞識，認為是「凡有詢訪，應答甚敏，亦不多得也[130]。」楊億也為其博識而心服。但彭年卻妒忌楊億聲名在其之上，在書局中，與王欽若多詆毀楊億。

5. 李維[131]（961～1032）

　　《宋史》二八二《李沆傳》附其傳，是李沆弟。字仲方，洺州肥鄉（今河

129　（宋）王偁，《東都事略》卷四四《陳彭年傳》，齊魯書社，2000年版，第350頁。

130　（宋）李燾，《續資治通鑑長編》卷七三「大中祥符三年」（景印文淵閣四庫全書，臺北：臺灣商務印書館，1983-1986。）

131　此據（宋）宋敏求，《春明退朝錄》卷中記載「維三兄皆年五十八而卒，及是維亦得疾。」又據今人李一飛，《楊億年譜》，上海古籍出版社，2002年8月，第13頁稱：「楊億出生之年（九七四），李維年十四。」又據晁公武《郡齋讀書志·後志》卷二「李仲方集二十卷」載：「年七十一」。

北）人。太宗雍熙二年（985）舉進士及第[132]，起家保信軍節度推官。

真宗咸平四年（1001）四月，知昆山縣時，獻白龜於郡[133]。是年，獻《聖
德詩》，召試中書，擢直集賢院，因避其兄李沆十月拜相，出知歙州。咸平三年，
李維直集賢院和杜鎬續修《通典》[134]。四年九月，與孫奭重校定《周禮》、《儀
禮》、《公羊》、《谷梁》、《孝經》、《論語》、《爾雅》七經疏義[135]。景德元年（1004）
七月，其兄沆薨，為戶部員外郎。二年九月，參與編修《冊府元龜》，三年十月，
為國母正旦使與太常博士王曙出使遼國[136]。四年五月，為兵部員外郎、右正言、
知制誥[137]。大中祥符二年（1009）正月，與楊億、王曙刊定《傳燈錄》[138]。三
年閏二月，命知制誥李維等宿中書，出經題考試左右街僧[139]。大中祥符五年春
正月與孫奭同知貢舉[140]。大中祥符六年六月，以左司郎中知制誥拜翰林學士[141]。
天禧二年（1018）五月，罷為戶部侍郎、集賢院學士，不久命知許州。四年閏
十二月，維為翰林學士承旨。乾興元年（1022）十一月，李維與翰林侍講孫奭
同修《真宗實錄》。天聖二年（1024）三月，《真宗實錄》修成，遷工部尚書。

---

132 （宋）晁公武撰《郡齋讀書志》卷一九「李仲方集二十卷」（臺北市：廣文，民68年5月再版）。

133 （宋）范成大，《吳郡志》卷四四「奇事」，江蘇古籍出版社，1986年版，第591頁。

134 （宋）程俱，《麟台故事•修纂》（中國歷代國家藏書機構及名家藏讀敘傳選，北京：北京大學出版
　　社，1997年12月），頁18。

135 （宋）程俱，《麟台故事•修纂》（中國歷代國家藏書機構及名家藏讀敘傳選，北京：北京大學出版
　　社，1997年12月），頁18。

136 （宋）李燾，《續資治通鑑長編》六四卷「景德三年正月乙亥」（景印文淵閣四庫全書，臺北：
　　臺灣商務印書館，1983-1986。）

137 （宋）李燾，《續資治通鑑長編》卷六五「景德四年五月甲戌」（景印文淵閣四庫全書，臺北：
　　臺灣商務印書館，1983-1986。）

138 （宋）李燾，《續資治通鑑長編》卷七一「大中祥符二年正月庚辰」（景印文淵閣四庫全書，臺
　　北：臺灣商務印書館，1983-1986。）

139 （宋）李燾，《續資治通鑑長編》卷七三「大中祥符三年閏二月壬子」（景印文淵閣四庫全書，
　　臺北：臺灣商務印書館，1983-1986。）

140 （宋）李燾，《續資治通鑑長編》卷七七「大中祥符五年正月癸酉」（景印文淵閣四庫全書，臺
　　北：臺灣商務印書館，1983-1986。）

141 （宋）洪遵，《翰苑群書》卷一〇《學士年表》，傅漩宗、施純德編《翰學三書》，遼寧教育出版
　　社，2003年版，第81頁。

四年三月，出為相州觀察使。久之還朝，復出知陳州，明道二年（1032）卒。
著有《李仲方集》二十卷。

　　史稱李維「博學，少以文章知名，至老手不廢書。」真宗巡幸四方，典章
儀禮，名物制度，也多是李維參定。也是以文學之才，名重一時的飽學之士，
這也難怪真宗詔修《冊府元龜》，史書明載序文撰寫首署其名了。

6. 劉筠（971～1031）

　　《宋史》卷三〇五有傳。字子儀，大名（今屬河北）人。真宗咸平元年（998），
登進士第，補館陶縣令。五年十二月，任職年滿還朝，楊億試選人，與聶震等
校太清樓書目，擢劉筠為第一，「並授大理評事，秘閣校理[142]。」景德元年（1004），
真宗親征澶淵，為大名府觀察判官。景德二年，參與修《冊府元龜》。景德四年
八月，因陳從易、劉筠、陳越修書「修書服勤而俸入比同僚尤薄[143]」之故，詔
月增給錢五千。大中祥符四年（1001）正月，與陳越、錢易等同修《土訓纂錄》
[144]。六年八月，《冊府元龜》修成，劉筠轉左正言、直史館。七年（1014）十月，
遷右司諫、知制誥[145]。後出知鄧州，徙陳州。八年正月，知貢舉，遷尚書兵部
員外郎。

　　天禧四年（1010）八月，拜翰林學士。五年正月，以右諫議大夫知廬州。

　　乾興元年（1022）八月，以給事中復拜翰林學士；十一月，罷學士，拜御
史中丞[146]。仁宗天聖五年（1027），見官為翰林學士承旨、權判都省[147]。六年，

142　（宋）李燾，《續資治通鑑長編》卷五三「咸平五年十二月甲申」（景印文淵閣四庫全書，臺北：
　　　臺灣商務印書館，1983-1986。）

143　（宋）李燾，（（續資治通鑑長編》卷六六「景德四年八月乙巳」（景印文淵閣四庫全書，臺北：
　　　臺灣商務印書館，1983-1986。）

144　（宋）王應麟，《玉海》卷一五「地理·祥符土訓錄」，元後至元 6 年（1340）慶元路儒學刊至正
　　　11 年（1351）修本。

145　（宋）李燾，（（續資治通鑑長編》卷八三「大中祥符七年十月癸亥」（景印文淵閣四庫全書，臺北：
　　　臺灣商務印書館，1983-1986。）

146　（宋）洪遵，《翰苑群書》卷一〇《學士年表》，傅漩宗、施純德編《翰學三書》，遼寧教育出版
　　　社，2003 年第 83 頁。

以龍圖閣直學士再知廬州。九年卒。著有《冊府應言集》十卷、《榮遇集》二卷、《肥川集》四卷、《表奏》六卷、《刀筆集》二卷。

史稱劉筠「景德以來，居文翰之選，其文辭善對偶，尤工為詩。」在當時與楊億齊名，時號「楊劉」。編修圖經與《冊府元龜》，被「推為精敏」[148]。

7. 杜鎬（938～1013）

《宋史》卷二九六有傳。字文周，常州府無錫（今屬江蘇無錫）人。自幼好學，在南唐舉明經，曾任集賢校理，直澄心堂。宋太祖開寶末年（976），歸宋朝。太平興國至雍熙年間（976～987），先後歷職國子監丞、史館檢討、著作佐郎、左贊善大夫、殿中丞、國子博士等職。其間參與編修了《文苑英華》。端拱元年（988）五月，太宗於崇文院內置秘閣，杜鎬加秘閣校理。其後至咸平末年（988），因援引故事，應對稱旨等，依次晉職為虞部員外郎、再遷駕部員外郎，判太常禮院、虞部郎中、改直秘閣。期間朝廷詔校《史記》、《三國志》、《道德經》，杜鎬均參與其中；曾修《太祖實錄》，亦命鎬檢討故事，以備訪問。

真宗景德元年（1004）十月，朝廷首置龍圖閣待制，以杜鎬與戚綸居之，杜鎬加都官郎中。二年（1005）九月，王欽若奏請杜鎬參與編修《冊府元龜》，改官司封郎中。四年（1007）八月，置龍圖閣直學士，杜鎬加官為右諫議大夫充職，一時「儒者榮之」[149]。大中祥符三年（1010）五月，真宗還稱讚杜鎬曰：「至于該洽之士，如杜鎬者亦少」，「鎬雖老，手不釋卷[150]。」七月，始置龍圖閣學士，杜鎬遷工部侍郎，充其職，上任之日，又進秩禮部侍郎。大中祥符六年（1013）年冬，卒。

---

147 （宋）李燾，《續資治通鑑長編》卷一〇五「天聖五年六月戊子」（景印文淵閣四庫全書，臺北：臺灣商務印書館，1983-1986。）

148 （元）脫脫等，《宋史》卷三〇五《劉筠傳》，明成化十六年（1480）兩廣巡撫朱英刊嘉靖間南監修補本。

149 （元）脫脫等，《宋史》卷二九六《杜鎬傳》，明成化十六年（1480）兩廣巡撫朱英刊嘉靖間南監修補本。

150 （宋）李燾，《續資治通鑑長編》卷七三「大中祥符三年五月丁未」（景印文淵閣四庫全書，臺北：臺灣商務印書館，1983-1986。）

　　杜鎬一生可謂與書相伴，任職不離館臣之位，從事的是圖書的整理與校勘，堪稱文獻專家。史稱其「博聞強記」，非常熟悉文獻、故事出處，「凡所檢閱，必戒書吏云：某事，某書在某卷、幾行。覆之，一無差誤」，「士大夫有所著撰，多訪以古事。」故於《冊府元龜》之編纂，也是不二的人選。

8. 刁衎（945～1013）

　　《宋史》卷四三九有傳。字符賓，升州（今江蘇南京）人。其父刁彥能是南唐的昭武軍節度。刁衎以門蔭仕南唐為秘書郎、集賢校理。以文才被後主李煜賞識，「嘗令直清輝殿，閱中外章奏[151]。」從李煜歸宋後，宋太祖授太常寺太祝，稱疾未出仕。太平興國元年（976），經李昉、扈蒙勸勉，因撰《聖德頌》進上，詔復其本官，出知睦州桐廬縣。太平興國六年（981）秋，衎上諫刑書，授大理寺丞。以後曾歷官殿中丞、通判湖州，知婺州，遷國子博士，知光州就改虞部員外郎，知盧州。

　　真宗咸平二年（999）五月，刁衎遷為比部郎中，召試學士院，以本官充任秘閣校理，出知潁州。後來入朝任比部員外郎，改直秘閣，充崇文院檢討。但他認為杜鎬、陳彭年二人可專任檢討一職，朝廷改為判三司開拆司。景德二年（1004）七月，「衎等上覆校《前漢書》板本，刊正三千餘字，錄為六卷，上之[152]。」景德二年九月，王欽若奏引參與修《冊府元龜》，加官主客郎中。在編修過程中，刁衎自己請求外任，出知湖州，不久為轉刑部郎中，任職年滿後，又重新參與編修工作。大中祥符六年（1013）八月，《冊府元龜》修成，刁衎授官為兵部郎中，不久中風，卒。

　　刁衎雖以父親門蔭得以入仕為官，但仍以文翰為南唐後主詞臣，其學識也非庸碌之輩，是西昆詩派的主要人物，「士大夫多推重之。」著有《本說》、《睦州大廳記》等。

151　（元）脫脫等，《宋史》卷四三九卷《刁衎傳》，明成化十六年（1480）兩廣巡撫朱英刊嘉靖間南監修補本。

152　（宋）王應麟，《玉海》卷四三「藝文·淳化校三史」，元後至元 6 年（1340）慶元路儒學刊至正 11 年（1351）修本。

9. 戚綸（954～1021）

《宋史》卷三〇六有傳。字仲言，應天楚丘（今山東曹縣）人。戚綸年少時，就與其兄戚維以文行知名於當時。太平興國八年（九八三）舉進士，起家沂水縣主簿，不久徙知太和縣。後來加官大理評事，遷光祿丞。

真宗咸平元年，戚綸轉官著作郎、通判泰州。二年（999）二月，將要赴任時，楊億從祖父秘書監楊徽之推薦其「文學純謹，宜在儒館。三月甲寅，以綸為秘閣校理[153]」。其後，改官太常丞、鹽鐵判官。景德元年十月，拜為拜右正言、與杜鎬首任龍圖閣待制。二年九月，參與修撰《冊府元龜》。十月，與劉承珪受命「都大提舉諸司庫務[154]。」大中祥符元年（1008），遷戶部郎中、直昭文館，真宗稱其有史才。三年，擢樞密直學士，八月出知杭州，加左司郎中。大中祥符七年三月，徙知揚州，是年冬，又徙知徐州[155]。八年，罷去樞密學士，授左諫議大夫，任職滿後還朝，又出知青州。天禧四年，改太常少卿，分司南京。五年（1021）卒。有文集二十卷、《論思集》十卷。

10. 陳從易[156]（965～1030）

《宋史》卷三〇〇有傳。字簡夫，泉州晉江人。太宗端拱二年（989）進士及第，曾任嵐州團練推官。真宗咸平中，時任彭州軍事推官。王均反，從易攝州事，守衛其州，叛軍不敢入境。咸平三年十月，叛亂平息後，安撫使王欽若以狀聞，召為秘書省著作佐郎。景德二年九月，參與修《冊府元龜》，時任官為秘書丞。景德四年八月，因陳從易、劉筠、陳越修書「修書服勤而俸入比同僚

---

153 （宋）李燾，《續資治通鑑長編》卷四四「咸平二年三月甲寅」（景印文淵閣四庫全書，臺北：臺灣商務印書館，1983-1986。）

154 （宋）李燾，《續資治通鑑長編》卷六一「景德二年十月庚寅」（景印文淵閣四庫全書，臺北：臺灣商務印書館，1983-1986。）

155 （宋）李燾，《續資治通鑑長編》卷八二「大中祥符七年三月癸卯」（景印文淵閣四庫全書，臺北：臺灣商務印書館，1983-1986。）

156 （宋）王偁，《東都事略》卷六〇《陳從易傳》云：「卒年六十六」，齊魯書社，2000 年版，第 481 頁。又周淙《乾道臨安志》卷三云：「（天聖）九年正月卒於官。」，商務印書館，1937 年版，第 67 頁。

尤薄[157]」，詔月增給錢五千。《冊府元龜》成書後，出知虔州。天聖六年（1023）九月，為左司郎中、知制誥。天聖九年（1030）九月，卒官龍圖閣直學士、知杭州。

史稱陳從易，「好古篤行，無所阿附[158]。」深受王欽若賞識。所著《泉山集》二十卷，《中書制稿》五卷，《西清奏議》三卷。

11. 陳越（973～1012）

《宋史》卷四四一有傳。字損之，開封人。「少好學，尤精歷代史。善屬文，辭氣俊拔[159]。」咸平四年（1011）四月，陳越、查道、王曙同試製舉賢良方正科，「秘書丞查道、進士陳越入第四等，定國軍節度推官王曙入次等[160]。」陳越起家將作監丞，通判舒州，徙知端州、又徙袁州。未幾，召還入朝，遷為著作佐郎、直史館。景德二年（1005）九月，參與修撰《冊府元龜》。景德四年八月，與陳從易、劉筠尤為勤職，真宗詔命月增錢五千。後來，遷太常丞、群牧判官。大中祥符四年，擢為左正言。大中祥符五年卒，年僅四十。當時《冊府元龜》還未修成。

《宋史‧陳越》稱「車駕朝陵，（陳越）掌留司名表，時稱為工。自是兩府箋奏，多命草之，勳貴家以銘志為請者甚眾[161]。」又十分精通歷史，可見其是一個文史兼備之才。

12. 查道（955～1018）

《宋史》卷二九六有傳。字湛然，歙州休寧（今安徽休寧）人，「未冠以詞

157　（宋）李燾，《續資治通鑑長編》卷六六「景德四年八月乙巳」（景印文淵閣四庫全書，臺北：臺灣商務印書館，1983-1986。）

158　（宋）李燾，《續資治通鑑長編》卷一○六「天聖六年九月丙午」（景印文淵閣四庫全書，臺北：臺灣商務印書館，1983-1986。）

159　（元）脫脫等，《宋史》卷四四一《陳越傳》，明成化十六年（1480）兩廣巡撫朱英刊嘉靖間南監修補本。

160　（宋）李燾，《續資治通鑑長編》卷四八「咸平四年四月辛未」（景印文淵閣四庫全書，臺北：臺灣商務印書館，1983-1986。）

161　（元）脫脫等，《宋史》卷四四一《陳越傳》，明成化十六年（1480）兩廣巡撫朱英刊嘉靖間南監修補本。

業稱[162]」。端拱初年（988），舉進士高第，起家館陶尉。曹彬鎮徐州，曾辟為從事，後改官興元觀察推官，再經寇準推薦，授著作佐郎。淳化中（990～994），通判遂州。至道三年（997），遷秘書丞，不久徙知杲州。咸平四年（1001）四月，制舉賢良方正科，入第四等，拜左正言、直史館。未幾，出為西京轉運副使。六年六月，「工部員外郎查道領度支[163]。」景德二年十月，「知審刑院查道、權判大理寺尹玘、權大理少卿傅珏、審刑院詳議官梁象等四人贖金有差[164]。」大中符祥元年（1008）歸直史館，遷刑部員外郎，預修《冊府元龜》。三年，進秩兵部，與王曙並命為龍閣待制，加刑部郎中。大中祥符六年九月，查道為正旦使出使契丹，還後，進右司郎中。天禧元年（1017）四月，查道請求外任，命知虢州。二年（1018）五月卒。著有文集二十卷。

13. 王曙（946～1034）

《宋史》二八六有傳，為寇準長女婿。字晦叔，河南人。淳化三年（992）進士上第，起家河南府鞏縣主簿，再調定國軍節度推官。咸平四年（1001）四月，與陳越、查道舉賢良方正科，入次等，遷秘書省著作佐郎，知定海縣，景德元年四月任滿，代還，授群牧判官[165]。二年七月，上《群牧故事》六卷[166]。十一月，命為群牧判官、著作佐郎假開封府推官、吏部郎中郊迎契丹使[167]。三

---

162 （元）脫脫等，《宋史》卷二九六《查道傳》，明成化十六年（1480）兩廣巡撫朱英刊嘉靖間南監修補本。

163 （宋）李燾，《續資治通鑑長編》卷五五「咸平六年六月丁亥」（景印文淵閣四庫全書，臺北：臺灣商務印書館，1983-1986。）

164 （宋）李燾，《續資治通鑑長編》卷六一「景德二年十月庚寅」（景印文淵閣四庫全書，臺北：臺灣商務印書館，1983-1986。）

165 （宋）李燾，《續資治通鑑長編》卷五八「景德元年十月癸未」（景印文淵閣四庫全書，臺北：臺灣商務印書館，1983-1986。）

166 （宋）李燾，《續資治通鑑長編》卷六〇「景德二年七月丙辰」（景印文淵閣四庫全書，臺北：臺灣商務印書館，1983-1986。）

167 （宋）李燾，《續資治通鑑長編》卷六一「景德二年十一月乙丑」（景印文淵閣四庫全書，臺北：臺灣商務印書館，1983-1986。）

年十月，太常博士王曙為契丹國主生辰使[168]。大中祥符元年（1008）八月，太常丞、判三司催欠憑由司王曙出監廬州鹽務[169]；十一月，真宗封禪後，王曙「恩遷（太常）博士、通判陳州，未至任詔還，預修《冊府元龜》[170]」。二年正月，與楊億、李維等勘定《傳燈錄》，劉承珪領護其事[171]。三年，與查道並為龍圖閣待制。四年正月，與陳彭年一同詳定邀駕詞狀[172]。四年六月，與陳越、張知白同詳定閣門儀制；七月，真宗稱其敦厚，為河北轉運使[173]。五年八月，坐部吏受賄，降知壽州[174]。大中祥符七年七月，史載在朝知開封府[175]。八年十月，加樞密直學士、知益州[176]。

　　天禧二年（1018）十月，召為給事中兼太子賓客[177]。其後因寇準出朝，受牽連，先後出知汝州、襄州、潞州等。天聖七年（1029）二月，王曙為御史中

168　（宋）李燾，《續資治通鑑長編》卷六四「景德三年十月乙亥」（景印文淵閣四庫全書，臺北：臺灣商務印書館，1983-1986。）

169　（宋）李燾，（《續資治通鑑長編》卷六九「大中祥符元年八月丙申」（景印文淵閣四庫全書，臺北：臺灣商務印書館，1983-1986。）

170　（宋）尹洙，《河南集》卷一二「王公神道碑銘並序」。又，（宋）程俱，《麟台故事修纂》載：「又取直史館查道、太常博士王曙，後復直集賢院夏竦、又命職方員外郎孫奭注撰音。」（中國歷代國家藏書機構及名家藏讀敘傳選，北京：北京大學出版社，1997年12月），頁19。

171　（宋）李燾，《續資治通鑑長編》卷七一「大中祥符二年正月庚辰」（景印文淵閣四庫全書，臺北：臺灣商務印書館，1983-1986。）

172　（宋）李燾，《續資治通鑑長編》卷七五「大中祥符四年正月戊戌」（景印文淵閣四庫全書，臺北：臺灣商務印書館，1983-1986。）

173　（宋）李燾，《續資治通鑑長編》卷七六「大中祥符四年七月戊子」（景印文淵閣四庫全書，臺北：臺灣商務印書館，1983-1986。）

174　（宋）李燾，《續資治通鑑長編》卷七八「大中祥符五年八月己酉」（景印文淵閣四庫全書，臺北：臺灣商務印書館，1983-1986。）

175　（宋）李燾，《續資治通鑑長編》卷八三「大中祥符七年七月戊子」（景印文淵閣四庫全書，臺北：臺灣商務印書館，1983-1986。）

176　（宋）李燾，《續資治通鑑長編》卷八五「大中祥符八年十月壬午」（景印文淵閣四庫全書，臺北：臺灣商務印書館，1983-1986。）。

177　（宋）李燾，《續資治通鑑長編》卷九二「天禧二年十月壬寅」（景印文淵閣四庫全書，臺北：臺灣商務印書館，1983-1986。）

丞兼理檢使；八月，為工部侍郎、參知政事[178]。明道元年（1032）七月，以疾自請罷為資政殿學士、戶部侍郎[179]。二年十月，加檢校太傅，充樞密使。景佑元年七月加同平章事。八月卒。有集四十卷，《周書音訓》十二卷，《唐書備問》三卷，《莊子旨歸》三篇，《列子旨歸》一篇，《戴斗奉使錄》二卷，集《兩漢詔議》四十卷。

14. 夏竦（985～1051）

《宋史》卷二八三有傳。字子喬，江州德安（今屬江西）人。景德元年（1004），因父親夏承皓戰死沙場，朝廷褒其忠烈，遂錄夏竦為丹陽縣主簿。二年閏五月，殿試賢良方正科，入第四等擢光祿寺丞，通判台州。真宗大中祥三年，召直集賢院，參與編修《冊府元龜》。四年，參修《國史》，判三司都磨勘司，累遷右正言。後歷官禮部員外郎、知制誥、禮部郎中。天禧元年（1017），左遷職方員外郎、知黃州。其後多外任知州。天聖四年（1026）二月，起復戶部郎中、知制誥，拜翰林學士。天聖五年（1027）為樞密副使；七年，為參知政事。仁宗慶曆七年（1047）為樞密使，封英國公；明年，拜同中書門下平章事。皇佑三年（1051）九月卒。有文集百卷、《策論》十三卷、《箋奏》三卷、《古文四聲韻》五卷、《聲韻圖》一卷，有《文莊集》三十六卷等收入《四庫全書》。

史稱夏竦「資性明敏好學，自經、史、百家、陰陽、律曆，外至佛老之書，無不通曉。為文章典雅藻麗[180]。」可見他學術之博通。

15. 孫奭（962～1033）

《宋史》卷四三一有傳，是北宋著名的經學家、教育家。字宗古。博川博平人。端拱二年（989）三月，九經進士及第，起家瑩縣主簿。淳化五年（994）

---

178 （宋）李燾，（《續資治通鑑長編》卷一〇八「天聖七年八月辛卯」（景印文淵閣四庫全書，臺北：臺灣商務印書館，1983-1986。）

179 （宋）李燾，《續資治通鑑長編》卷一一一「明道元年七月乙酉」（景印文淵閣四庫全書，臺北：臺灣商務印書館，1983-1986。）

180 （元）脫脫等，《宋史》卷二八三《夏竦傳》，明成化十六年（1480）兩廣巡撫朱英刊嘉靖間南監修補本。

十一月，見任國子監直講[181]。

　　真宗景德二年（1005）十一月、三年八月，在諸王府侍講位上[182]。景德四年（1007）十二月至大中祥符三年（1010）正月，見任職有都官員外郎、判太常禮院兼判國子監、同判太常禮院[183]。大中祥符三年七月，朝廷始置龍圖閣學士，以直學士杜鎬為之；待制陳彭年為直學士。孫奭此時可能與王曙、查道同升為龍圖閣待制[184]。據《麟台故事》，孫奭注撰《冊府元龜》音義時的官職為「職方員外郎」，與夏竦幾乎同時參修《冊府元龜》。《涑水記聞》稱「自職方員外郎除工部郎中，充龍圖待制[185]」。足見此年，孫奭才開始著《冊府元龜》音義的。

　　大中祥符五年（1012）正月，與李維同知貢舉。六年十二月，請求贍養八十二歲的年老父親，自請出朝，命知密州[186]。仁宗天聖九年（1031）十月，以太子少保致仕。明道二年（1033）六月卒。著有《孟子音義》二卷、《經典徽言》五十卷、《崇祀錄》、《樂記圖》、《五經節解》、《五服制度》等。

16. 姜嶼

　　《宋史》無傳。生卒年不詳。《江西通志》稱：分寧（今江西修水）人，端拱（989）二年進士。至道三年（997）二月，供奉官兩浙轉運使劉文質入奏：察舉部內官姜嶼、戚綸等八人有治跡，並降璽書褒諭[187]。景德元年（1004）六月，真宗密采群臣之有聞望者二十四人，令於崇政殿引對，試文藝，之後對這

181　（宋）李燾，《續資治通鑑長編》卷三六「淳化五年十一月丙寅」（景印文淵閣四庫全書，臺北：臺灣商務印書館，1983-1986。）

182　（宋）李燾，《續資治通鑑長編》卷六一「景德二年十一月丙申」、卷六三「景德三年八月乙酉」（景印文淵閣四庫全書，臺北：臺灣商務印書館，1983-1986。）

183　（宋）李燾，《續資治通鑑長編》卷六九「大中祥符元年六月甲午」、卷七三「大中祥符三年正月甲戌」（景印文淵閣四庫全書，臺北：臺灣商務印書館，1983-1986。）

184　（宋）李燾，《續資治通鑑長編》卷七四「大中祥符三年十一月壬辰」（景印文淵閣四庫全書，臺北：臺灣商務印書館，1983-1986。）

185　（宋）司馬光，《涑水記聞》卷四「孫奭」，中華書局，1989年版，第75頁。

186　（宋）李燾，《續資治通鑑長編》卷八一「大中祥符六年十二月癸未」（景印文淵閣四庫全書，臺北：臺灣商務印書館，1983-1986。）

187　（宋）李燾，《續資治通鑑長編》卷四一「至道三年二月是月」（景印文淵閣四庫全書，臺北：臺灣商務印書館，1983-1986。）

些人「多帖三館職，或命為省府判官，或升其差使焉[188]。」其中包括秘書丞姜
嶼和將作監丞陳越，很有可能此時二人均貼職直史館。二年九月，參修《冊府
元龜》。景德四年（1007）閏五月，陳彭年上言請令有司詳定考校進士詩賦、雜
文程序，「詔貢院考較程序，宜令彭年與待制戚綸、直史館崔遵度、姜嶼議定[189]。」
大中祥符元年（1008），東封泰山，命學士待制五人與禮院李維、孔與、姜嶼詳
定禮儀[190]。有關姜嶼的史蹟，作者僅見上述，其著作有《明越風物志》七卷[191]。

17. 宋貽序

《宋史》無傳，是太宗時宰相宋琪之子，幽州薊縣人。生卒年不詳。至道
二年九月宋琪卒，「起復貽序為右贊善大夫[192]。」咸平三年十月，「直秘閣黃夷
簡、直史館曾致堯、盛元、劉鍇、直集賢院任隨、右贊善大夫、宋貽序並上《平
蜀寇歌頌》，詔付史館[193]。」咸平四年十二月，右贊善宋貽序獻《大閱賦》[194]。
景德二年九月，「預修《冊府元龜》，筆札遒勁。未幾，坐事左遷復州副使[195]。」
卒官殿中丞。其它事蹟，無從見考。

18. 王希逸

《宋史》無傳。是太宗時樞密使王顯之子，開封人。生卒年不祥。除了景

---

188 （宋）李燾，《續資治通鑑長編》卷五六「景德元年六月丙辰」（景印文淵閣四庫全書，臺北：臺
灣商務印書館，1983-1986。）

189 （宋）李燾，《續資治通鑑長編》卷六五「景德四年閏五月壬辰」（景印文淵閣四庫全書，臺北：
臺灣商務印書館，1983-1986。）

190 （宋）孫逢吉，《職官分紀》卷一八「禮院」，北京：中華書局，1988 年版，第 425 頁。

191 （宋）晁公武撰，《郡齋讀書志》卷八「地理類‧明越風物志」，（臺北市：廣文，民 68 年 5 月再
版）。

192 （元）脫脫等，《宋史》卷二六四《宋琪傳》，明成化十六年（1480）兩廣巡撫朱英刊嘉靖間南監
修補本。

193 （宋）王應麟，《玉海》，卷一九三「兵捷‧咸平喜聞捷奏詩」，元後至元 6 年（1340）慶元路儒
學刊至正 11 年（1351）修本。

194 （宋）王應麟，《玉海》，卷一四五「兵制‧咸平校獵近郊」，元後至元 6 年（1340）慶元路儒學
刊至正 11 年（1351）修本。

195 （元）脫脫等，《宋史》卷二六四《宋琪傳》，明成化十六年（1480）兩廣巡撫朱英刊嘉靖間南監
修補本。

德二年九月，參修《冊府元龜》外，其餘事蹟僅見《宋史》卷二八六《王顯傳》與《隆平集》卷十「樞密」。茲錄如下：

> 「（王顯）子希逸，字仲莊。以蔭補供奉官。好學，尤熟唐史，聚書萬餘卷。換秩授朝奉大夫、太子中允。咸平初，改殿中承、直史館。預修《冊府元龜》，加祠部員外郎卒。希範至如京副使[196]。」「（王顯）咸平二年樞密使，三年罷。復建節，卒年七十六，贈中書令。子希逸太常博士直史館、希範並遷官[197]。」

　　據《續資治通鑑長編》卷六五《宋史》卷七《真宗紀》，王顯卒于景德四年（1007）正月。查道參與修撰《冊府元龜》是在王希逸卒後，據《宋史》卷二九六《查道傳》稱：「大中祥符元年（1008），歸直史館，遷刑部員外郎，預修《冊府元龜》。」故推知，王希逸在景德四年正月以後至大中祥符二年正月之前，起復加官祠部員外郎後去世的。另外，《宋史》卷二六《藝文志》錄有《地理秘妙歌訣》一卷，《名山異形歌》一卷，署名為王希逸。是否為同一人，待考。

19. 劉承珪（950～1013）

　　《宋史》卷四六六稱「劉承規」乃真宗改之，有傳。字大方，楚州山陽人。太平興國年間為北作坊副使。雍熙年間，曾任勾當內藏庫兼皇城司、出為鄜延路排陣都監、改崇儀使、遷洛苑使。

　　真宗咸平元年（998）十一月，為莊宅使時，與杜鎬排整崇文院秘閣書籍，「著為目錄[198]。」三年，遷北作坊使，又命提舉內東崇政殿等諸門，遷宮苑使，俄兼勾當群牧司。

196　（元）脫脫等，《宋史》卷二六八《王顯傳》，明成化十六年（1480）兩廣巡撫朱英刊嘉靖間南監修補本。

197　（宋）曾鞏，《隆平集》卷一〇「樞密」，臺北：文海出版社，1967年版，第404頁。

198　（宋）李燾，《續資治通鑑長編》卷四三「咸平元年十一月戊午」（景印文淵閣四庫全書，臺北：臺灣商務印書館，1983-1986。）

　　景德二年（1006）月，「詔以劉承珪新定權衡法附編救[199]」。九月，典掌修撰　《冊府元龜》之事。十月，與戚綸珪受命都大提舉諸司庫務。四年正月，以皇城使勝州刺史劉承珪勾當皇城大內公事。八月，領昭州團練使。大中祥符元年（1008）正月，李維、王曙刊定《傳燈錄》，劉承珪領護其事。九月，為供備庫使。二年五月，與林特、李溥上編成《茶法條貫》二十三冊[200]。五年十一月，宣政使、提點內藏庫劉承珪上《內藏庫須知》五卷，詔褒之[201]。十二月，為景福殿使、新州觀察使。六年七月，久病羸瘵，真宗「為取道家易名度厄之義」，改「珪」為「規」[202]。尋卒。

　　史稱劉承珪「咸平中朱昂、杜鎬編次館閣書籍，錢若水修《祖宗實錄》，其後修《冊府元龜》、國史及編著讎校之事，承規悉典領之[203]。」而本人雖為內官，卻「頗好儒學，喜聚書。間接文士，質訪故實。其有名于朝者多見禮待，或密為延薦。」可謂是真宗一朝，圖書典籍編校等工作的後勤大管家，實屬難得，編修《冊府元龜》，其功不可沒。

20. 劉崇超

　　內侍官，《宋史》無傳，邑裡不祥。大約卒於天聖五年（1027）。考其事蹟如下：

　　咸平元年（998）十一月，「內侍裴愈監三館秘閣書籍，歲久不治，命內品

199　（宋）李燾，《續資治通鑑長編》卷六一「景德二年八月丙戌」（景印文淵閣四庫全書，臺北：臺灣商務印書館，1983-1986。）

200　（宋）李燾，《續資治通鑑長編》卷七一「大中祥符二年五月乙亥」（景印文淵閣四庫全書，臺北：臺灣商務印書館，1983-1986。）

201　（宋）李燾，《續資治通鑑長編》卷八〇「大中祥符五年十一月丙午」（景印文淵閣四庫全書，臺北：臺灣商務印書館，1983-1986。）

202　（宋）李燾，《續資治通鑑長編》卷八一「大中祥符六年七月丙申」（景印文淵閣四庫全書，臺北：臺灣商務印書館，1983-1986。）

203　（元）脫脫等，《宋史》卷四六六《劉承規傳》，明成化十六年（1480）兩廣巡撫朱英刊嘉靖間南監修補本。

劉崇超代之[204]。」「其後因循與判館連署掌事，時論非之[205]。」咸平二年（999）七月，朝廷首置翰林侍讀學士，設直廬于秘閣，侍讀更替值班，「日給尚食珍膳，夜則迭宿。令監館閣書籍、中使劉崇超日具當宿官名於內，東門進入。自是多召對詢訪，或至中夕焉[206]。」景德二年（1005）九月，修《冊府元龜》「又令宮苑使、勝州刺史、勾當皇城司劉承珪、內侍高品監三館秘閣圖書劉崇超典掌其事[207]。」大中祥符八年十二月，「命樞密使、同平章事王欽若都大提舉抄寫校勘館閣書籍，翰林學士陳彭年副焉。鑄印給之。……內侍劉崇超預其事。又請募人以書籍鬻于官者，驗真本酬其直，五百卷以上優其賜，或藝能可采者別奏候旨。……彭年參知政事，仍領其務。欽若為相，以李迪代之。自是常以參知政事一人兼領。然彭年既入中書，不復至館，其總領之務，但委崇超，判館閣官，亦不復關預云[208]。」天禧三年（1019）十二月，「管起居院事劉崇超言：（起居院）事當嚴密，今在宮城外，慮有漏泄，宜依舊制，徙右掖門內。從之[209]。」

　　天禧五年（1021）十二月，「以內殿崇班皇甫繼明同勾當三館秘閣公事。……崇超素與王欽若厚善，丁謂為相，惡之，別用繼明以分其權，更號監圖籍曰勾當公事。」天聖二年（1024）三月《真宗實錄》修成，賜賞編修官，「管勾內臣周文質、劉崇超賞亦及焉。」劉也參與[210]。天聖五年八月，「省三館秘閣都監一

204　（宋）李燾，《續資治通鑑長編》卷四三「咸平元年十一月戊午」（景印文淵閣四庫全書，臺北：臺灣商務印書館，1983-1986。）

205　（宋）李燾，《續資治通鑑長編》卷九七「天禧五年十二月乙巳」（景印文淵閣四庫全書，臺北：臺灣商務印書館，1983-1986。）

206　（宋）李燾，《續資治通鑑長編》卷四五「咸平二年七月丙午」（景印文淵閣四庫全書，臺北：臺灣商務印書館，1983-1986。）

207　（宋）李燾，《續資治通鑑長編》卷六一「景德二年九月丁卯」（景印文淵閣四庫全書，臺北：臺灣商務印書館，1983-1986。）

208　（宋）李燾，《續資治通鑑長編》卷八五「大中祥符八年十二月甲辰」（景印文淵閣四庫全書，臺北：臺灣商務印書館，1983-1986。）

209　（宋）王應麟，《玉海》卷一六八「宮室•淳化起居院」，元後至元 6 年（1340）慶元路儒學刊至正 11 年（1351）修本。

210　（宋）李燾，《續資治通鑑長編》卷一〇二「天聖二年三月癸卯」，（景印文淵閣四庫全書，臺北：臺灣商務印書館，1983-1986。）

員。咸平元年十一月，初命劉崇超監書籍。天禧五年十二月，又命皇甫維明同監，更號勾當公事。於是崇超卒，特有是詔[211]。」

以上二十人，均是史有明文記載負責或參與編修《冊府元龜》。從上述記載亦可以窺知他們出入書局時間之大概。

王欽若、錢惟演、杜鎬、李維、陳彭年、陳從易、劉筠這七人自始至終在書局。劉承規、劉崇超也始終「典掌其事」。楊億景德二年（1005）九月入局，大中祥符六年（1013）六月，因母親病，不俟命歸省，出為太常少卿，分司西京。陳越景德二年（1005）九月入局，大中祥符五年（1012）卒。刁衎景德二年（1005）九月入局，中間出知湖州，任職滿三年後又入局修書，大中祥符六年（1013）八月書成後，授兵部郎中，尋卒。戚綸景德二年（1005）九月入局，大中祥符三年（1010）八月出知杭州，出局。王希逸景德二年（1005）九月入局，在景德四年（1007）正月以後至大中祥符二年（1009）正月之間，卒。姜嶼景德二年（1005）九月入局，大中祥符元年（1008），見在太常禮院。其後事蹟不詳。宋貽序景德二年（1005）九月入局，不久貶官復州副使。後事不詳。查道、王曙大約大中祥符元年（1008）入局直至書成。夏竦、孫奭大約大中祥符三年（1010）入局直至書成。

前文已經指出，郭伯恭先生認為編修者還有王旦、趙安仁和石中立。其根據則是《續資治通鑑長編》卷六六和《玉海》卷五四的兩條記載。現將其完整記載採錄如下：

> （景德）三年四月丙子、四年八月壬寅，車駕再幸編修之所，再閱門類。楊億悉以條對編次，未及倫理者，改正之。帝曰：「朕編此書，蓋取著歷代君臣德美之事，為將來取法。至于開卷覽古，亦頗姿于學者。」皆命從官坐，賜編修官器幣。王欽若以南北史有「索虜」、「島夷」之號，欲改去，王旦曰：「舊史文不可改。」趙安仁曰：「杜預注《春秋》，以長曆

---

211 （宋）李燾，《續資治通鑑長編》卷一〇五「天聖五年八月辛未」（景印文淵閣四庫全書，臺北：臺灣商務印書館，1983-1986。）

推甲子多誤，亦不敢改，但注云日月必有誤。」乃詔欲改者，注釋其下。
（《玉海》）

（景德）四年十二月乙未，手札賜王欽若曰：「編修《君臣事蹟》官，皆
出遴選。朕于此書，匪獨聽政之暇，資于披覽，亦乃區別善惡，垂之後
世，俾君臣父子有所監戒。起今后遞，自初修官至楊億，各依新式，遞
相檢視。內有脫誤、門目不類、年代帝號失次者並署曆，仍書逐人名下，
隨卷奏知。異時比較功程，等第酬獎，庶分勤惰。委劉承珪專差人署曆。」
欽若為人傾巧，所修書或當上意褒賞所及，欽若即書名表首以謝，或繆
誤有所譴問，則戒書吏稱楊億已下所為以對。同僚皆疾之：使陳越寢如
屍，以為欽若，石中立作欽若妻哭其旁，余人歌虞殯于前。欽若聞之，
密奏將盡至絀責，王旦持之得寢。億在館中，欽若或繼至，必避出他所
亦然。及欽若出知杭州，舉朝皆有詩，獨億不作。欽若辭日具奏，詔諭
億令作詩，竟遷延不送。（《長編》）

　　按景德四年（1007），王旦為宰相、趙安仁為參知政事，副宰相。王欽若與
陳堯叟為簽署樞密院事，是樞密院副長官，均為皇帝的輔弼大臣，參議軍國大
事。王旦、趙安仁所言乃是陪同真宗幸崇文院就此發表意見，並非參與編修。
王旦之所以能將王欽若的密奏截留，就因為是首相的緣故。實際上二人並未參
與，故史書也不載其編修《冊府元龜》。
　　再說石中立，《宋史》二六三有傳，稱：「擢直集賢院，與李宗諤、楊億、
劉筠、陳越相厚善。校讎秘書，凡更中立者，人皆傳之。判三司理欠憑由司。
帝幸亳，命修所過國經，為鹽鐵判官。」《續資治通鑑長編》卷八一稱：「（大
中祥符六年十月）甲戌，命直集賢院石中立等修車駕所過圖經，以備顧問。」
則知石中立在《冊府元龜》修撰期間，官為直集賢院。集賢院在崇文院內，《冊
府元龜》書局開始就在崇文院內，在大中祥符年後遷至宣徽南院使廳，石中立
與楊億等編修者在景德年間可以說辦公地點同處一院，而石中立天生詼諧，又

與楊億、陳越、劉筠「厚善」，遂有扮欽若之妻之滑稽舉動。而史書明載是「同僚」，係指同朝為官者，據此則無法確認石中立乃在書局。何況石中立後來也做到了參知政事，其傳焉能不載參與編修《冊府元龜》之事。石中立卻也與楊億參與過編修之事，但那是咸平三年十月，宋白、李宗諤奉詔續修《通典》。《玉海》稱：「白等又請命舒雅、楊億、李維、石中立、任隨同編修，杜鎬檢討。」四年九月書成二○○卷，詔藏于秘府。

　　另外，根據史書記載，參與編修的似乎還有聶震。《續資治通鑑長編》卷八六云：

> （大中祥符九年正月）甲子，詔（聶）震依舊赴宣徽院校《冊府元龜》。蓋從宜之制也。……先是太常博士、秘閣校理聶震生母去世，而嫡母尚在，禮官議后，即令其解職持服。震時校《冊府元龜》，樞密使王欽若總其事，言：「震嫡母在，當免持服」。事下禮儀院，奏云：「若特有奪情之命，望不以追出為名。自今顯官有類此者，亦請不稱起復，第遣釐職。」于是有詔[212]。

《宋史》卷一二五《禮儀志》也載此事，云：

> 大中祥符八年，樞密使王欽若言：「編修《冊府元龜》官、太常博士、秘閣校理聶震，丁所生母憂，嫡母尚在，望特免持服[213]。」

《玉海》卷三二「景德太清樓四部書目」云：

> 咸平四年十月，直集賢院李建中言太清樓書宜選官重校，上因閱書目，

212　（宋）李燾，《續資治通鑑長編》卷八六「大中祥符九年正月甲子」，（景印文淵閣四庫全書，臺北：臺灣商務印書館，1983-1986。）

213　（元）脫脫等，《宋史》卷一二五「禮儀志」，明成化十六年（1480）兩廣巡撫朱英刊嘉靖間南監修補本。

見缺書尚多，甲子詔求逸書。五年十二月甲申，以尚有舛誤而未讎對者，猶二萬卷，令流內銓擇官詳校。試十五人詩論于銀台，得劉均（筠）、聶震等七人，于崇文院校勘，大官供膳。景德元年三月丁酉，直秘閣黃夷簡等上校勘新寫御書，凡二萬四千一百六十二卷。校勘六人授秘閣校理[214]。

其餘聶震之事蹟，史書未見載。

又南宋人陳造《江湖長翁集》卷三一有「題《冊府元龜》」一文，曰：「博極群書，文史足用，記亡書三篋，寫五行志，誰不樂此。然人才不齊，有不容強士，恥一事不知，則類書未可忽也。《冊府元龜》一千卷，章聖皇帝命為之以惠學者，類書莫詳焉。自命下至大中祥符六年，凡歷數載；自王欽若而下大小臣，編摩校勘，凡二十九人。吾為儒思有之凡四十餘年，乃酬其志。是書都大王公賜也，自成都之襄陽，走三千里。夫其成之久，求之不易，致之甚難。束閣不觀，委之蠹魚鼠矢，此非吾佳子孫也。書以諗之。」則陳造所得《冊府元龜》乃本源於北宋官刻本的南宋蜀刻本無疑，所言二十九人包含其中專門從事校勘的人員。

又據《玉海》卷五四「冊府元龜」其下注文曰：「祥符八年十二月乙丑，欽若等上版本。」根據陳垣《二十史朔閏表》，這年十二月無「乙丑」日，或為「己丑」日之誤。這說明《冊府元龜》修成後兩年才有刻本上進，期間極有可能再進行校勘，然後刊印。同時在刊印時，也有可能將編修者、校勘者等參與編纂工作的人員名字一併署上。如果聶震開始並沒有參與編修，也極有可能在刻本之前參與了校勘工作，而且他可能只是校勘者之一。

綜上所述，作者認為從現有文獻的記載來看，如果從較為寬泛的編修概念來看，即首次刻印時包括編摩校勘等參與此項編纂工作的人員，我們應該相信陳造所言的二十九人之多。文獻中明確提到的有：王欽若、楊億、錢惟演、杜

214　（宋）王應麟，《玉海》卷五二「藝文・景德太清樓四部書目」，元後至元 6 年（1340）慶元路儒　學刊至正 11 年（1351）修本。

鎬、刁衎、李維、戚綸、王希逸、陳彭年、姜嶼、宋貽序、陳越、陳從易、劉
筠、查道、王曙、夏竦、劉承珪、劉崇超、孫奭、聶震等二十一人。其餘八人
我們暫時還不能確知,只能期盼著《冊府元龜》祥符刻本的有幸出現了。如果
從嚴格意義上講,參與實際文字編撰(包括音義)的作者為十八人,劉承珪、
劉崇超二人則負責提供圖書典籍等後勤保障,聶震很可能只是文字的校勘者之
一。至於王旦、趙安仁、石中立,根據我們的分析,並沒有參與此項工作。

(三)基本部門

　　《冊府元龜》在類目設置及材料的編排上,嚴格將材料規範在「事」的範
疇內,類目下的材料,完全以「史」為核心,按照時間順序,把各朝同類事實
集中排纂,似為這一類目主題所涉史事的編年資料。材料中不錄詩賦文章,其
大概就是《冊府元龜》進表文所稱的「但詞林之見采,非治本之宜先[215]」之緣
故。故而,我們可以說,《冊府元龜》的修撰,是對唐宋以來編纂類書而強調博
大綜合趨向的反映以及對類書初創編撰宗旨的回歸,它的編纂更多地受到了早
期御覽性類事類書的影響,某種意義上講,它是御覽性類事型類書的集大成者。

　　《冊府元龜》體例內容,與其他類書有別。它僅錄歷代君臣事跡,以政治
史實為主,兼及其他經濟、軍事、社會、文化部門。輯錄資料,以正經正史為
主,兼及唐五代實錄、詔令、奏議,以至《國語》、《戰國策》、《管子》、《晏子
春秋》、《呂氏春秋》、《韓詩外傳》、《韓非子》、《淮南子》和古代類書等。小說、
雜書,一律不取。

　　該書原有正文一千卷,目錄十卷,音義十卷。音義是夏竦、孫奭所撰,已
佚。今存正文和目錄。全書共九三九二千字。從卷數上看,本書與《太平御覽》
同為一千卷,但實際份量超出《太平御覽》一倍,成為宋代四大書中最大的一
部。該書被收入《四庫全書》,是《四庫全書》中僅次於《佩文韻府》的第二大

215　(宋)王應麟,《玉海》卷五四「藝文·景德冊府元龜」,元後至元 6 年(1340)慶元路儒學刊至
　　正 11 年(1351)修本。

書。全書內容分為三十一部[216]，詳見表十。

表十 《冊府元龜》基本部門

部 次	部 名	各部門數	總卷起訖	各部卷數
一	帝王	一二五	一～一八一	一八一
二	閏位	七七	一八二～二一八	三七
三	僭偽	三七	二一九～二三四	一六
四	列國君	四〇	二三五～二五五	二一
五	儲宮	一七	二五六～二六一	六
六	宗室	四三	二六二～二九九	三八
七	外戚	二三	三〇〇～三〇七	八
八	宰輔	三八	三〇八～三三九	三二
九	將帥	一〇六	三四〇～四五六	一一七
一〇	臺省	二九	四五七～四八二	二六
一一	邦計	三〇	四八三～五一一	二九
一二	憲官	一五	五一二～五二二	一一
一三	諫諍	六	五二三～五四九	二七
一四	詞臣	八	五五〇～五五三	四
一五	國史	一三	五五四～五六二	九
一六	掌禮	九	五六三～五九六	三四
一七	學校	一五	五九七～六〇八	一二

---

216 （宋）王欽若、楊億等撰，《冊府元龜》「目錄」（景印文淵閣四庫全書第 902 冊，臺北市：臺灣商務，民國 72－75 年）。

一八	刑法	九	六〇九～六一九	一一
二九	卿監	一五	六二〇～六二五	六
二〇	環衛	九	六二六～六二八	三
二一	銓選	八	六二九～六三八	一〇
二二	貢舉	六	六三九～六五一	一三
二三	奉使	二七	六五二～六六四	一三
二四	內臣	一六	六六五～六七〇	六
二五	牧守	四二	六七一～七〇〇	三〇
二六	令長	二一	七〇一～七〇七	七
二七	宮臣	一一	七〇八～七一五	八
二八	幕府	一六	七一六～七三〇	一五
三九	陪臣	二一	七三一～七五〇	二〇
三〇	總錄	二三五	七五一～九五五	二〇五
三一	外臣	三五	九五六～一〇〇〇	四五

　　各部下再分門類子目，總數一一〇四門。據《冊府元龜》「宋真宗序」云：
「凡勒成一千一百四門[217]。」但胡道靜先生說：「用明刊本逐門點下來，實際的
門類是一千一百一十六[218]。」

　　《冊府元龜》的類目設置嚴謹而極富特色，與唐宋以來其他綜合型類書完
全不同。如《太平御覽》，它的類目設置，基本上承襲了《修文殿御覽》以及後
來唐代類書《藝文類聚》等的分類思想和體系，即「天人合一」觀念下，類目
設置上採用天、地、人、事、物的體系，強調類目整體結構上的廣博性。胡道

217　（宋）王欽若、楊億等撰，《冊府元龜》「宋真宗序」（景印文淵閣四庫全書第902冊，臺北市：臺
　　灣商務，民國72－75年）。

218　胡道靜著，《中國古代的類書》（北京市：中華，民國71年）頁133－146。

靜先生就稱：「《太平御覽》的五十五部之數，是學《修文殿御覽》的，不過具體的部名，兩書是否相同，缺乏《修文》的部名對照，不得而詳。《修文》分五十五部，是以古典哲學為依據的，這個數字的典故出在《易‧繫辭》裏見第三章第五節的註腳引，其意義是表示「包羅萬象」。故分五十五部，不是五十四、五十六，也不是其他，有其特殊意義[219]。」而《冊府元龜》的三十一個大部當中，不設天部、地部，也不收錄各種物產之材料，類目嚴格地控制在「人」、「事」的範疇內，而且同一義群的類目詞彼此相互關聯。如《冊府元龜》卷四五七～四八二的「臺省部」為例，共有選任、德望、才智、公正、正直、寵異、清儉、恭慎、練習、謙退、識量、忠節、舉職、宣贊、薦舉、封駁、奏議、謀畫、簡傲、廢職、交惡、洩漏、奸邪、輕躁、譴責、明附、害賢、諂佞、貪黷等二十九門，而我們可以將「選任」至「忠節」視為一義群，「舉職」至「簡傲」為一義群，「廢職」至「輕躁」為一義群，「譴責」至「貪黷」為一義群。從這裏可以看出，類目基本按照歷史事蹟具有借鑒功能的知識屬性來設置，看不出那種按「天、地、人、事、物」的排列順序，可見其分類不僅打破了傳統方式，不能不謂頗具特色又自成體系。容和性質類設置類目，也鮮有「天、地、人、事、物」排列順序的情況來看，可以說《冊府元龜》的編纂成書，在類目的設置方面，突破傳統模式，有著縱深的從後來專科性類書如《全芳備祖》、《玉海》等。

　　再從全部門類名稱涵義來看，《冊府元龜》門類設置有 1115 門，除去為數並不多的涵蓋客觀事實、行為、活動門類─這主要集中在「邦計部」中，如「經費」、「戶籍」、「賦稅」、「田制」等名稱外，如果將其餘名稱彙聚，更像是當時一部衡量從君到臣（包含民在內，民主要在集中在「總錄」部）道德、職守、能力等方面行為的標準規範與指南，其下的內容便是對這一標準規範的史事注解。君則大書「赦宥」、「創業」、「繼統」，盡錄「符瑞」，不舍「神助」，兼要「禮賢」、「納諫」等，強調的是封建帝王的承天運而施行的仁善之政，貶低的則為「失政」、「姑息」「濫賞」等之悖天之惡治；臣則多設「忠」、「公忠」「忠直」、「忠節」、「立功」等之善跡，貶其「不忠」、「要君」、「朋黨」、「構患」「專態」

219 胡道靜，《中國古代典籍十講》，復旦大學出版社，2004 年 5 月，頁 126。

等之惡行；民則首敘「孝」、「孝感」、「忠義」、「忠烈」，旁及「友悌」、「家法」、
「義」、「知禮」、「守道」等之美舉，貶其「不忠」、「不孝」、「不睦」、「失禮」
等之醜行，強烈形成善與惡、美與醜的對比，強化戒鑒之功效。而大部以「帝
王」首起，繼之以「宗室」、「儲宮（儲君）」、「外戚」，次級「宰輔」、「將帥」……
「外臣」，而終於含民之「總錄」。皇室、外戚，高高在上，次及內外之臣，終
到無品之民，由上到下，由內到外，等級森然。這無不表明，《冊府元龜》體例
安排與類目之精心設置，折射出維護以「忠君」為核心的封建等級和倫理綱常
的階級意識形態的現實政治功用，也十分切合了宋真宗所稱：「朕於此書，匪獨
聽政之暇，資於披覽，亦乃區別善惡，垂之后世，俾君臣父子，有所鑒戒[220]」
之意圖。這些均按照其提供知識的內發展，為我國古代具有提供專科性知識作
用的類書的編纂提供成功的典範和經驗的作用。

（四）敘例

　　《冊府元龜》首創類序，突破類書述而不作的傳統，影響了後代的類書編
纂。類書自從《皇覽》創體以來，其編纂往往是「述而不作」，這也成為人們判
別類書的一個重要特徵。

　　在宋以前，類書基本都遵從這一原則，在書中，一般很少見到編纂者對主
題類目或收集的相關內容的見解和認識。再加上類書的興起，也實與魏晉南北
朝以來士族炫博以及駢體文堆砌詞藻的社會風氣的推波助瀾有關，因此多數類
書的主要功用就是臨時備用，便於檢索的工具，既不能完全體現作者的學問水
平，又對於後學者的著書立說作用有限，甚至還會有較大的反面作用。如朱熹
曾針對時人呂祖謙所輯類書《歷代制度詳說》云：「學者用功不實之弊，誠如來
誨。近見建陽印一小冊，名《精騎集》，云出於賢者之手，不知是否此書流傳，
恐誤後生輩，讀書愈不成片段也[221]。」

220　（宋）李燾，《續資治通鑑長編》卷六七「景德四年十二月乙未」，（景印文淵閣四庫全書，臺北：
　　臺灣商務印書館，1983-1986。）

221　（宋）朱熹，《晦庵集》卷三三「書‧答呂伯恭」，上海古籍出版社，1987年，第1527頁。

　　《四庫全書總目》類書類〈小敘〉云：「此體一興，而操瓢者易於檢尋，注書者利於剿竊，轉輾稗販，實學頗荒[222]。」聞一多則批評章句家為「釋意而忘事」，類書家為「采事而忘意[223]」。

　　曾利用過《冊府元龜》者都了解，它共有三十一部，每部前都有「總序」，長則上千字，短則數百，最長的應該是〈臺省部〉的「總序」，有一萬二千多字；如〈國史部‧總敘〉：

> 古之王者，世有史官。君舉必書，書法不隱。所以慎言行，示勸戒也。自伏羲始造書契，神農之世民風尚樸，官設未備。黃軒之臣曰倉頡，取象鳥跡以作文字，記諸言行，竹冊而藏之。著為典式，垂之來裔。申褒貶之微旨，為懲勸之大法……[224]。

　　從上面這段〈國史部‧總敘〉，我們可以認識到歷代史官設置之源流、史官之使命、史官之選拔以及〈國史部〉採錄之原則。部下設門，約有一千多門，各門之前又有「小序」，有的幾十個字，有的幾百字不等。如〈臺省部‧任選門〉小序：

> 夫知人則哲，能官人安民則惠，大禹之訓也。慎簡乃僚，其惟吉士，周穆之命也。蓋邦國治亂，在乎庶官。選賢任能，其來尚矣。自舜命眾職，以熙帝載。西漢之後，政歸尚書。機務所出，推擇斯妙。或以政事用，或以文學升。內則參侍左右，論思治道。外則坐曹夙夜，修明官業。厥職尤重，其才益難。詳求遺策，鋪觀歷代，曷嘗不慎選眾之舉，致得人

222　（清）永培等撰，《四庫全書總目》卷一三五「類書類一」之序，中華書局，1965 年版，頁 1141。
223　聞一多，《唐史雜論》之「類書與詩」，上海古籍出版社，2006 年，頁 4。
224　（宋）王欽若、楊億等撰，《冊府元龜》「國史部」總敘（景印文淵閣四庫全書第 902－919 冊，臺北市：臺灣商務，民國 72－75 年）。

之盛哉[225]！

　　小序比總敘短小，但性質相似。《冊府元龜》的這些大小序，具有較高的學術價值。明末曹胤昌曾輯大小序為《冊府元龜・獨制》三十卷，清初張爾岐也曾專輯三十一門大敘為《冊府元龜・總敘》五卷。可見學者對大小序之重視。

　　小序之後，即羅列歷代人物事跡、詔令、奏議。例如〈國史部・公正門〉首列董狐為晉太史，直書「趙盾弒其君」的故事；次列齊太史父子兄弟前仆後繼，直書「崔杼弒其君」的故事。引文多照錄全篇全書，文中間有俚語，也不加刪節改動，保存許多隋唐五代史料的本來面目。

　　「總序」往往言及涉及該部性質事類的制度和事蹟的沿革，相當於該部一篇精悍且明晰的小史；「小序」敍述對此門類關涉的主題的認識和議論，言簡意賅，相當於是對此門的理論認識與歷史敍述。這些序文據《玉海》記載，一開始是由「諸儒皆作」，後來宋真宗「以體例不一，祥符元年（1008）二月丙午，遂擇李維等六人撰訖，付楊億竄定[226]。」這種在類目前設置序文的編纂方式，胡道靜先生認為，這是《冊府元龜》和「其他一般的類書在編纂體例上兩個很大的不同之點[227]」中的一個，即它並不完全「述而不作」。這樣的做法為後來的類書的編纂繼承和發揚，如《事物紀原》以追朔事物起源，探索事物名稱由來為宗旨，對所收材料，並非將其簡單地彙集在一起，而是以帶有考證性的論述，用按語等方式，將其他文獻中的相關資料結合在一起，形成總論性的斷語而自成一體。這種議論式的彙集資料，不得不說多少是受到了《冊府元龜》編纂方式的影響。甚至在後來的一些類書中，尤其是為了科舉之用而編纂的類書，在類目的設置上也是以論題短語作類目，如《八面鋒》、《紀纂淵海》等。後來，由於《冊府元龜》首創的類序，其學術價值比較高，所以曹溶將總序按執筆人

225　（宋）王欽若、楊億等撰，《冊府元龜》「臺省部・任選門」序（景印文淵閣四庫全書第 902－919 冊，臺北市：臺灣商務，民國 72－75 年）。

226　（宋）王應麟，《玉海》卷五四「藝文・景德冊府元龜」，元後至元 6 年（1340）慶元路儒學刊至正 11 年（1351）修本。

227　胡道靜，《中國古代典籍十講》，復旦大學出版社，2004 年 5 月，頁 143。

分別輯為集子，收入《學海類編》。清代《四庫總目》前言也多所借鑒，足見其
影響和價值。

　　《冊府元龜》篇幅，比《太平御覽》增多一倍，幾乎包括全部十七史。過
去學者有一種錯誤看法，以為《冊府元龜》取材，多見於正史，並無新異。如
《楓窗小牘》謂：「開卷皆目所常見，無罕見異聞。」因之，遂不為藝林所重。
實際它所據史書，都是北宋以前古本。所引事跡，亦不以十七史為限，兼取唐、
五代各朝實錄，所以它的內容，並不和通行本史書相同，正可以用它來補通行
史書之缺或正其謬誤。對專治隋唐五代史者，更為有用。

　　本書編制體例上有一缺點，即引用資料，概不注書名出處，這是不如其他
類書的地方。所以我們閱讀本書的某一部分，必須根據其內容、朝代、人名、
事跡，分析上下文意，推求其出於何書何傳，再用現行書籍來核對，才能決定
棄取。這些缺點不足以掩飾本書的特殊價值。『四庫全書總目提要』評論本書說：

　　　夫典籍至繁，勢不能遍為撾拾，去誣存實，未可概以挂漏相繩。況纂輯
　　　之臣皆一時淹貫之士，雖卷帙繁富、難免牴牾，而考訂明晰，亦多可資
　　　覽古之助[228]。

　　總之，由以上所論來看，《冊府元龜》在當時的功用，並非僅限於一般類書
之功用就能包含，實有著時代賦予的特殊使命。由其內容的專採集史實而不錄
它物，成為北宋朝廷撰修的第一部類書體通史《宋書‧藝文志》將其歸入（史
部名下），是統治者欽定借鑒歷史知識的載體，提供的是為其統治與治理社會的
歷史經驗的功能。在體例與內容上，也透散出維護封建王朝所謂正統觀以及封
建等級秩序、倫理道德綱常的現實特殊功用。因之，該書是研究歷史、校勘史
書、輯集佚書的資料寶庫，在中國古代類書中獨樹一幟。

228　（清）永瑢等奉敕撰，《四庫全書總目提要》子部‧類書類一（臺北市：臺灣商務，民國54年2月
　　臺1版），頁2793。

第四章　宋代「四大書」的後世流傳版本

一、《太平御覽》

　　號稱類書之首的《太平御覽》（以下簡稱《御覽》）卷帙多達一千卷，引用經史圖書一六八九種，保存了大量的古代圖書資料，具有很高的文獻價值，是後代學者從事校勘輯佚不可缺少的資料來源之一。

　　《御覽》成書之後，究竟有沒有立即鏤版，史無明確記錄，宋人流傳下來的相關記載當以通行本《御覽》卷首蒲叔獻的序為早，該序明言蜀刻之前有閩刻，至於其他版本則語焉不詳。清代在明本的基礎上，不斷加以改進，提高了《御覽》的雕版水平，出現了幾種版本。而《御覽》的版本有十二種之多。南宋閩刊本，舊時藏書家所稱的北宋刊本，據今人考證即南宋閩刊本。此本輾轉流傳至同治年間，陸心源以白金百兩，歸於著名於世的皕宋樓，但所存只有三五一卷。光緒末，陸氏死後，不幸，其子以十萬元之代價將皕宋樓所藏盡售於日本人，此書也隨之歸日本靜嘉堂文庫。現存《御覽》刊本，以此本為最古。南宋蒲叔獻刊本（蜀刊本），此本國內也不見，日本尚存殘卷二部，一藏於宮內廳圖書寮，一藏於京都東福寺。到明代有兩個版本：明倪炳校刻本和明活字本。清嘉慶年間有；清張海鵬刻本、清汪昌序活字本和清鮑崇城刻本。光緒年間有：廣東重刊鮑氏本和石印鮑氏本。另外有日本仿宋聚珍本。

　　1928 年張元濟到日本訪書，獲見南宋蜀刊本，遂藉以影印。蜀本所缺的，又取靜嘉堂文庫所藏的宋閩刊本殘卷和日本活字本分別補足。於 1935 年置於商務印書館出版的《四部叢刊三編》中，分訂一三六冊，這就是《四部叢刊三編》影印宋刻本。因為這本子勝於其他刊本，就成為多少年來流行的最好的版本。

1959 年臺北新興書局據四部叢刊本影印。1960 年中華書局將《四部叢刊三編》影宋本縮印，裝成四大冊出版，這就是我們現在常用的本子。1977 年臺北大化書局以宋蜀本為主，再補以日本現藏的幾種宋本，影印出版。卷前附有各冊的詳細目錄。1983 至 1986 年臺灣商務印書館景印清文淵閣四庫全書本。

關於《太平御覽》的各種版本，列述如下：

1. 明隆慶間（一五六七～一五七二）閩人饒氏等銅活字本

版匡高 20.6 公分，寬 15.4 公分。四周單邊。每半葉十一行，行二十二字，註文小字雙行，字數同。版心花口，單魚尾，魚尾上方記書名，魚尾下方記卷第，再下記葉次，版心下方偶鎸「宋板校正閩游氏全板活字印一百餘部」字樣。

卷首有小引，次有後序，署「慶元五年七月日朝請大夫成都府路轉運判官兼提學事蒲叔獻謹書」、跋署「迪功郎前閬中縣尉雙流李廷允謹跋」。國家圖書館藏一千卷一六〇冊，而國立故宮博物院藏九五〇卷一九〇冊，缺五〇卷。

2. 明萬曆元年（一五七三）倪炳刊本

版匡高 20.3 公分，寬 15 公分。四周單邊。每半葉十一行，行二十二字，註文小字雙行，字數同。版心花口，單魚尾，魚尾上方記書名「太平御覽」，魚尾下方記卷第（如「卷一」），再下記葉次。

卷首有「太平御覽小引」，次有「太平御覽總目」（乃鈔補者），再次有慶元五年蒲叔獻「后引」及李廷允「跋」（李跋亦鈔補者）。序後有「太平御覽經史圖書綱目」（其中多有鈔補者）。《皕宋樓藏書志》卷五十九著錄明刊本。國家圖書館藏一千卷二〇〇冊。

3. 明藍格鈔本

該版本版匡高 20.9 公分，寬 14.8 公分。四周單邊。每半葉十一行，行二十字，註文小字雙行，字數同。版心花口，單魚尾。《適園藏書志》卷九有著錄。國家圖書館藏一千卷一〇四冊。另一部版本版匡高 19 公分，寬 15 公分。四周雙邊。每半葉十一行，行二十字，註文小字雙行，字數同。版心白口，雙魚尾。卷末行有尾題。國家圖書館及國立故宮博物院各藏一千卷一〇〇冊。

4. 明烏絲闌鈔本

國立故宮博物院存三七九卷（卷一至卷二六、卷七二至卷八一、卷一〇一至卷一〇九、卷一二〇至卷一二八、卷一五四至卷一六三、卷一七二至卷一九〇、卷二〇一至卷二一二、卷三〇四至卷三三二、卷三八一至卷四一〇、卷四二一至卷四三〇、卷四五九至卷四八〇、卷五〇四至卷五一四、卷五二六至卷五三五、卷五四六至卷五六六、卷六一六至卷六三八、卷六七五至卷六八四、卷七〇七至卷七二〇、卷七七三至卷七八四、卷八〇三至卷八一二、卷八四七至卷八六二、卷八八四至卷九四五）四〇冊、中研院傅斯年圖書館藏一千卷一〇〇冊。

5. 明水東書屋烏絲闌鈔本

國立故宮博物院存九〇卷（卷三〇一至卷三三〇，卷三四一至卷四〇〇）九冊。

6. 清四庫全書本

網羅歷代的重要典籍三千四百餘種，一八〇冊，全書所用底本有採進本、內府本、敕撰本、通行本、進呈本、《永樂大典》本等，包背裝。國立故宮博物院藏清乾隆年間寫文淵閣本，並將該書列為國寶。

7. 日本江戶間傳鈔宋慶元間刊本

日本喜多屯直寬手校並跋，森立之手書題記，朱墨藍校。國立故宮博物院藏一千卷二〇〇冊。

8. 日本享和三年影寫宋慶元間刊本

該書一千卷、目錄十五卷，附有「太平御覽經史圖書綱目」，並有清光緒癸未（九年）楊守敬手書題識，國立故宮博物院藏一千卷一〇〇冊。

9. 清吳縣黃氏士禮居傳鈔道藏本

全幅高 22.9 公分，寬 14 公分。四周單邊。每半葉十行，行十七字，版心白口，中間記號數（如「楬二」、「楬三」、「楬四」），其下記葉次。

（清）黃丕烈手跋兩則、（清）韓應陛手跋一則，黃丕烈手跋有云：「頃從五硯樓袁氏閱所藏道藏目，見有是書，遂請借讀，因錄其副」。國家圖書館藏三

卷一冊。

10. 嘉慶十七年鮑氏仿宋刊本

扉頁刊記嘉慶十二年歙鮑氏校宋板刻十七年成，卷一鈐有文安蔡菡字犢泉閱，白文長方印。國家圖書館藏一部，國立臺灣圖書館藏一部，傅斯年圖書館藏一部，卷目四缺第九葉。

此外，國立臺灣大學圖書館藏有「清嘉慶二十二年歙縣鮑崇成刊本」一二〇冊、「清嘉慶二十三年歙縣鮑崇城刊本」一二〇冊、「清光緒十八年（一八九二）學海堂仿宋刊本」八〇冊三種；國立臺灣圖書館藏有「民國二年（一九一三）涵芬樓影印本」；國家圖書館及傅斯年圖書館各藏民國 24 年至 25 年上海商務印書館據中華學藝社借照日本帝室圖書寮京都東福寺東京岩崎氏靜嘉堂文庫藏宋刊本影印本各一部[1]。

總之，在上述數種御覽版本中，宋刊已爲希世之珍；明刊與汪氏活字本皆不易得；其較通行者爲鮑刻、重刊鮑刻、石印及聚珍四種。石印者字體過小，訛誤亦多；聚珍多據鮑刻，而鮑刻與重刊鮑刻，譌脫不少，皆非善本。

在使用《御覽》時，有兩種索引，可便於檢索。一是錢亞新編的《太平御覽索引》，民國二十三年（1934）年上海商務印書館出版。內容為篇目索引，據清鮑崇城刻本編制，用四角號碼檢字法排列，注明卷頁數；二是聶崇崎主編的《太平御覽引得》，民國二十四年（1935）北平哈佛燕京學社出版，民國五十五年成文出版社影印。內容包括「篇目引得」和「引書引得」兩部分，據清鮑刻本編制，各條目係按中國字庋擷法排列，另附筆畫及西文拼音檢字法。

1　國家圖書館特藏組編，《國家圖書館善本書志初稿》（臺北市：國家圖書館，民國 87 年 6 月）。國立臺灣大學圖書館編，《國立臺灣大學圖書館增訂善本書目》（臺北市：國立臺灣大學圖書館，民國 100 年 6 月）。國立故宮博物院善本古籍資料庫http://npmhost.npm.gov.tw/tts/npmmeta/RB/RB.html 傅圖珍藏圖籍書目資料庫http://www.ihp.sinica.edu.tw/ttscgi/ttsweb?@0:0:1:fsndb2@@0.17803919885388403　古籍聯合目錄http://rbook.ncl.edu.tw/NCLSearch

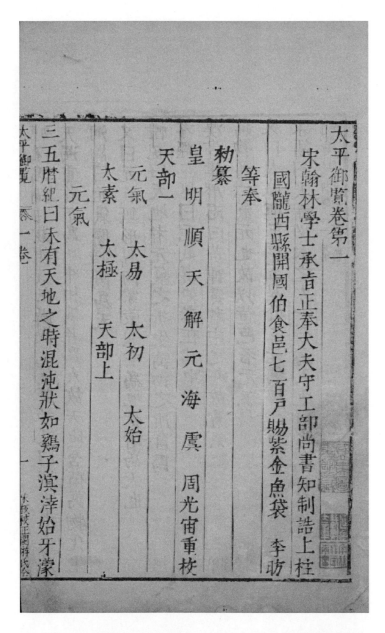

圖一　《太平御覽》明隆慶間（1567-1572）閩人饒氏等活字本
　　　　（國家圖書館藏品 07817）

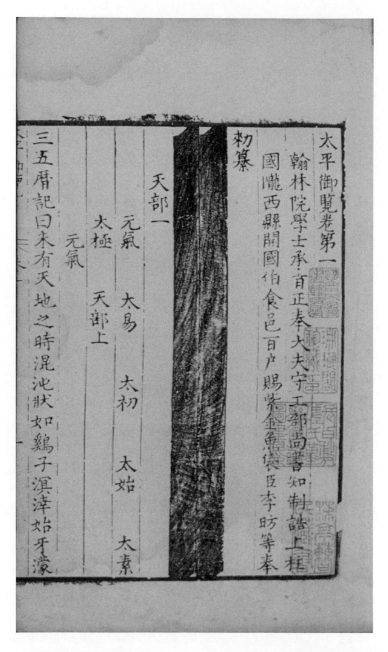

圖二　《太平御覽》明萬曆元年（1573）倪炳刊本（國家圖書館藏品 07819）

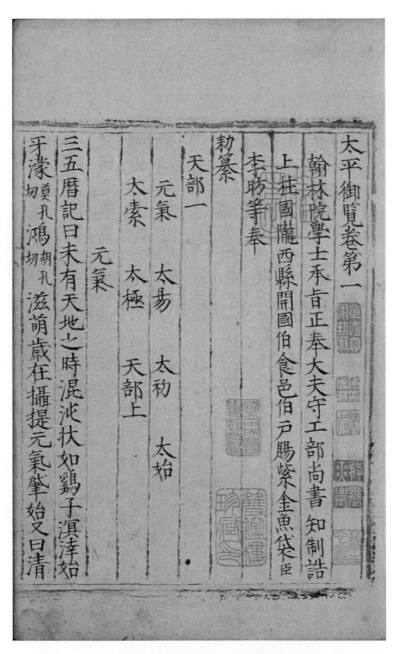

圖三　《太平御覽》明藍格鈔本（國家圖書館藏品 07821）

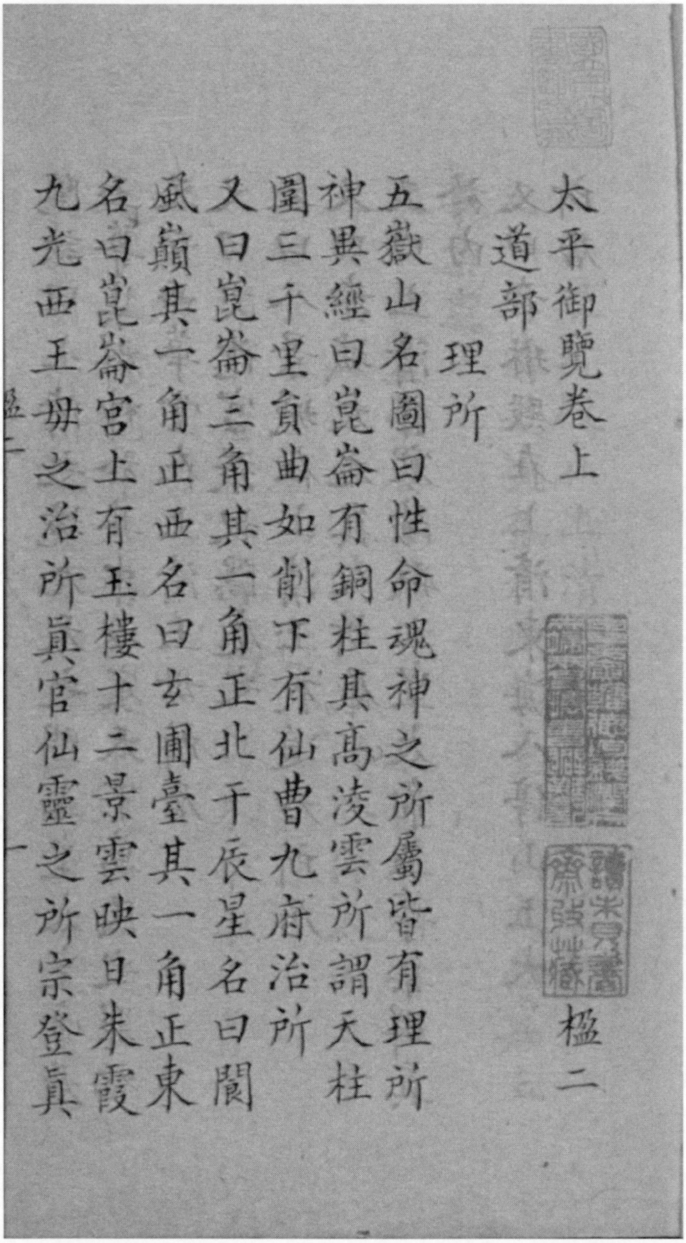

太平御覽卷上　榲二
道部
理所
五嶽山名圖曰性命魂神之所屬皆有理所
神異經曰崑崙有銅柱其高凌雲所謂天柱
圍三千里貟曲如削下有仙曹九府治所
又曰崑崙三角其一角正北干辰星名曰閬
風巔其一角正西名曰玄圃臺其一角正東
名曰崑崙宮上有玉樓十二景雲映日朱霞
九光西王母之治所眞官仙靈之所宗登眞

圖四　《太平御覽》清吳縣黃氏士禮居傳鈔道藏本（國家圖書館藏品 07826）

二、《太平廣記》

　　《太平廣記》五百卷、目錄十卷，宋太宗於太平興國二年三月，詔儒臣纂修，與《太平御覽》同時，纂者也略相同，而《廣記》於翌年八月書成進呈，較《御覽》為先。《玉海》稱宋太宗「六年召令鏤板《廣記》鏤本頒天下，言者以為非學者所急，收墨板藏太清樓[2]。」當時是已經下令刻鏤《太平廣記》，但當已經刻好的「鏤本」公諸天下時，有人提出疑義，因而暫停印行工作，所以收「墨板」於太清樓。

　　根據現有的資料，可以推測最早的《太平廣記》刻本大約在北宋末年，最晚不超過南宋時期。雖然《太平廣記》的印板在刻成後不久就被收藏起來，但北宋末年已有蔡蕃節取它的資料，編成《鹿革事類》和《文類》各三十卷[3]。可見北宋時並非絕無流傳，不過見的人很少而已。今日所見各本中「構」字還有改為「御名」之處，顯然是沿據南宋刻本，避去宋高宗趙構的名諱；南宋尤袤《遂初堂書目》中也著錄有《京本太平廣記》，也是南宋有翻刻的證據。宋人文集的舊注本中也有引用到《太平廣記》的，如皇都風月主人編的《綠窗新話》，就從《太平廣記》中節錄了許多資料，羅燁《醉翁談錄》中指出當時說話人必須「幼習《太平廣記》」。這些資料都說明《太平廣記》的刻本最早在北宋末，至遲不超過南宋，就已經出現了。至明嘉靖四十五年（1566）無錫談愷根據鈔本重刻，流傳始廣。明清時代還有明沈氏野竹齋本，明許自昌刻本，清黃晟刻本等多種。宋刻本《太平廣記》已難覓得，僅清人吳騫舊藏一明刻本，曾經陳鱣依殘宋本校過，可見宋本大致面貌。

　　《太平廣記》在明清時代曾有多種續作，但多半沒有流傳下來，現存完整的僅兩種，且規模和影響均較大，那就是明代馮夢龍的改編本《太平廣記鈔》和清代陸壽名的續書《續太平廣記》。他們一改一續，擴大了《太平廣記》的影

2　（宋）王應麟，《玉海》卷五四，元後至元 6 年（1340）慶元路儒學刊至正 11 年（1351）修本。

3　（南宋）晁公武撰，《郡齋讀書志》卷十三「小說類」，臺北：廣文，1979 年 8 月再版，頁 770-771。

響。由《太平廣記》到《太平廣記鈔》再到《續太平廣記》，構成了中國古代文言小說總集中的一個影響較大的小說文獻系列。茲略記諸本於下：

1. 明活字本

該書版匡高 20.2 公分，寬 16.2 公分。四周單編，每半葉十二行，行二十二字，版心花口，版心上方記書名卷第「太平廣記卷一」，下方記葉次。卷首有李昉所上之「太平廣記表」，次有「嘉靖丙寅（四十五年，一五六六）談愷校刊序」。

國家圖書館藏五百卷四十八冊，卷一八九至卷一九三、卷二六一至卷二六四、卷三二三至卷三二八、卷三六一至卷三六四、卷四三二至卷四三六為鈔補。國立故宮博物院存四九六卷（缺卷二百六十一至卷二百六十四）四十冊，二本之字體、行款、版式及內容均無異。

2. 明嘉靖四十五年談愷刊本

談愷，字守教，號十山，祖籍河南開封，宋室南渡時遷無錫。他嘉靖四年中舉，嘉靖五年進士。歷任戶部江西省主事、山東按察司副使，四川按察使副使、山東右參政、福建廣東左右布政使。後為嚴嵩所嫉，遭貶而致仕。談氏致仕後，賦詩刻書以自娛。《太平廣記》即其六十四歲時所刻。

該書版匡高 19.4 公份，寬 14.7 公分。木板函裝四周單邊，每半葉十二行，行二十二字，版心白口，單魚尾。魚尾下方記葉次、卷第。卷首有李昉所上「太平廣記表」，表末附「嘉靖丙寅談愷校刊序」。次為「太平廣記引用書目」。

國家圖書館存四九三卷六十冊，缺卷二六一至卷二六四、卷二八五至卷二八十七，，凡七卷，有鈔配。國立故宮博物院存五百卷四十八冊。

3. 明嘉靖間（1522－1566）談愷等校刊本

（清）孫潛朱校本。孫潛，字潛夫，一字節庵，又字節生、知節、知節君、菽園、龍溪病夫、蔚庵道人。於康熙七年即 1668 年，開始校勘宋本《太平廣記》，歷時一個多月。

該版本每半葉十二行，行二十二字，單欄，白口，黑單魚尾。有「明嘉靖四十五（丙寅）年談愷序」、「明善堂覽書畫印記」。國立臺灣大學圖書館存四八六卷四十八冊，書中有紅校，但不記姓氏。按卷三〇一至三一〇為補抄。中研

院傅斯年圖書館藏一部（五十二冊）。

4. 明長洲許自昌校刊本

許自昌（1578-1623），字玄祐，號震寰，一號去緣居士、高陽生、梅花主人。吳縣（今江蘇蘇州）人。屢試不第，1607 年，以貲為文華殿中書舍人。不久棄官回鄉，構築梅花墅，交接名流，征歌度曲，飲酒賦詩。又喜刻書，以許刻《太平廣記》而著名。

該版本版匡高 22.4 公分，寬 14.7 公分，每半葉十二行，行二十四字，左右雙欄，版心花口，單魚尾。上方記「太平廣記」，下方記刻工名：夏。正文卷端題爆明長洲許自昌玄祐甫校。表末附「嘉靖丙寅談愷校刊序」。

國家圖書館缺卷五百，四十冊，另一部存五十二冊；國立故宮博物院存二十四冊。

5. 清乾隆二十年黃氏槐蔭草堂巾箱本

黃晟，字東曙，號曉峰，又號退庵，歙縣潭渡人。僑居揚州，以鹽筴起家。晚年嗜古，多購善本刊刻。該版匡高 12.4 公分，寬 9.2 公分，每半葉十二行，行二十二字，注雙行小字數同，四周雙邊，白口，黑魚尾，上記書名，下記卷第、細目、葉數。

國立臺灣大學圖書館存五百卷、目錄十卷、六十四冊，該館另藏清嘉慶元年重刊槐蔭草堂巾箱本三十冊；中研院傅斯年圖書館藏清道光二十六年三讓睦記重刊巾箱本四十冊；國家圖書館藏清嘉慶元年天都黃晟重刊本六十四冊。

6. 清四庫全書本

四庫全書本，內容上吸收了四種談刻印本、許本、黃本的優點。黃本所補文字，四庫本也有。它究竟以何本為底本，卻無法得知。另外它略去其表序總目等，僅存《提要》一文；卷末無跋語，書心亦無卷數，使人無法方便尋檢，殊失編纂之例。

國立故宮博物院藏清乾隆間寫文淵閣本，存五百卷七十八冊，包背裝。另國家圖書館藏清文瀾閣四庫全書本，存三卷（卷三三七至卷三三九）一冊，該書版匡高 20.5 公分，寬 13.1 公分，每半葉八行，行二十一字，朱絲欄，版心花

口,單魚尾。版心上方記「欽定四庫全書[4]」。

7. 民國《筆記小說大觀》本

　　國家圖書館、中央研究院傅斯年圖書館、國立臺灣大學圖書館俱藏民國上海進步書局石印本。又臺北新興書局於民國五十一年據民國上海文明書局石印本影印,收入其《筆記小說大觀續編》中,復於同年抽出單行,其字體、行款、板式及文字與進步書局本大致相同。按郭伯恭所云文明書局本印行於民國十一年。

8. 民國上海掃葉山房石印本

　　國立臺灣圖書館藏民國十五年石印本,國立政治大學圖書館藏民國十九年石印本,其字體、行款及文字大致相同。民國四十七年臺北新興書局嘗據以翻印。

9. 民國汪紹楹點校本

　　民國四十八年北京中華書局排印出版;民國六十三年臺南平平出版社據以印行;民國六十五年、六十七年,臺北古新書局、臺北文史哲出版社也分別先後影印出版。

　　《太平廣記》為巨集篇巨著,內容豐富,儘管作品已經有了《太平廣記》引用書目、十卷《太平廣記》目錄,但查找起來也不甚方便,因此索引也就顯得非常重要了。

　　1933 年,鄧嗣禹先生編寫了《太平廣記引得》即《太平廣記篇目及引書引得》。本引得分書名與題目兩種:「書名引得」,以書為主列入各卷某條及其題目;「題目引得」,以題為主,列入卷數條數,而不再列書名。引得的排列法採戾擷法,翻檢較快,學習較易。

　　1973 年,臺北藝文印書館出版了周次吉的《太平廣記人名書名索引》。1982

4　國家圖書館特藏組編,《國家圖書館善本書志初稿》(臺北市:國家圖書館,民國 87 年 6 月)。國立臺灣大學圖書館編,《國立臺灣大學圖書館增訂善本書目》(臺北市:國立臺灣大學圖書館,民國 100 年 6 月)。國立故宮博物院善本古籍資料庫 http://npmhost.npm.gov.tw/tts/npmmeta/RB/RB.html 傅圖珍藏圖籍書目資料庫 http://www.ihp.sinica.edu.tw/ttscgi/ttsweb?@0:0:1:fsndb2@@0.17803919885388403 古籍聯合目錄 http://rbook.ncl.edu.tw/NCLSearch

年，中華書局出了《太平廣記索引》，也是分「引書索引」和「篇目索引」兩部
分。索引條目後所列數碼，斜線前是卷數，斜線後是頁數。

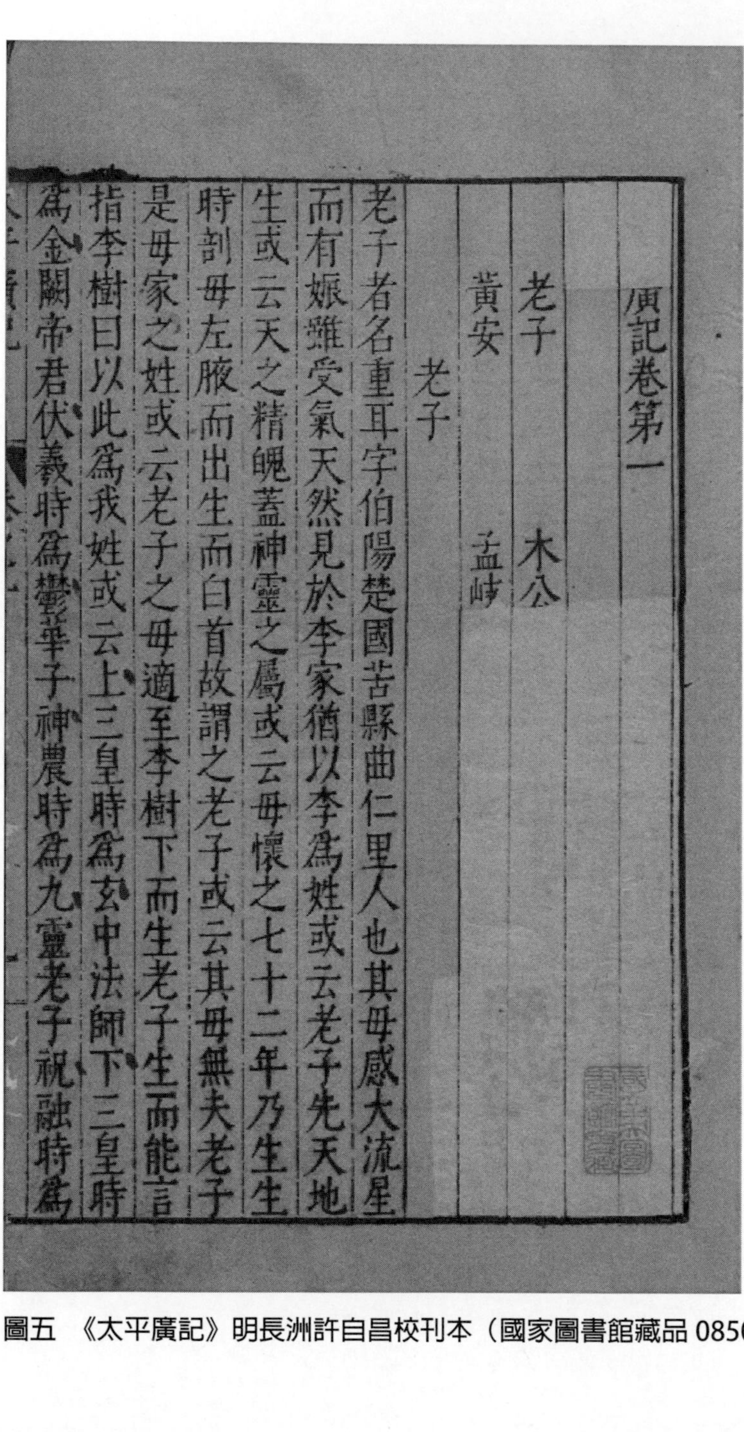

廣記卷第一

老子　木公
黃安　孟岐
　　　老子

老子者名重耳字伯陽楚國苦縣曲仁里人也其母感大流星
而有娠雖受氣天然見於李家猶以李爲姓或云老子先天地
生或云天之精魄蓋神靈之屬或云母懷之七十二年乃生生
時剖母左腋而出生而白首故謂之老子或云其母無夫老子
是母家之姓或云老子之母適至李樹下而生老子生而能言
指李樹曰以此爲我姓或云上三皇時爲玄中法師下三皇時
爲金闕帝君伏羲時爲鬱華子神農時爲九靈老子祝融時屬

圖五　《太平廣記》明長洲許自昌校刊本（國家圖書館藏品 08505）

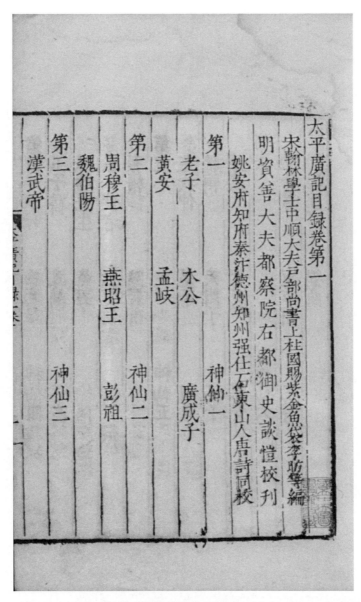

圖六　《太平廣記》明嘉靖丙寅（四十五年，1566）談愷刊本
　　　（國家圖書館藏品 08506）

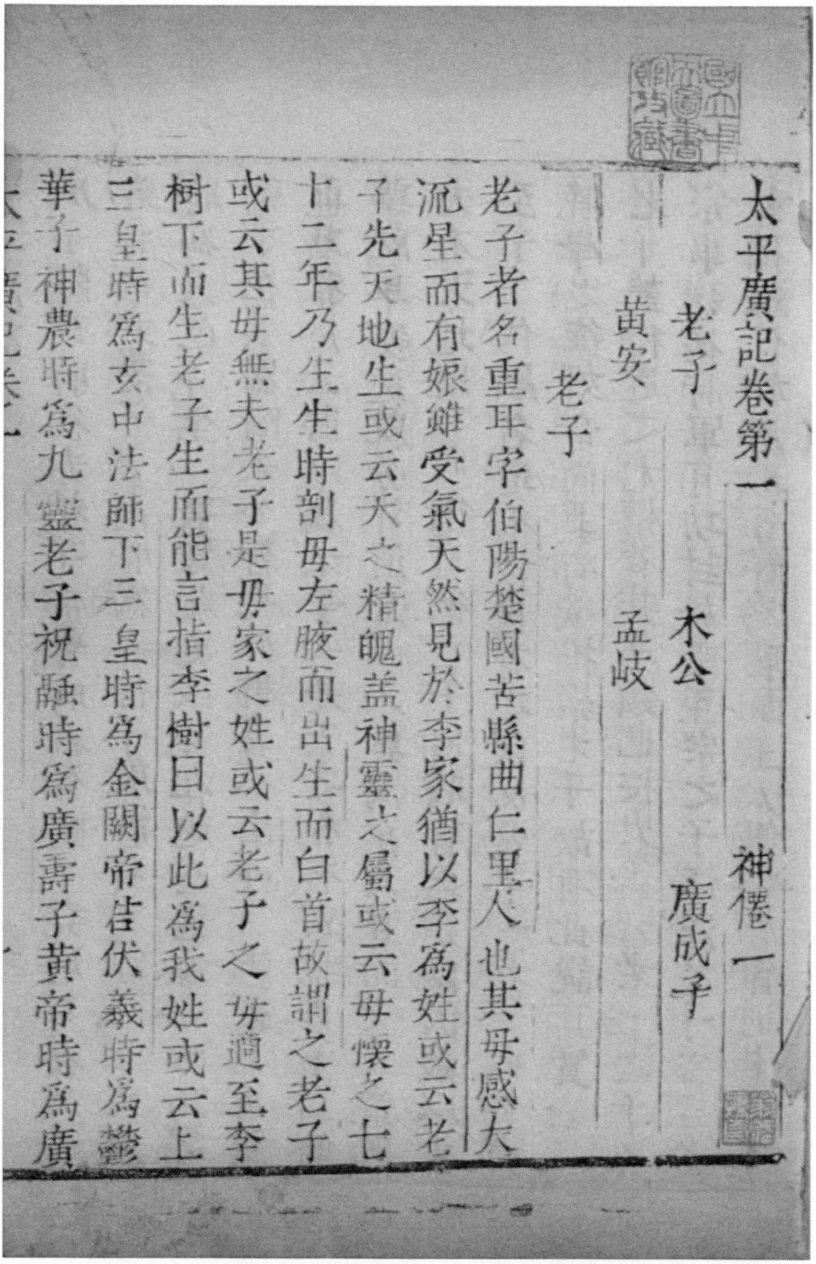

圖七 《太平廣記》明活字本（國家圖書館藏品 08508）

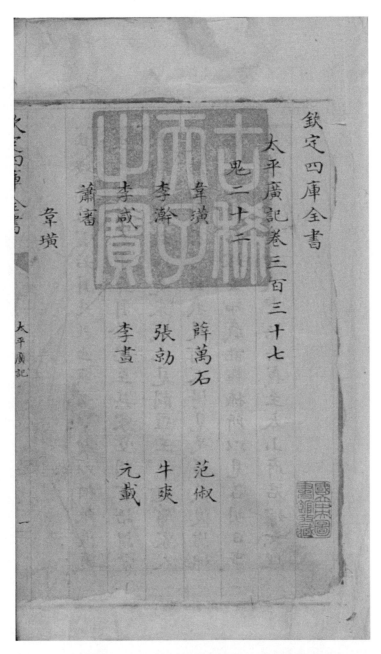

圖八　《太平廣記》清文瀾閣四庫全書本（國家圖書館藏品 08510）

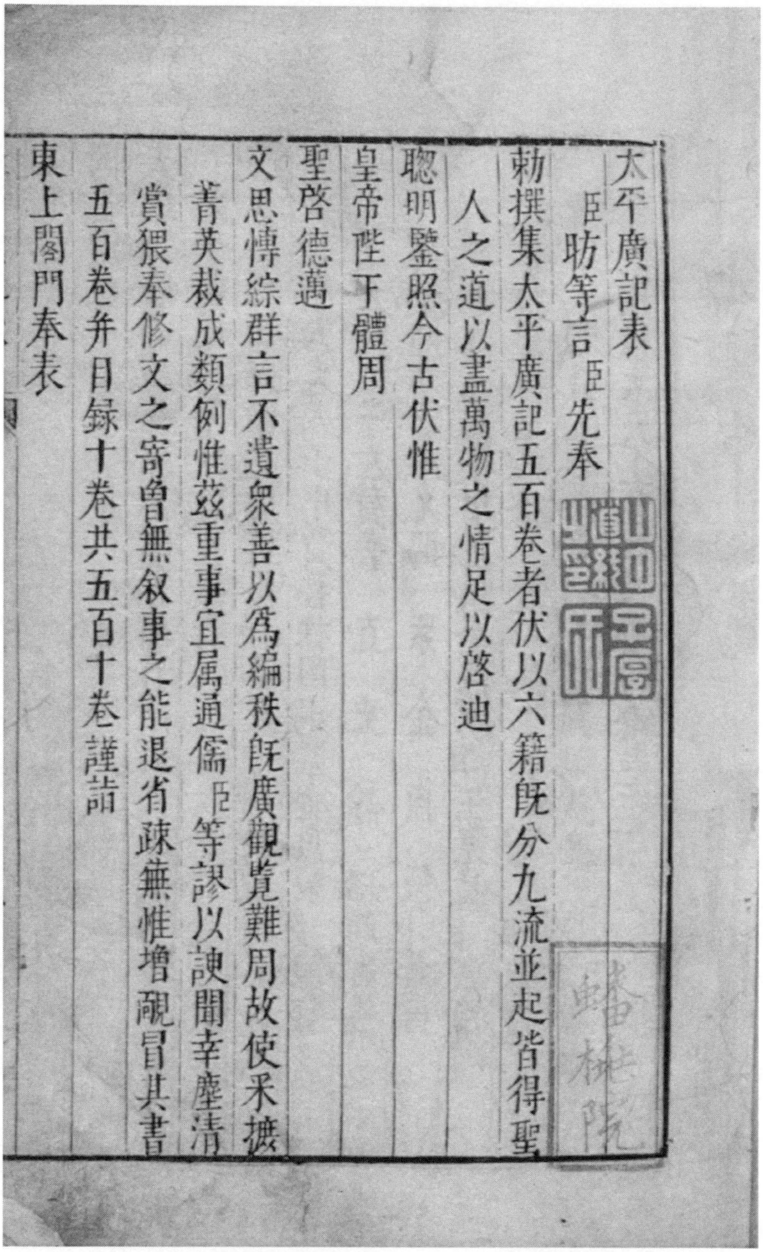

太平廣記表

臣昉等言臣先奉

勑撰集太平廣記五百卷者伏以六籍既分九流並起皆得聖

人之道以盡萬物之情足以啓迪

聰明鑒照今古伏惟

皇帝陛下體周

聖啓德邁

文思愽綜群言不遺衆善以爲編秩既廣觀覽難周故使采摭

菁英裁成類例惟兹重事宜屬通儒臣等謬以諛聞幸塵清

賞猥奉修文之寄曾無叙事之能退省踈蕪惟增觀冒其書

五百卷并目録十卷共五百十卷謹詣

東上閣門奏表

圖九　《太平廣記》明長洲許自昌校刊本（國家圖書館藏品 08511）

三、《文苑英華》

　　《文苑英華》是唐前及唐代詩文的總集，它與《太平御覽》、《太平廣記》和《冊府元龜》這二部類書構成了宋代四大官修書。《文苑英華》成書於宋代，其版本源遠流長。

　　《文苑英華》是奉詔修書，雖經多次校勘，然並未刊行於世。在考據學盛行的清代，學者們已經斷定，北宋沒有《文苑英華》的刻本。宋初《文苑英華》於雍熙二年（987）編撰時為一千卷。編輯成書以後，真宗景德四年（1007）組織館臣校勘過，但卷數沒有變化。到了真宗祥符一年（1009），真宗「又令工部侍郎張秉、給事中薛映、龍圖閣待制戚綸、陳彭年校之」。然而，這兩次校勘的結果，卻被一場意外的宮廷火災全部燒毀。由此看來，宋代《文苑英華》只是未及刊行的未定寫本。直到慶元元年（1195）時，才由退休的右丞相周必大、鄉貢進士彭叔夏、登仕郎胡柯共同校勘成為定本，雕板印刷，即周必大吉州刻本，為宋代唯一的刻版。此種宋版《文苑英華》，南宋嘉泰四年（1204）刊行，今天能見到的宋本即此版。

　　在南宋周必大吉州刻本以後，元代到明代中期沒有刊本出現。但在一定範圍內流傳著周必大宋版的明抄本。據凌朝棟先生在《文苑英華研究》中統計，源于宋版的明抄本有舊抄本、藍格明抄本、明抄本百衲本、明抄本、周叔弢藏明抄本等，存世達十六種之多，其錯誤也越抄越多。之後出現了明刻本，有明初刻本、源于初刻本的明遞修本、明初刻清人校勘本、源於明初刻本的抄本等。由於多次傳抄，且依據的版本不同，在行格上就發生了變化，而且刪除了原宋版前宋白及卷後胡柯、彭叔夏的銜名。在明刻本之後又出現了六、七種依據明刻本或明抄本如《文苑英華選雋》、《文苑英華鈔》等選刻本。茲略記諸本於下：

1. 宋刊本

　　蝴蝶裝。該書版匡高 22.2 公分，寬 16 公分。每半葉十三行，行二十二字，左右雙欄，版心白口，單魚尾。上記字數，中題書名卷數，下署刻工名。卷末

有「景定元年十月廿五日裝背臣王潤照管訖」木記一行。書末附葉黏有傅增湘民國二十八（己卯）年手書題記一紙，其云：「宋刊文苑英華自二百七十一卷至二百八十卷止，凡十卷共一百葉，取隆慶刻本對校凡補正一千一百八十一字，頃荷澤民兄假閱因記此歸之己卯冬至日」。中研院傅斯年圖書館存十卷（第二七一至二八〇卷）一冊。

2. 舊鈔本

　　該書全幅高 27.2 公分，寬 17.2 公分。每半葉十一行，行二十字。首卷首行頂格題「文苑英華卷第一」，同行下方記「賦一」，第二行至第六行列篇目。卷末有尾題，每卷末並有「登仕郎胡柯鄉貢進士彭叔夏校正」一行。書根題書名簡稱（「文苑」）、類別和十干（甲、乙、丙……）、序號。卷首鈔錄「纂脩文苑英華事始」。書末有王時舉之刻書記。國家圖書館藏一千卷一百冊。

3. 明鈔本

　　包角線裝。該書版匡高 21.4 公分，寬 15.5 公分。每半葉十三行，行二十二自。四周單邊，無行欄，版心白口。書中有前人朱墨筆批校。每卷卷末有「登仕郎胡柯鄉貢進士彭叔夏校正」。國立故宮博物院存九百零九卷九十一冊，缺卷一至卷七十，卷九十一至一百，卷八百三十一，卷九〇一至九一〇，凡九十一卷。

4. 明隆慶元年胡維新等福建刊本

　　該書版匡高 20.8 公分，寬 15.6 公分。四周單邊，每半葉十一行，行二十二字。版心花口，單白魚尾。上方記書名「文苑英華」中間記卷第，下方記葉次，再下方記刻工名。

　　首卷首行頂格題「文苑英華卷第一」，同行下方文記類別，如賦一，第二行起至第六行為首卷之目錄。卷末末一行有尾題。書根題冊次、書名和類別。卷首有隆慶元年（1567）塗澤民撰「刻文苑英華序」，次同年胡維新又撰「刻文苑英華序」。次列刊刻官署、督工司、贊畫生員姓名，凡四十一人。次為「纂修文苑英華事始」。《善本書室藏書志》卷三十八著錄「隆慶閩中刊本」。國家圖書館藏一千卷一百一冊。

　　國家圖書館藏又一部一千卷一百二冊，此書與上一部為同版本，內容亦相同。文中有朱、黃、藍三色筆之批校，朱筆為彭叔夏校，各卷卷末皆署「登仕郎胡柯鄉貢進士彭叔夏校正」;藍筆為范坦之批校，書末署「戊戌歲之四月五日林川泊蓭范坦履平氏校勘於虞東鏡古齋中，時立夏之前二日也」。朱校先於藍校。各卷卷末記錄校對之日期。書末首有朱、藍二筆錄張時舉之跋;次吳中手書文苑英華後敘，并附「吳/中」朱文方印、「亦/清」白文方印、「博/溪」白文方印。又次有乾隆二十七年（1762）金榗手書題跋，附「金榗」白文長方印、「石/泉」朱文方印。

　　國家圖書館藏又一部一千卷一百一冊，此書又與前三部屬同一版刻，內容、字體和斷版均相同。書根題卷目，類別和各類之下之門類。

　　國家圖書館藏又一部一千卷一百六十冊，此書之卷首塗澤民序和胡維新序、纂修文苑英華事始、刊刻、督工者，以及目錄皆鈔補。另計一百八十九卷，三十六葉悉為鈔配。刷印模糊則以朱筆填補。

　　國家圖書館藏又一部存九百九十二卷一百十九冊，此書不完整，缺卷一百七十四至卷一百八十一，共八卷。書根題冊數、書名、類別以及各類之下諸門名目，文中有朱筆批校，偶有墨筆圈校。

　　國立故宮博物院藏該書一千卷九十六冊，另藏一部「日本烏絲欄傳鈔明隆慶元年刊本」一千卷一百六十一冊。國立臺灣大學藏「明隆慶元年（一五六七）福建御史胡維新校刊本」一千卷二百冊。該書版匡高 21.3 公分，寬 15.8 公分。每半葉十一行，行二十二字，注雙行小字數同，四周單邊，白口，白魚尾。上方記書名，下方記卷幾、葉數，板心下記刻工姓氏。卷三五五至卷三六三為補鈔。

　　中研院傅斯年圖書館藏「復刻明隆慶元年刊本」一千卷一百二十冊。該書每半葉十一行，行二十二字。首有明隆慶元年塗澤民序，胡維新序，纂脩文苑英華事始。卷末殘損有鈔配。

5. 明藍格鈔本

　　該書版匡高 21.2 公分，寬 16.7 公分，每半葉十三行，行二十二字。單欄，

版心白口，單魚尾。正文卷端題文苑英華卷第一。國家圖書館藏一千卷一百二十冊。

6. 明藍格鈔本配補宜祿堂鈔本

包背裝。該書版匡高 22.8 公分，寬 16.5 公分。四周雙邊，每半葉十三行，行二十二字。版心黑口，雙魚尾。魚尾相向。部分書葉二魚尾之間記書名，簡稱「文苑」和卷第，下方記葉次。部分書葉中縫有題「南山」和「宜祿室」等字樣。卷端首行頂格題「丈苑英華卷第十一」，稍下方亦記類別。書根簡稱書名「文苑」以及類別。舊書衣題書次和卷次，新書衣有時亦題書名、卷次。卷首有全書之目錄，詳細之篇目和撰者姓名置於各卷正文前。部分卷第之卷末有今人傅增湘之手書校記，如卷九百題「己卯六月十入日沅叔校過」，附印二印記；卷一千卷末題「己卯七月十九日藏園老人參校畢」印記如前。《藏園群書題》卷八，葉一即著錄此本。

國家圖書館僅存八百七十卷、八十八冊。缺卷一至卷十、卷一百七十一至卷一百八十、卷二百○一至卷二百二十、卷七百三十一至卷七百四十、卷七百七十一至卷八百、卷八百四十一至卷八百五十、卷九百二十一至九百四十、九百五十一至卷九百六十、卷九百八十一至卷九百九十，凡一百三十卷。

7. 明蕙花草堂藍格鈔本

該書版匡高 20.9 公分，寬 14.9 公分。四周雙邊，每半葉十二行，行約三十六字。版心上方記「蕙花艸堂」四字。卷端首行即正文始。首篇為唐劉元濟之「天賦」。書根題冊次和書名。卷首無任何序跋和目錄，但襯五張空白葉。文中偶有朱、藍筆點校。稍有破損和漫漶之書葉。國家圖書館存不分卷十三冊。

8. 清四庫全書本

包背裝。國立故宮博物院藏清乾隆間寫文淵閣本一千卷二百六十八冊，已列入國寶[5]。

---

5 國家圖書館特藏組編，《國家圖書館善本書志初稿》（臺北市：國家圖書館，民國 87 年 6 月）。國立臺灣大學圖書館編，《國立臺灣大學圖書館增訂善本書目》（臺北市：國立臺灣大學圖書館，民國 100 年 6 月）。國立故宮博物院善本古籍資料庫 http://npmhost.npm.gov.tw/tts/npmmeta/RB/RB.html 傅圖珍藏圖籍書目資料庫 http://www.ihp.sinica.edu.tw/ttscgi/ttsweb?@0:0:1:fsndb2@@0.1780391988

　　此外，清代由於流傳下來的各種明刻本、明抄本和選本存世較多，清代沒有原本刻本。只有源於明刻本的清代選抄本，如《文苑英華詩抄》等；源於明刻本的清代選刻本，如《文苑英華律賦選》四卷，清康熙二十五年吹黎閣銅活字印本。

　　當代所印《文苑英華》有四種：一是源于宋版參配明刊的中華書局影印本。1966 年五月，中華書局用宋刊殘本一四〇卷、明刊本八六〇卷配齊影印，校正了原書的一些錯誤。同時，還收入彭叔夏的《文苑英華辨證》十卷和勞格的《文苑英華辨證拾遺》。主要是以明刊本為主，補配宋版的方式影印。二是源於明代初刻本的臺灣華聯出版社影印本。1965 年，華聯出版社、國家圖書館、臺灣大學圖書館等據其所藏隆慶元年刊本影印。三是香港中文大學宋版影印本。1974 年，香港中文大學中國古典書籍出版委員會宋刻蝴蝶裝影印本。四是 1983 年至 1986 年臺灣商務印書館據清文淵閣四庫全書本影印。

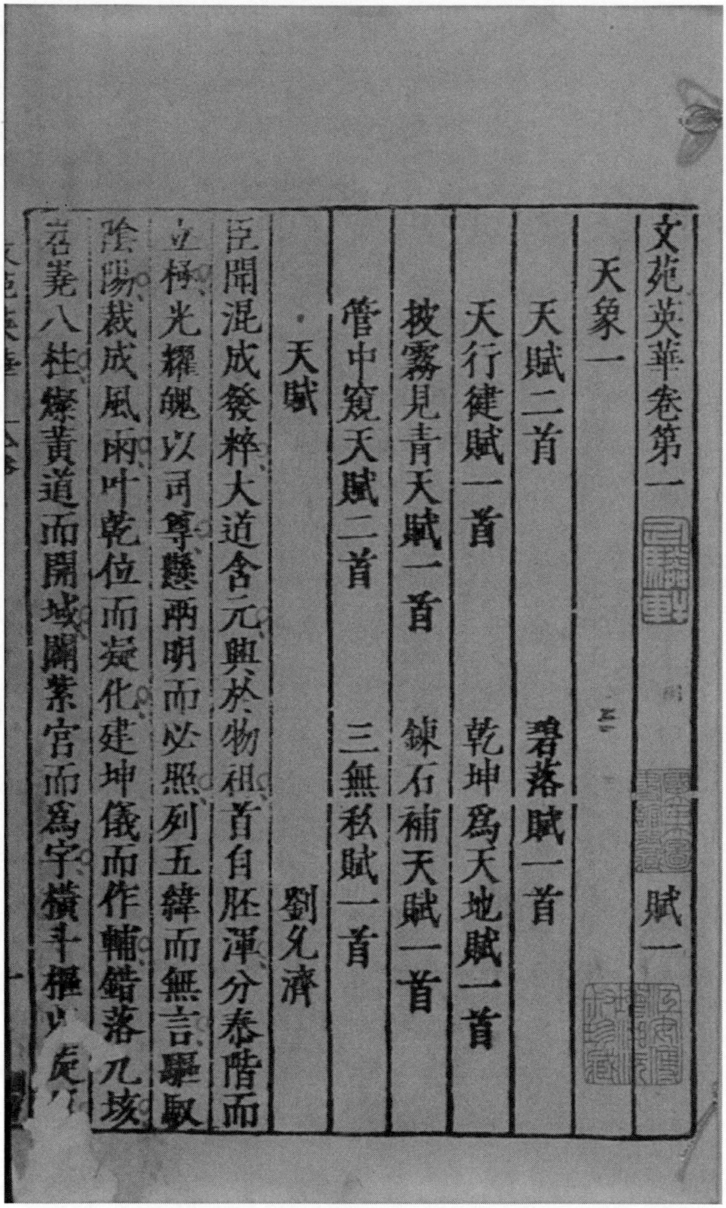

圖十 《文苑英華》明隆慶元年（1567）胡維新等福建刊本
（國家圖書館藏品 13627）

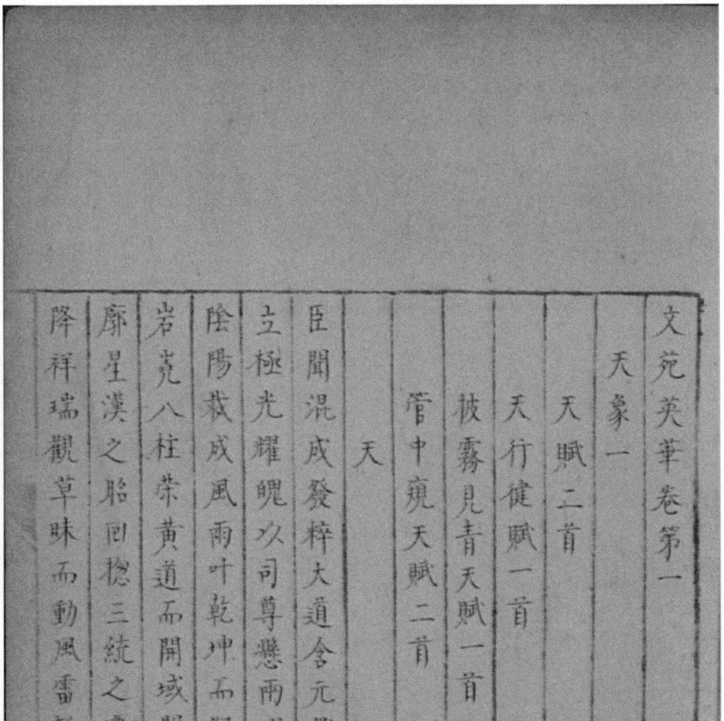

降祥瑞觀草昧而動風雷托璇樞之妙術應玉管之浮灰
廓星漢之胎回揔三統之遠易來五運之遞奏察文明而
岩嶢八柱祭黃道而開域闢紫宮而為字橫斗柄以旋運
陰陽裁成風雨叶乾坤而凝化建乾儀而作輔錯落九垓
立極光耀覷以司尊懸兩明而必照列五緯而無言驅馭
臣聞混成發粹大道含元興於物祖首自躬渾分泰階而

天　　　　　　　　　　　　　　劉允濟

管中窺天賦二首　　　　　　　三無私賦一首

被霧見青天賦一首　　　　　　鍊石補天賦一首

天行健賦一首　　　　　　　　乾坤為天地賦一首

天賦二首　　　　　　　　　　碧落賦一首

天象一

文苑英華卷第一　　　　　　　　　　　　　　賦一

圖十一　《文苑英華》明藍格鈔本（國家圖書館藏品 13632）

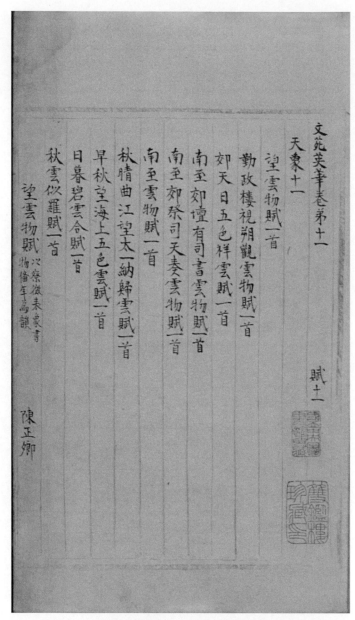

圖十二　《文苑英華》明藍格鈔本配補宜祿堂鈔本
（國家圖書館藏品 13633）

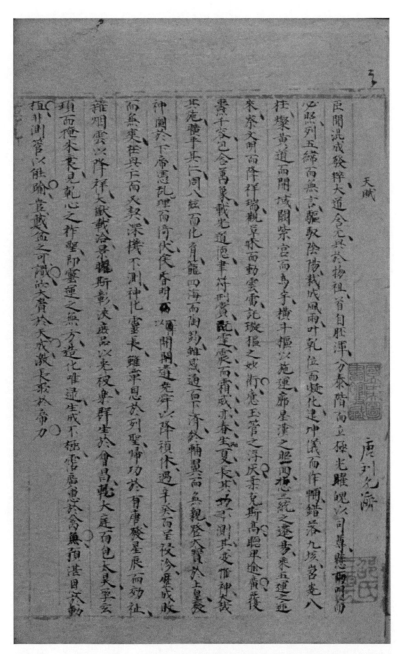

圖十三 《文苑英華》明蕙花草堂藍格鈔本（國家圖書館藏品 13634）

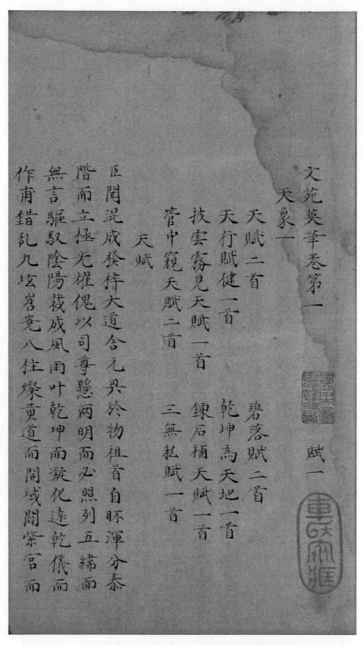

圖十四　《文苑英華》舊鈔本（國家圖書館藏品 13636）

四、《冊府元龜》

　　《冊府元龜》修成後，其刻版發佈據《玉海》記載，在大中祥符八年十二月乙丑，王欽若就向宋真宗獻上了版刻本的《冊府元龜》[6]，這也就是《冊府元龜》被人們稱之為最早的官刻祥符本。可惜的是，祥符刻本至今未見。

　　《冊府元龜》首次刻印後，北宋整個一代流布的可能也只有祥符初刻本，因為從文獻記載看，還未見到有其他刻本的記錄。它的流布首先是從朝廷內部開始，逐漸流入社會的。據《玉海》記載，宋真宗在「天禧四年閏十二月癸丑（舊曆七日），賜輔臣各一部」；宋仁宗景佑「四年二月甲子（二十一日），賜御史台[7]」。到了宋哲宗時，在北宋的書市上，就可以買到《冊府元龜》了。

　　在南宋時期，地方刻書迅速發達，其中福建和四川兩地的刻書非常有名，即為人們常說的閩刻本和蜀刻本。據 1988 年中華書局出版的宋本《冊府元龜》「影印說明」，《冊府元龜》在福建有刻本，應當是推論，缺乏直接的證據。我們能說的就是，南宋流布的《冊府元龜》，在今天還能見到的有兩刻：一是每卷題為「《新刊監本冊府元龜》卷第幾」的刻本，每半頁有十三行，每行二十四字，白口，左右雙邊。在清代嘉慶、道光年間，有殘存的九卷被發現藏於愛日精廬，後又遺失一卷，現存八卷為中國國家圖書館收藏。二為眉山刻本，人們一般認為是南宋中期所刻，版頁十四行，每行二十四字，題頭沒有「《新刊監本冊府元龜》卷第幾」的字樣。原藏於清代陸心源之皕宋樓，現分藏於日本靜嘉堂文庫、中國國家圖書館、北京大學圖書館、國立故宮博物院，共存五百八十八卷，其中有重出十五卷。這兩刻本之殘卷，已有中華書局於 1988 年合併影印出版，就是我們看到的《宋本冊府元龜》。

6　（宋）王應麟，《玉海》卷五四「藝文·景德冊府元龜」，有注語云：「祥符八年十二月乙丑，欽若等奏上版本。宴編修官，上作詩一章，賜令屬和」，元後至元 6 年（1340）慶元路儒學刊至正 11 年（1351）修本。

7　（宋）王應麟，《玉海》卷五五「藝文·景佑賜冊府元龜」，元後至元 6 年（1340）慶元路儒學刊至正 11 年（1351）修本。

　　到了明代，讀書人能見到宋版《冊府元龜》已經是一件很困難的事情了。藏書家擁有的，主要是一些傳抄本，即使是這樣的傳抄本，在明代也是十分難得，「經生家鮮有獲窺全貌者，即有一二抄帙，非訛謬於亥豕，即殘闕於蠹魚[8]。」足見其流布也極其有限。直至明末，文翔鳳尋求《冊府元龜》，並於萬曆四十八（1620）年，從楊慎那裏得到了經過整理的抄本，但發現此本仍然是「極冗、極訛、極參差、極脫落」。是年，文氏視學山西，同行者有黃國琦，並邀請黃共同校訂。後來在天啟六年（1626）年，文氏丁憂回家，黃國琦獨立擔當，歷盡艱辛，尋求各地抄本，先後得到與借閱了十家抄本參校，並得到陳龍正等九十多人的幫助覆勘，於崇禎十四年（1641），歷時二十年完成。1642 年，黃國琦任福建建陽知縣，得到本省巡按李嗣京、建南道胡維霖的資助，二月在建陽開始製版，十月完成刊印。至是，明刊本《冊府元龜》問世。此為以後《冊府元龜》逐漸向社會擴大其流布範圍，奠定了版本基礎。

　　在清代，《冊府元龜》似乎沒有重刻，僅有補版。一是順治十七年（1660），黃國琦家遭受火災，書版多有散失，到康熙十一年（1672），黃國琦的侄子黃九錫進行補綴，並重印。二是乾隆三十三年（1768），黃氏書版在吳門出售，為書商王鳴勝購得。此時的書版已經失去百數十篇，蠹蝕霉缺者不可勝計，經過了又一次的補刻和增修，進行了重印。這兩次重印後的《冊府元龜》已經和崇禎刻本文字不同了。陳垣先生《序》稱：「此書自明以來，只有一刻，康、乾而後，雖有補版，實同出一源，非有二刻。」可謂卓見。因此，清代見到的《冊府元龜》版本，是補明本後所印。

　　儘管《冊府元龜》經過黃國琦等人的艱辛努力，在明末後，有了較為完整的《冊府元龜》版本，但由於其篇幅巨大，卷軼浩繁，價格昂貴等，致使讀書人不易擁有，故清代的士人能見到者，也不是很多，其在社會中流布之範圍也不宜樂觀。

　　1960 年中華書局為了給學者提供學術研究資料，經過調查，以明崇禎黃國

8　（宋）王欽若等纂修，《冊府元龜》之「揭帖二」，（景印文淵閣四庫全書，臺北市：臺灣商務，1983－1985 年）。

琦初印本為主，參用中國國家圖書館等四部較好的印本，並用宋殘本增補了其中的脫漏之條，在其年六月出版了《冊府元龜》影印本，即今通行本。近人張元濟先生曾陸續在國內外借照五四六卷，並由商務印書館製版打成清樣。1990年大陸中華書局影印出版的《宋本冊府元龜》即以商務印書館張元濟所獲殘卷紙型為基礎，並補足國內未照三一八卷而成。1966年臺北清華書局據明崇禎十五年李嗣京刻本影印，1967年臺灣中華書局據明刻初印本影印，1983年至1986年臺灣商務印書館據文淵閣四庫全書本影印，1984年臺北大化書局據明崇禎十五年刻本影印。後來，南京大學古典文獻研究所，以明本為底本，參校宋本、其他明本，歷經十三年，於2006年十二月由鳳凰出版社出版點校本《冊府元龜》。此本問世，可以說是迄今為止，是對《冊府元龜》版本的一次最大規模的整理，並廣泛利用經書、正史、政書、諸子、總集等進行了他校，同時也編制了《人名索引》，是一個全新的整理本，極大地改善了《冊府元龜》沒有善本的狀況，為人們提供了可以信從的定本，必將進一步充分擴大它的流布範圍，大大改變今後人們利用與研究《冊府元龜》的深度和廣度。茲略述諸本如下：

1. 南宋蜀刊小字本

國立故宮博物院藏三部，皆列入重要古物。

第一部存八十卷十六冊，蝴蝶裝。版匡高19公分，廣12.5公分，每半葉十四行，行二十四字。左右雙欄，版心白口，單魚尾。中縫中記「冊府」（或「冊」、「府」、「元」）與卷次，下記葉次。偶有朱圈標記。存卷六至卷十、卷四一至卷四五、卷五六至卷六〇、卷二七一（缺葉一）至卷二七五、卷三四一至卷三四五、卷三五六至卷三七五、卷三八六至卷三九〇、卷三九六至卷四〇〇、卷四一一至卷四一五、卷四五六至卷四六〇、卷四七一至卷四七五、卷四九一至卷四九五、卷五八六至卷五九〇。

第二部存五卷五冊，線裝。版匡高19公分，廣12.5公分，每半葉十四行，行二十四字。左右雙欄，版心白口，單魚尾。中縫中記「冊府」（或「冊」、「府」）與卷次，下記葉次。存卷六一一（缺葉一前半葉）至卷六一五。

第三部存二卷二冊，第一冊線裝、第二冊蝴蝶裝。版匡高19公分，廣12.5

公分，每半葉十四行，行二十四字。左右雙欄，版心白口，單魚尾。中縫中記「冊府」（或「冊」、「府」）與卷次，下記葉次。存卷二百五十（殘葉一葉）、卷三〇七、卷四八四（殘葉）、卷四八五（殘葉）

2. 明等身書舍藍格鈔本

該書版匡高 22 公分，寬 15.7 公分。四周雙邊。每半葉十行，行二十四字，註文小字雙行，字數同。版心白口，版心下方偏右鐫有「等身書舍藏冊府元龜」。

卷首題名「新刊監本大字冊府元龜」，正文卷端題燺臣王欽若等奉纂。卷末有尾題，卷首有「冊府元龜考據」，署「李嗣京述」。其後有鈔書題跋一則。國家圖書館藏一千卷二百四十冊。

3. 明藍格鈔本

該書版匡高 24.7 公分，寬 16.2 公分。四周雙邊。每半葉十三行，行二十五字，註文小字雙行，字數同。版心花口，單魚尾，版心上方鐫書名「冊府元龜」。卷首題名「新刊監本大字冊府元龜」，正文卷端題燺臣王欽若等奉纂。卷末有尾題，卷首有「新刊監本冊府元龜目錄」。《皕宋樓藏書志》卷五十九著錄明鈔本。國家圖書館藏一千卷二百二冊，國立故宮博物院藏一千卷二百冊，有註記原題名為「明鈔本冊府元龜」。

4. 明烏絲闌鈔本

該書每葉十三行，行二十四字。卷首題名「新刊監本大字冊府元龜」。中研院傅斯年圖書館藏一千卷、目錄十卷、二百二冊。

5. 明崇禎十五年匡山黃國琦刊本

該書每半葉十行，行二十字。國立故宮博物院藏有三部，第一部藏一千卷、二百四十冊；第二部藏一千卷、考據一卷、目錄十卷、二百六十冊；第三部存九百卷、目錄十卷、二百七十一冊，缺卷七〇一至卷八〇〇。

國家圖書館存七百一十一卷、一百六十二冊，缺卷七一二至一〇〇〇。

國立臺灣大學圖書館藏「明崇禎十五年刊清康熙十一年修補本」一千卷、目錄十卷、三百二十冊。該書版匡 19.4 公分，寬 14.4 公分。每半葉十行，行二十字，注雙行小字數同，四周單邊，白口。上記書名、部名，中記卷數，下記

葉數。

　　該館另藏一部「明崇禎十五年刊清乾隆十九年一嘯堂補刊本」二百八十八冊，卷數及板刻、行款同前。另一部缺卷十四至三十六、卷五十八至七十七、卷六一五至六一九、卷六二三至六二八、卷七一六至七三〇、卷七四八至七七〇、卷九六一至九七四，共二百六十四冊，板刻、行款同前。

6. 清康熙十一年（1672）五繡堂刊本

　　該書每半葉十行，行二十字。首有文翔鳳序，明崇禎十五（壬午）年黃氏自序。國家圖書館藏一千卷、目錄十卷、二百四十冊，中研院傅斯年圖書館同藏一千卷、目錄十卷、二百四十冊。另藏清道光二十六年重修明西極文氏刊本一千卷、四百冊。

7. 清四庫全書本

　　包背裝。國立故宮博物院藏清乾隆間寫文淵閣本一千卷三百三十六冊，已列入國寶[9]。

9　國家圖書館特藏組編，《國家圖書館善本書志初稿》（臺北市：國家圖書館，民國 87 年 6 月）。國立臺灣大學圖書館編，《國立臺灣大學圖書館增訂善本書目》（臺北市：國立臺灣大學圖書館，民國 100 年 6 月）。國立故宮博物院善本古籍資料庫 http://npmhost.npm.gov.tw/tts/npmmeta/RB/RB.html 傅圖珍藏圖籍書目資料庫 http://www.ihp.sinica.edu.tw/ttscgi/ttsweb?@0:0:1:fsndb2@@0.1780391988 5388403 古籍聯合目錄 http://rbook.ncl.edu.tw/NCLSearch

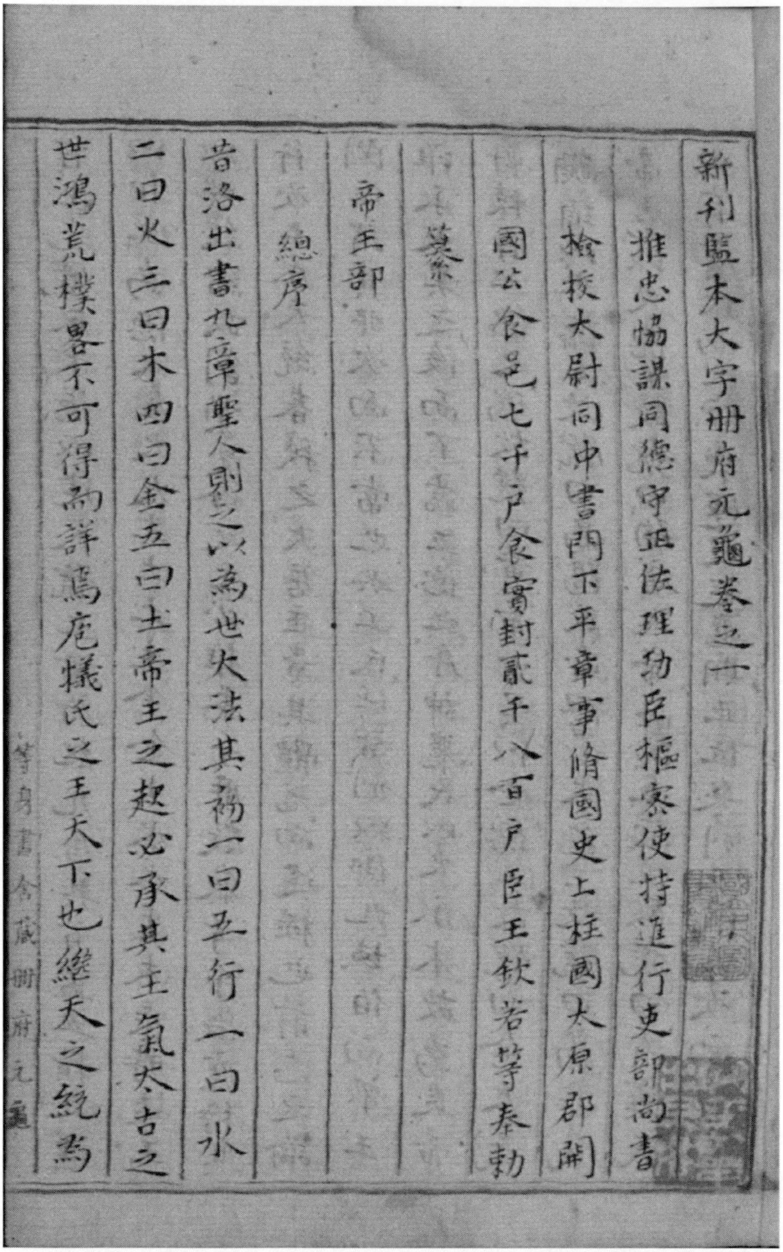

圖十五 《冊府元龜》明等身書舍藍格鈔本（國家圖書館藏品 07831）

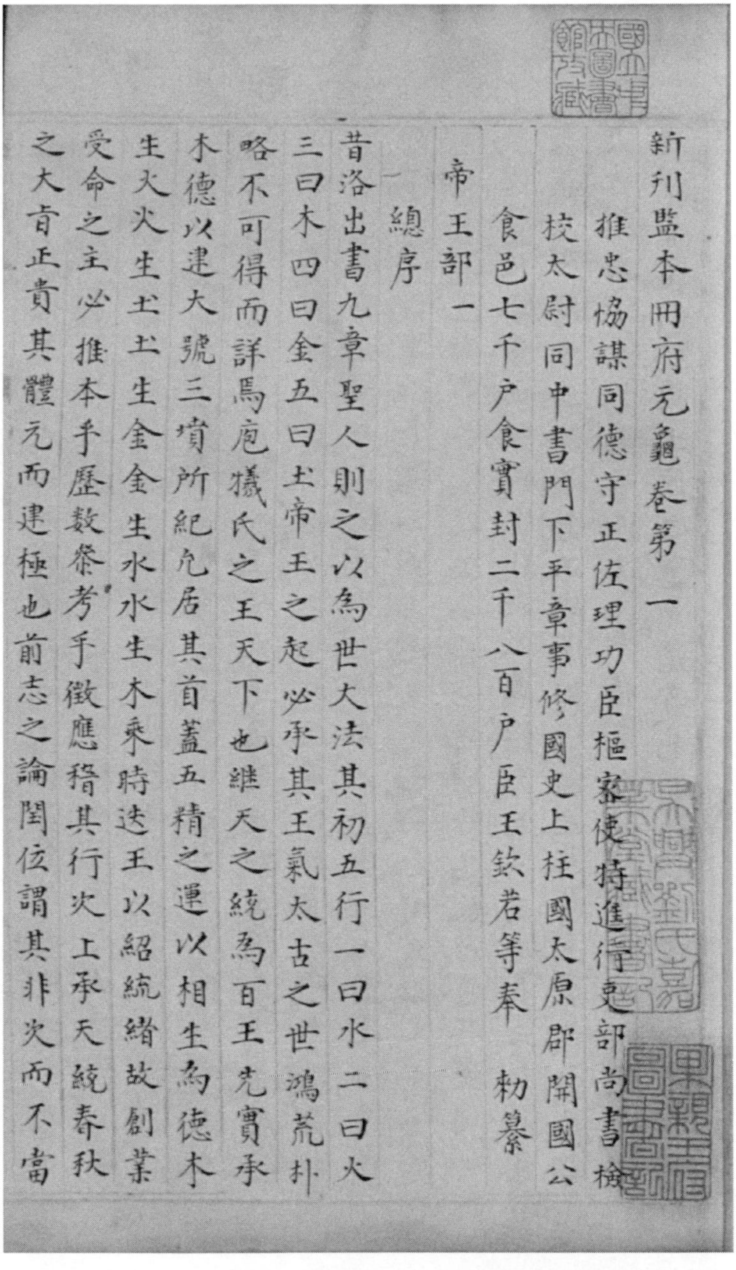

新刊監本冊府元龜卷第一

推忠協謀同德守正佐理功臣樞密使持進通奉部尚書檢

校太尉同中書門下平章事修國史上柱國太原郡開國公

食邑七千戶食實封二千八百戶臣王欽若等奉　勅纂

帝王部一

　總序

昔洛出書九章聖人則之以為世大法其初五行一曰水二曰火

三曰木四曰金五曰土帝王之起必承其王氣太古之世鴻荒扑

略不可得而詳焉庖犧氏之王天下也繼天之統為百王先實承

木德以建大號三墳所紀凡居其首蓋五精之運以相生為德木

生火火生土土生金金生水水乘時迭王以紹統緒故創業

受命之主必推本手歷數條考手徵應稽其行火上承天統春秋

之大旨正貴其體元而建極也前志之論閏位謂其非次而不當

圖十六　《冊府元龜》明藍格鈔本（國家圖書館藏品 07832）

第五章　宋代「四大書」的學術價值

　　北宋初年（977），太宗皇帝召集前朝各國文臣儒士，對原十國所得的數萬冊圖書進行編輯整理，連續編成了幾大部書；按成書的順序有小說類編《太平廣記》，百科類書《太平御覽》，文章分類彙編總集《文苑英華》。後來宋真宗又編成一部政事歷史的專門類書《冊府元龜》。後人統稱為宋代「四大書」。

　　《太平御覽》是一部綜合型類書。它在其類目中每條引證都先寫書名，後錄原文，按時代先後順序排列。所採多為經史白家之言，小說和雜書引的較少。它引書廣博，據統計為二五七九種，是現存古類書中保存五代以前文獻，古籍最多的一部。它取材十分廣泛，是現存古類書中保存五代以前文獻、古籍最多的一部，對於校勘古書，學術研究都有較高的參考價值。更由於它所引用的古書，十之七八今已失傳，後人看不到原書，卻可以從它那裏尋找斷編殘簡，因此做輯佚工作的人更把它當做寶山。對於校勘古書，學術研究有較高的參考價值。

　　《太平廣記》是小說總集，也可視為專科型的類書。所引錄的古書，後世多半已經失傳。許多珍貴的古小說及其他文獻資料，正是由於《太平廣記》的引錄才能保存至今。另外，《太平廣記》所輯雖是小說，且多涉怪異，但其中許多有關人事的故事是當時人記當時事，相當可信。所以，《太平廣記》對研究一些歷史人物的事績、各朝的典章名物制度，社會變遷、中外關係以及科技文化等方面的狀況，也有很重要的參考作用，不僅可以與正史相參證，而且可以補正史之不足。正因為它在搜輯佚書、校勘古籍、訂補史事，考據名物、研討文學等方面都具有重要的價值。

　　詩文總集《文苑英華》上起於南朝梁末，下迄晚唐五代，選錄作家近二千人，作品約二萬篇，其中唐代作品最多，約占十分之九。由於時間的沖刷，唐

人的文集、別集逐漸散失，而輯入《文苑英華》中的作品卻得以流傳下來。到清代保存下來的唐人文集中，李邑、李華、蕭穎士，李商隱等人的集子都是從其中輯出來的，其編輯之功可謂大焉。《文苑英華》中收錄的大批詔誥、書判、表疏、碑誌，也可以考訂載籍的得失，補充史傳的缺漏。《四庫全書總目》也說：「考唐文者惟賴此書之存，實為著作之淵海[1]。」

《冊府元龜》是一部專科型類書。在其選材上，不錄雜史，瑣說、家傳、悖逆之事，不足為訓者，悉刪去之。將《國語》、《戰國策》、《管子》、《孟子》、《韓子》、《晏子春秋》、《韓詩外傳》等同正經正史編在一起。其每部都有《總序》，每門又各有《小序》。《總序》詳述本部事蹟沿革，如一部小史。《小序》論述本門內容，好似一篇總論。。因此，它編輯以史料為主，兼收經、子，概括全部十七史，資料十分豐富，對於研究歷史有著特殊的貢獻。而且它所引的大都宋以前的古本，對校史補史具有很大的價值。

宋四大書的價值是保存了大量的文獻資料。在四大書之中，《文苑英華》與《冊府元龜》未注明引用書目，難以統計所引書目之數量；《太平廣記》中，每一條下都注明出處，卷首注明引用書目，引書達五百二十六種。《太平御覽》，亦注明所載資料出處，引書多達二千五百餘種，僅地理類書籍就有近三百種。《太平廣記》所引書籍大半都已散失。《太平御覽》所引書籍，現在仍行世者不過十之二三而已。故清人阮元為鮑崇城刻本《太平御覽》作序云：「存《御覽》一書，即存秦漢以來佚書千餘種矣[2]！」可見此四大書保存了秦漢至宋初的文獻資料。

總括上述資料，這四大書所保存的這些文獻資料有以下具體價值：

1　（清）永瑢、紀昀等撰，《欽定四庫全書總目》（景印文淵閣四庫全書第三冊，臺北：臺灣商務印書館，1983-1986）

2　（清）阮元撰，《經籍纂詁》（臺北市：世界，民國45年）。

一、輯佚

　　《太平御覽》保存了現已散失的宋以前的某些珍貴史料。如其中引用兩漢時期的讖緯書篇章、著名農書《范子計然》和《氾勝之書》的章節等，使得我們對這些久已失傳的古籍佚文及當時社會風貌和古代農業生產經驗和技術，能有一定程度的瞭解。再如北魏崔鴻所著《十六國春秋》，是綜述三〇四至四三九年的一百三十餘年間，西北各族在中國北方一些地區內先後建立十幾個國家的狀況的重要史籍，但此書在北宋就已散亡了。《太平御覽》徵引《十六國春秋》共四百八十多條，為研究「五胡十六國」提供了難能可貴的史料。如清馬國翰《玉函山房輯佚書》輯唐以前諸儒撰述五百九十三種，大量利用《太平御覽》[3]。《太平廣記》收小說，故對宋初五代以前小說的輯佚整理，價值極大。魯迅《古小說鉤沉》輯周至隋小說三十六種，主要出自《太平廣記》和《太平御覽》[4]。又如，張永欽、侯志明整理唐小說《獨異志》和《宣室志》，此二書都有傳本，《獨異志》傳本為三九二篇，張永欽、侯志明從《太平御覽》中輯得佚文一篇，《太平廣記》中輯得佚文三十四篇，《宣室志》傳本共一五五篇，張永欽、侯志明從《太平御覽》輯得佚文一篇，從《太平廣記》中輯佚文五十四篇，占全書三分之一[5]。《文苑英華》所收為詩文，在輯佚補充方面的價值，主要在詩文集方面。如朱金城《白居易集箋校》中，所收外集《詩文補遺》三卷，許多輯自《文苑英華》[6]。

　　《文苑英華》所收為詩文，在輯佚補充方面的價值，主要在詩文集方面。如朱金城《白居易集箋校》中，所收外集《詩文補遺》三卷，許多輯自《文苑英華》。

　　《冊府元龜》雖然沒有在每條下注明出處，也沒有在卷首列引書目錄，但

3　（清）馬國翰輯，《玉函山房輯佚書》（臺北市：文海，民國 41 年）。

4　魯迅校錄，《古小說鉤沉》（濟南：齊魯書社，1997 年）。

5　（唐）李冗撰，《獨異志》；（唐）張讀撰，《宣室志》；張永欽、侯志明輯（北京市：中華，1983 年）。

6　（唐）白居易著，朱金城箋校，《白居易集箋校》（上海：古籍，1988 年）。

它引書範圍有明確的規定，以正史為主，兼採經子二部著作，根據所載內容的朝代就可以推知該材料出自何史。因此，也可以用於恢復已佚書和傳本書的輯佚補充工作。只是正史已佚本極少，且人們對待正史較為鄭重，正史在流傳過程中遺佚不多，故《冊府元龜》在這方面的價值不如其他三書，但決不是沒有。例如，用《冊府元龜》等輯《舊五代史》就是一例。《舊五代史》原名《梁唐晉漢周書》，總稱《五代史》，五代北宋間薛居正監修、盧多遜等撰，保存了大量原始材料，但蕪雜煩冗，觀點矛盾。歐陽修又編《新五代史》，《五代史》遂稱《舊五代史》，金泰和年間，朝廷詔學官只用《新五代史》，《舊五代史》遂佚。清乾隆年問，邵晉涵從《永樂大典》中輯《舊五代史》，再以《冊府元龜》作補充，成現行本《舊五代史》。但邵氏並未將《冊府元龜》中全部輯出，且多所竄亂。例如唐代梁載言所撰的《十道四番志》十五卷一書，久佚。唐代分天下為十道：一曰河南道，二曰關內道，三曰河東道，四曰河北道，五曰隴右道，六曰山南道，七曰劍南道，八曰淮南道，九曰江南道，十曰嶺南道。此書即以十道為本，而以州縣圖志附列其下，實為研究唐代地理之要籍。《遂初堂書目》猶著錄此書，而《文獻通考》則不錄，可知南宋末年已經罕見。清代王謨從《太平御覽》鈔出三百二十一條，從《太平寰宇記》輯得三十餘條，從《太平廣記》輯得三條，釐為二卷，收在《重訂漢唐地理書鈔》。近年有人利用《冊府元龜》輯佚補充《舊五代史》，成績十分可觀，補充了大量內容。因此，四大書在這輯佚中，都具有很大的價值。

據《四庫全書總目提要》云：

> 宋初去古未遠，即所採類書，亦皆具有淵源，與後來餖飣者迥別，故雖蠹蝕斷爛之餘，尚可據為出典。世所傳宋以前書可考見古籍佚文者僅六、七種，曰裴松之《三國志注》，曰酈道元《水經注》，曰劉孝標《世說新語注》，曰李善《文選注》，曰歐陽詢《藝文類聚》，曰徐堅《初學記》，其一即此書也。殘碑斷碣，剝蝕不完，歐陽、趙、洪諸家，尚藉之以訂

史傳，況四庫菁華匯於巨帙，獵山漁海，採摭靡窮，又烏可以難廢讀哉[7]。

二、校勘

宋代以前，書刊流傳主要是靠抄寫，抄寫易致誤。後來發明了印刷，或是刻板印刷，或是活字印刷，但也難免無誤。再說，除此以外，有人還會出於種種目的故意改動原書。因此，要恢復文本的原貌，要使文本成為善本，就不能不校勘。校勘當然一般得至少在兩個本子之間進行，一作底本，用來與底本對勘的其他本子為異本。一般說來，底本與異本版本淵源關係越遠，校勘的意義就越大，價值就越高。四大書都是成於北宋年間，所據無疑是當時的本子，與後世流傳的本子之間，淵源關係極遠。自宋初以下千餘年，各種古籍在其漫長的流傳過程中，文字不能無變化，四大書都只有屈指可數的幾種版本，基本上保留了當時各種本子的原貌，正因為如此，它們在校勘方面的價值就更大。補脫文、刪衍文，存異文、定正誤，以整理出最佳本。

《文苑英華》常用於校五代前之詩文。近代以來整理五代前詩文集，幾乎無不以《文苑英華》來校。如劉斯翰校注張九齡《曲江集》，瞿蛻園、朱金城《李太白集校注》、劉開揚《高適詩集編年箋注》，雍文華所校《羅隱集》等等都是如此。

《太平廣記》、《太平御覽》常用於校五代前之小說、筆記等。近代整理五代前之古小說，必用《太平廣記》或《太平御覽》為校。如《宣室志》、《獨異志》。又如程毅中整理的《玄怪錄》、《續玄怪錄》、還有《唐語林》等，無不如此[8]。

《冊府元龜》在校勘方面的價值，尚未引起人們的充分注意。《冊府元龜》

7　（清）永瑢等編纂，《四庫全書總目提要》「子部·類書一」（臺北市：臺灣商務，民國 54 年 2 月臺 1 版），，頁 2792。

8　（唐）牛僧孺編，《玄怪錄》四卷／（唐）李復言編，《續玄怪錄》四卷；程毅中校點（臺北市：文史哲，民國 78 年）。

所收以正史為主，兼及經、子。正史經子類書籍，向為人們所重，都經過許多
次整理校勘，似乎已非常完美，再沒什麼校勘的必要。但經、子也許如此，史
部則未必。茲舉一例，《舊唐書・來俊臣》云：

> （俊臣等）欲誣陷一人，即數處別告，皆是事狀不異，以惑上下。……
> 俊臣與其黨朱南山輩告《告密羅織經》一卷，皆條貫支節，佈置事狀由
> 緒。……士庶破膽，無敢言者。俊臣累坐贓，為衛吏紀履忠所告下獄。
> 長壽二年，除殿中丞[9]。

《冊府元龜》卷五二一《官憲・殘酷》云：

> （俊臣等）欲誣陷一人，即數頭別告，皆事狀不異，異口同音，以惑上
> 下。……又造《告密織經》一卷，其意皆網羅前人織成反狀。……士庶
> 破膽，無敢言者。俊臣污滋甚，荒淫無度，百官妻子及商人財貨，多被
> 逼奪。御史紀履忠奏其狀，准犯當誅，則天以俊臣告事有功，特恕其死[10]。

　　《冊府元龜》此段，雖按體例來注明出處，但出《舊唐書》無疑（時《新
唐書》尚未出），二者大致相同，但互有出入。《唐書》有而《冊府元龜》所無
者，或乃《冊府元龜》錄時刪去者。《唐書》無而《冊府元龜》有者，或乃《唐
書》在後來的流傳過程中所佚脫。由此可知，若以《冊府元龜》與正史比較，
一定能發掘出許多很有價值的材料，使二者更臻完善。

　　宋代雖已有印刷術，但是宋代去古不遠，宋刊本還能相當保存古籍的面貌。
所以前人每以類書，尤其是唐宋的類書，作為校勘的佐證。廣泛運用古類書的
引文來從事校勘工作，則從清乾嘉時代開始，尤以高郵王念孫、王引之父子成

9　（後晉）劉昫等撰，《舊唐書》卷一八六上，「列傳」一三六上，「酷吏上」（臺北市：鼎文，民
　　國 67 年 9 月），頁 4873－4874。

10　（宋）王欽若、楊億等撰，《冊府元龜》卷五二一「官憲・殘酷」（景印文淵閣四庫全書第 902－919
　　冊，臺北市：臺灣商務，民國 72－75 年）。

績卓著。近年王叔岷《莊子校釋》、《史記斠證》、《諸子斠證》，即多用《太平御覽》等類書。

三、史料學

　　《冊府元龜》記錄了某些「正史」上未載的史實，補充了「正史」的不足。特別是唐、五代史事，記載較為詳備可信，不少地方有優於新、舊《唐書》和新、舊《五代史》。請人輯錄《舊五代史》和校勘《舊唐書》，都從《冊府元龜》中採掇到很多寶貴材料；新、舊《唐書》所缺載有關武則天的一些史料，也能從這裡搜集到。它不僅僅採用了《舊唐書》和《舊五代史》，而且引用了大量的今人不見的實錄國史。因為當時距離五代末只有四十多年，唐五代各朝實錄及國史尚多未散失。正史敘事比較簡單，在採用上述材料時，往往經過剪裁刪削，而《冊府元龜》則是多是全文採錄。所以現在《冊府元龜》裡唐五代時的材料，往往為《舊唐書》及《舊五代史》所未載，記載的內容也比較詳盡，文史研究者可以據此更多的瞭解唐五代的社會歷史。因此，《冊府元龜》是研究我國北宋以前歷史的一部極為重要的典籍。此外，本書引文很多地方章、節完整，材料集中，況皆出自北宋以前古本，這對於史籍的校補和輯佚，具有很大的價值。

四、語言學

　　四大書中能夠為語言學研究提供豐富的資料，特別是《太平御覽》和《太平廣記》二書，尤是如此。與詩文相比，小說中的語言更為豐富、生動。我國的小說，魏晉後始興，至唐代而盛。而魏晉至唐代、五代的小說，大量收在《太平御覽》與《太平廣記》中，此二書保存了大量的研究魏晉至唐代語言的資料，故越來越受到語言專家們的重視。如蔡鏡浩《魏晉南北朝詞語例釋》，蓋志翹、蔡鏡浩《中古虛詞語法例釋》中，都大量引用《太平御覽》和《太平廣記》作為研究資料。但在書中也有不少辭彙能補辭書之缺。如《太平御覽》卷六四九引《會稽典錄》云：「夷吾為郡功曹吏，太守第五倫妻車馬入府，無所關啟，爽

吾鞭功曹佐吏門闌，卒牽輿馬出之」。此「關啟」為「關白」、「賓告」之意。又《太平御覽》卷五五六云：「吾聞班固善陽孫之省，總始皇之飾終」。此「飾終」為「厚葬」之意，而諸辭書之「飾終」均無此義項。《太平廣記》一一〇引《宣驗記》云：車母為虜所得，在賊營中，「其母先來奉師，即燃七燈與佛前，夜精心念觀世音，願子得脫。「先來」即「向來」。

宋四大書除了輯佚，校勘、史料和語言研究方面的價值外，對文學研究也具有特殊的價值。一是文體研究。這方面，《文苑英華》最為突出。《文苑英華》收詩文而按文體分類，各體之中，又按時代先後排列，諸體詩文所收既多。又如此排列，明顯體現出詩文體的特點及其發展，只是寓乎其間，未加闡述而已。對我們今天研究諸文體的特點及其發展，無疑有極大的幫助。二是敘事模式和情節研究。在這方面《太平廣記》的作用最為突出。後世小說戲曲都化用《太平廣記》所載小說情節。而《三言》中的題材有一半就是來源於《太平廣記》。元代楊景言《磨勒盜紅銷》雜劇、佚名《磨勒盜紅綃》戲文、明代梁辰魚《紅綃》雜劇、《雙紅記》傳奇等，皆出自《太平廣記》卷一九四所收《昆侖奴》。從《太平廣記》中取材改編的童話亦復不少。如《太平廣記》引《原化記拾遺》、《集仙錄》中的《女化蠶》，被稱為蠶馬童話或馬頭娘童話。這個故事後演變為現代的童話故事《找姑鳥》、《姑姑救》、《猴子的故事》以及瑤族的《雇工鳥》和高山族的《懶女人變老鼠》等。

又如，《太平廣記》三五八《龐阿》引《幽明錄》中石氏女因欽慕龐阿而離魂奔赴龐阿家與阿幽會故事，後來戲曲、小說中的「離魂」模式，就源與此。如《二刻拍案驚奇》卷二三《大姊魂游完宿願，小妹病起續前緣》，湯顯祖《牡丹亭》、蒲松齡《聊齋》之「阿寶」都有「離魂」情節。元明清戲曲中有好幾種《倩女魂》則直接出自唐陳玄祐的《離魂記》，而《離魂記》亦見《太平廣記》，題為《王宙》。又如「夢中富貴」也是戲曲、小說中常見的模式。如元明戲曲作家馬致遠、花季郎、李時中分別作《黃粱夢》、谷子敬有《枕中記》、車任遠有《邯鄲記》，徐霖《枕中記》、湯顯祖《邯鄲記》、蒲松齡《聊齋志異》中的《續黃粱》，沈起鳳《諧鐸》中的《續黃粱》，儘管情節各異，但其主要部分或關健

部分都是「夢中富貴」情節。這一情節模式，出自唐沈既濟的《枕中記》，而《枕中記》、《太平廣記》和《文苑英華》均有收錄。又如明天然痴叟《石點頭》第十一卷《江都市孝婦屠身》出自《太平廣記》卷二七〇《周迪妻》；馮夢龍《喻世明言》卷五《窮馬周遭際賣錘媼》出《太平廣記》卷一六四《馬周》；凌濛初《初刻拍案驚奇》卷五《感神媒張德容遇虎，湊吉日裴越客乘龍》出《太平廣記》卷四二八《裴越客》。《太平廣記》中的許多故事成為後世小說、戲曲以及童話取材的藝術寶庫，透過比較研究，我們可以看到後人是怎樣化用，改編《太平廣記》的，進而可以發現對前人作品進行再創造方面的某些藝術規律。

　　宋四大書中保存的宋初五代以前的大量文獻資料，除了輯佚、校勘、語言研究、文學研究等價值外，無疑對歷史、宗教、民俗等的研究，也都具有重要的價值。

第六章　結論

　　《太平御覽》、《太平廣記》、《文苑英華》與《冊府元龜》被人們合稱「四大部書」，是宋代著名的官修書，而其中的《冊府元龜》與《太平御覽》足堪代表宋代官修類書的最高水準。「四大書」的內容各異，既有百科知識的綜合性類書《太平御覽》，亦有專門性類書《冊府元龜》，既有文章總集《文苑英華》，也有小說類編《太平廣記》。四種書的取材不僅不重複，而且敘事翔實，有為他書所不及，樂為後世輯佚者所喜用。

　　宋朝在開國之初，以較短時間編輯完成四部大書，其原因主要在於文化政策的推行。首先，宋太宗對原十國降王諸臣的政策是比較正確的。這些十國舊臣多為海內名士，太宗對他們是「盡收用之，置之館閣，厚其廩餼，使修群書[1]。」前三部大書的編輯者，大多數是十國的舊臣文士，對這文臣儒士，既要他們毫無怨言，又要他們為新朝服務，合適的安排就是讓他們在館閣中任職，並給予比較優厚的待遇，使他們的精力都投入到編書校書中。這樣，不但給他們很高的地位，使他們感到開國新皇帝對他們仍很重視，樂為新朝服務。同時，客觀上也讓他們發揮了學有專攻的特長，為社會創造和積累了寶貴的文化財富。

　　其次，宋朝一直實行右文政策，宋太宗對文化典籍非常重視。宋朝統一後，也得到了十國的數萬冊圖書典籍，這些書籍經過多年戰亂，也確有重新整理編校的必要。這種大規模地編校典籍，也是宋王朝統治者顯示其文治的需要。編纂類書和詩文總集前朝已有舊例，但將歷代小說大規模地分類編集卻是史無前例的事。這說明小說本身已具有其他高文宏典所無法取代的社會作用和價值，當時的統治者認識到了這一點，並第一次運用編輯手段對這類著作加以肯定。

1　（宋）李昉等奉敕編，《太平廣記》「談愷校刊序」，明活字本。

宋真宗繼承先輩傳統，組織編纂大書，王欽若、楊億等人不負使命，在總結以往經驗的基礎上，開創了類書編纂的新體例新方向。總之，宋朝四大書所取得的編輯成就和價值都是前所未有的。

當然，不管宋太宗出於什麼動機，宋初官修四部大書確是我國圖書史上的一件大事，同時，這也是對民間圖書創作的一種積極倡導，它造成了一種「興文抑武」的社會風氣，因此在客觀上也有利於圖書事業的發展。

宋代四大書的《太平御覽》，它的編纂始於太平興國二年（997），初名《太平總覽》，太平興國八年編成，前後歷時七年，書成後宋太宗賜名《太平御覽》。全書分五十五部，五千三百六十三類（一些類下還有附類，全書共六十三個附類），凡一千卷。《太平御覽》前附有大約編於宋仁宗以後的《太平御覽經史圖書綱目》，登錄《太平御覽》所摘引的宋以前一千六百九十種書目，但這個目錄並不完備，有學者統計，《太平御覽》實際引書二千五百七十九種。不過，《太平御覽》所採用的圖書可能並非皆當時實有之書，宋陳振孫《直齋書錄解題》卷十四說：

> 《太平御覽》一千卷，翰林學士李昉、扈蒙等撰。以前《修文御覽》、《藝文類聚》、《文思博要》及諸書，參詳條次修纂，……或言：國初古書多亡，以《御覽》所引用書名故也。其實不然，特因前諸家類書之舊爾。以《三朝國史》考之，館閣及禁中書，總三萬六千餘卷，而《御覽》所引書多不著錄，蓋可見矣[2]。

但無論如何，由於《太平御覽》取材範圍包括經、史、子、集四部圖書，在它所摘錄的二千多種圖書中，許多圖書在宋代以後亡佚了，即使是《修文殿御覽》和《文思博要》，宋以後也已亡佚。因此，後世學者常常利用《太平御覽》來進行古籍的輯佚和校勘。

《太平廣記》的編纂也始於太平興國二年，次年編成。全書五百卷附目錄

2　（宋）陳振孫，《直齋書錄解題》卷十四「類書類」（臺北市：廣文，民68年5月再版）。

十卷，分九十二大類一百五十多個小類，全書實際引用圖書四百七十五種，取
材範圍主要是漢代以來的筆記、小說及野史、逸聞，人們通常將它看作是《太
平御覽》的外編。從內容上看，收得最多的是小說，實際上可以說是一部宋代
之前的小說的總集。其中有不少書現在已經失傳了，只能在本書裏看到它的遺
文。許多唐代和唐代以前的小說，就靠《太平廣記》而保存了下來。鄭樵《通
志》謂：「《太平御覽》別書《廣記》，專記異事」。《四庫全書總目》評價說：

> 其書雖多談神怪，而采摭繁富，名物典故錯出其間，詞章家恆所采用，
> 考證家亦多所取資。又唐以前書，世所不傳者，斷簡殘編，尚間存其什
> 一，尤足貴也[3]。

　　《文苑英華》的編纂始於太平興國七年，雍熙四年（987）編成，全書一千
卷。《文苑英華》匯集了梁末以來二千二百餘人的詩文二萬三千多篇，分為三十
六大類，它實際上是梁昭明太子蕭統《文選》的續編。《宋史・藝文志》等古籍
著錄的六朝及唐人文集，今天大都已經亡佚，後人對六朝特別是隋唐人文集的
輯佚大多依據此書，《四庫全書》、《全唐文》、嚴可均《上古三代秦漢三國六朝
文》都從其中輯出了相當數量的六朝和隋唐人文集、文章。《文苑英華》中收錄
不少詔誥、書判、表疏、碑誌，還可以用來考訂史實。當然，《文苑英華》在編
纂上也有不少問題，宋周必大《文苑英華・序》就曾經指出：

> 元修書時，歷年頗多，非出一手，叢脞重覆，首尾橫決，一詩或析為二，
> 三詩或合為一，姓氏差互，先後顛倒，不可勝計[4]。

　　雖然如此，《文苑英華》仍不失為一部重要的古代文獻。

3　（清）永瑢等編纂，《四庫全書總目提要》卷一三五、子部四五、類書類一（臺北市：臺灣商務，
　　民國 54 年 2 月臺 1 版）

4　（宋）周必大，《廬陵周益國文忠公集》〈平園續稿卷十五文苑英華序〉宋集珍本叢刊第五十一冊
　　（北京：線裝書局，2004。）

　　《冊府元龜》的編纂始於景德二年（1005），成於大中祥符六年（1013），原名《歷代君臣事跡》，後宋真宗改題為《冊府元龜》，這是一部史料性質的類書。《冊府元龜》分三十一部，部有總序，一千一百四門，門有小序，匯集了宋代以前的「正經」、「正史」及部分子書中可供統治者借鑒的史事，而對於一般的野史、逸聞及小說、故事則一概不取，宋王應麟說：

> 群書中如《西京雜記》、《明皇雜錄》之類，皆繁碎不可與經史並行，今並不取，止以《國語》、《戰國策》、《管》、《孟》、《韓子》、《淮南子》、《晏子春秋》、《韓詩外傳》與經史俱編，歷代類書《修文御覽》之類，采摭詮釋。凡三十一部，部有總序，千二百四門，門有小序[5]。

　　由於《冊府元龜》幾乎包括了宋代以前的所有正史，而這些多為習見之本，加之《冊府元龜》引書又不注出處，因此在古代通常不為人們重視，宋袁褧批評此書說：「開卷皆常目所見，無罕覯異聞，不為藝家所重[6]。」清代乾隆以後，學者逐漸認識到《冊府元龜》對史書校補的意義。清乾隆間，邵晉涵等從《永樂大典》中輯出了原已失傳的薛居正《五代史》，又從《冊府元龜》等書中輯錄出相關資料作為考異互注，以與輯本《五代史》相印證、發明。當代著名史學家陳垣先生曾以《冊府元龜》校《魏書》為例說明了《冊府元龜》在校勘學上的意義：

> 《魏書》自宋南渡後即有缺頁，嚴可均輯《全後魏文》，其三十八卷劉芳上書言樂事，引《魏書·樂志》僅一行，即注：「原有闕頁」；盧文弨撰《群書拾補》，於《魏書》此頁認為「無從考補」，僅從《通典》補得十六字，不知《冊府》五百六十七卷載有此頁全文，一字無缺。盧、嚴輯

5　（宋）王應麟，《玉海》卷五十四「景德冊府元龜」，元後至元 6 年（1340）慶元路儒學刊至正 11 年（1351）修本。

6　（宋）袁褧撰，《楓窗小牘》卷下（民國五十四年（1965）藝文印書館百部叢書集成初編影印本）。

　　佚名家，號稱博洽，乃均失之交臂，致《魏書》此頁埋沒八百年，亦可為清儒不重視《冊府》之一證[7]。

　　由於該書徵引繁富，也成為後世文人學士，運用典故，引據考證的一部重要參考資料。其中唐、五代史事部分，是《冊府元龜》的精華所在，不少史料為該書所僅見，即使與正史重複者，亦有校勘價值。

　　至於宋「四大書」類目的設置，可以歸納以下幾點：

　　（一）皇室組織編纂的大型類書，其分類體系的演變是一個由簡單到繁複，由粗略到精細到具體的過程。它是社會知識體系越來越龐雜的結果，是人們對宇宙、社會、人類的認識越來越深入的結果，也隨著歷史長河的延續，知識的沉澱越來越厚實的結果。

　　（二）內容決定形式，形式也反作用於內容。可以看到性質不同的類書如類文類書《文苑英華》、類事類書《冊府元龜》分類體系具有的不同特點。它們可以少受甚至不受綜合性類書分類思想的羈絆，根據內容的實際需要設置相應的類目。而綜合性的類書，又大多在前代類書分類體系的基礎上，有所繼承和創新。因此，類書立類和分類的思想，也是和它們的編纂目的相輔相成的。

　　（三）在朝廷組織纂修的類書和著名學者編寫的類書，在類目的取捨，類目前後順序的安排上，大多煞費苦心，具有深意。它是了解當時人們的思維觀念，了解當時人們對客觀世界的理解和認識的鑰匙。

　　（四）類書在形式上的主要特徵，就在「分類」，也就是按類編排資料。我們找出一些具有代表性的類書，考察其分類系統，目的在於分析它們分部分類的特點、類目的類型、立類的思想和目的，勾勒出其分類體系發展演變的軌跡。

　　宋代以前，書籍主要是憑借抄寫和刻版印刷來流通，既辛苦又易多謬誤，而且印數不多，容易佚散，編成大型類書後，自可避免這些問題。宋代四大書第一個價值就是保存了前人大量著作。如馬國翰《玉函山房輯佚書》中的《范子計然》下卷幾乎全從《太平御覽》中抄出；又如牛僧孺的《玄怪錄》早已佚

7　陳垣，＜影印明本冊府元龜序＞，《冊府元龜》北京：中華書局，1960。

失，後人從《太平廣記》重新鉤輯。可以說宋代無論是官修或私修的類書，是鉤輯佚書的淵藪。第二是它們為後人校勘古書提供參照系。後人校對漢唐之際的經、史，一般皆以宋四大書（《太平御覽》、《冊府元龜》和《太平廣記》、《文苑英華》為校本。第三是提供原始資料。後人考證和論述宋以前的典章故事，總將它們當成資料寶庫。

宋四部大書中的前三部僅用十年時間就編輯成書，速度十分可觀。也由於時間較短，前三部書的編輯留下的疏漏較多，顯得比較草率粗糙。其中主要的問題是門類紛繁不免分合失當、重複。如《太平廣記》中列神仙類外，又分有女仙和神。《太平御覽》中有禮儀部又列儀式部，有服章部又列服用部，時序部和咎徵部都有旱類，居處部和雜物部都有瓦類，有的一類在同部中也重複出現。《太平廣記》中選材亦見重複，同一條故事，分見於兩類或幾類。另外，同一書中不能用統一原則進行分類也是出現的編輯問題之一。如《文苑英華》的分類，詩和賦的區別在於文體，而中書制誥和翰林制誥的區別又在於受制的對象和作者身分。《文苑英華》編成後，發現原稿有許多不能使人滿意的地方，未能刊印。真宗景德四年（一〇〇七）做過一次除繁補闕的工作，接著又複校兩次。南渡以後，宋孝宗又命校理書籍的專職人員校訂一次，由此可見該書編輯的粗疏草率。

胡應麟曾言：

> 宋初輯三大類書，《御覽》之龐贖，《英華》之蕪冗，《廣記》之怪誕，皆藝林所厭，薄而不知其有助於載籍者不尟也。非《御覽》，西京以迄六代諸史乘煨燼矣。非《英華》，典午以迄三唐諸文賦烟埃矣。非《廣記》，汲冢以迄五朝諸小說烏有矣。……迺《廣記》之臚列詳明，紀例精密，灼然必傳，又當議于二典之外者也[8]。

8　（明）胡應麟，《少室山房類稿》卷一〇四「讀太平御覽三書」（百部叢書集成三編•續金華叢書，臺北：藝文印書館，1972）

又云：

> 今鈔本具存，顧無大足省發者，反不若《廣記》三書何也。《元龜》所輯
> 皆擷之正史，而正史家傳入誦無賴於《元龜》也，至類例參差，體裁割
> 裂，乙夜之觀，徒成溢美蓋是時，《通鑑》、《通考》二書未出，諸史浩如
> 烟埃，無從措手小加類次，以便九重耳[9]。

　　因此，四大書對於學術研究者來說，提供了不少的幫助。其所收的內容除
了經史子集四部之外，還包括了其他史籍所不載錄的史事傳說等資料，具有考
證的功能。再者它直接採錄原典的資料而不加以改動，故有輯佚及校勘的功能。
此外，由於它是以類為主，在類之下收集了許多同樣主題不同類型的資料，故
可以讓使用者在最短的時間內取得大量的相關資料，節省許多時間與精力，以
有更進一步的發展。

　　由於它們彙集了許多相關的資料，故可使研究者能在最短的時間內，取得
最多最完整的資料。而且類書保留了許多古代資料，有些是現今已亡佚的，故
類書的文獻價值很高。除了可以查找資料、查找事物源流外，還可以校勘考證
及輯錄古書；所以也是保存古代佚籍的淵藪，對於學術研究者而言，具有很大
的研究價值。

　　總之，宋代四大書從編纂動機來看，是政府出於文治和培養人才的需要，
但在客觀上則整理了古籍，保存了圖書，傳播了知識，為人們閱讀書籍，獲取
知識提供了更便利的途徑。

　　無論宋代四大書的編纂目的和當時的用途如何，這些典籍都起著保存古代
典籍文獻，保存古代文化知識的積極作用，至今仍有較高的參考價值。利用現
存類書，不僅可以按類求索有關的資料，作為探討古代歷史事實、典制沿革、
學術文化以及社會習俗的依據，而且可以利用古代類書的引文，校勘、考證現

9　（明）胡應麟，《少室山房類稿》卷一〇四「讀冊府元龜」（百部叢書集成三編•續金華叢書，臺北：
　　藝文印書館，1972）

存古籍的內容。有些大型類書由於整部、整篇的抄錄原著，因此還可以從中輯
出亡佚古籍的全書或者部分佚文。

　　總之，宋代圖書管理的經驗和方法是具有借鑑與價值的。朝廷對圖書工作
的重視，不惜人力、物力地搜集、校勘、整理，並編纂目錄和大型類書，使書
籍得以妥善保護和充分的利用。宋代湧現的大批飽學才子，他們興起的「宋學」
為後代所注目，成為我國文化寶庫中一個耀眼的部分。這一切不能說與宋代圖
書的科學管理毫無關係。作為文物珍品的宋版書，不僅是印刷裝潢的精品，更
以其嚴謹精審的校勘，為後世提供了楷模，尤其對後世乃至當今都有著一定的
借鑒意義。

附錄：宋代圖書編撰年表[1]

建隆元年（九六○）

一月 宋太祖趙匡胤立。置有昭文、集賢、史館三館，有書萬餘卷。仍由秘
　　　書省掌管圖籍。

二月 為避宣祖趙弘殷諱，改自唐沿襲而來之弘文館為昭文館。

是年《朝報》又稱《邸報》在東京（今開封）創刊，由中央政府編印和發
行。屬於政府公報性質。

是年前後，鄭熊撰《廣中荔枝譜》，為記載荔枝專書，載品種二十二個。今
佚。

北宋年間（九六○～一一二六）

據統計，北宋時建書院三十七所。

鄱陽吳良嗣有《籛金堂書目》。大梁蔡致君有《夷門蔡氏書目序》。

田錫撰寫《麴本草》一卷。為我國現存最早介紹曲和各種曲酒之專書。

建隆二年（九六一）

正月 王溥等上《唐會要》一○○卷，詔藏史館。是書原分十五門，為我國
　　　現存最早之會要體史籍。

建隆三年（九六二）

判監崔頌等上新校《禮記釋文》。

乾德元年（九六三）

二月五日 太祖命竇儀與蘇曉、陳光義等編纂宋朝刑律，是年八月二日成『宋

1 　姚名達著，《中國目錄學年表》（臺北市：臺灣商務印書館，民國六十年三月臺二版），頁四五一
八○。施金炎編著，《中國書文化要覽》（古代部分）（長沙：湖南教育出版社，一九九二年二月），
頁一二○一二○三。

刑統』，並付梓頒行。為我國歷史上第一部雕刻印行刑事法典。

二月 太祖平荊南，盡收高氏圖書，以充實三館。

四月 王處訥上《新定建隆應天曆》，太祖制序，頒行全國。

七月 監修國史王溥上新修後梁、後唐、後晉、後漢、後周《五代會要》三
十卷，敘載五代典章制度共二七九事目，凡難於標目者則別為雜錄附
於各條之後。

十月 張昭上新撰《名臣事蹟》五卷，詔藏史館。

乾德年間（九六三～九六七）

《史館新定書目》撰成。

乾德四年（九六六）

五月 太祖遣右遺孫逢吉至成都收後蜀圖書、法物，開寶八年（九七五）收
後蜀圖書一三〇〇卷還，圖書付史館。

閏八月　詔求亡書。

開寶四年（九七一）

太祖敕高品、張從信往益州（今成都）雕大藏經版。於太平興國八年（九
八三）「板成奉上」，共一〇七六部，五〇四八卷，為我國第一部雕刻印行
之佛教總集。世稱「寶藏」，亦稱「蜀藏」。

開寶四年－太平興國八年（九七一～九八三）

張從信撰《蜀州刻藏經目錄》（今佚）。

開寶五年（九七二）

詔翰林學士李昉與知制誥李穆、扈蒙校定《尚書釋文，周惟簡與陳鄂重修，
詔並刻板頒行，名《開寶新定尚書釋文》。

開寶六年（九七三）

四月 知制誥王祐等上重定《神農本草》二十卷，太祖制序，摹印頒天下。
又盧多遜等上《開寶通禮》二〇〇卷，《義纂》一〇〇卷。

詔參政知事薛居正監修後梁、後唐、後晉、後漢、後周五代史。次年（九
七四）閏十月修成奏進，計一五〇卷。

十二月 命參政知事盧多遜等對時行『長定循資格』及有關制書重新修改。
　　　 編為《長定格》、《循資格》、《制敕》、《起請條》，書成，頒為永式。

開寶八年（九七五）

十一月 太祖平南唐。十二月初三日，命太子洗馬呂龜祥至金陵接收南唐圖
　　　 書，次年春，收其圖書二萬餘卷，悉送史館。

太平興國二年（九七七）

三月十七日 詔翰林學士李昉、扈蒙等十四人編撰《太平御覽》。於雍熙元
　　　　　 年（九八四）十二月十九日書成，共一〇〇〇卷。引書二五七
　　　　　 九種。初名《太平總覽》，成書時詔更名《太平御覽》。全書分
　　　　　 五十五門，五三六三類，大體按天、地、人、事排列。為現存
　　　　　 古類書中保存五代以前文獻古籍最多者。

太平興國三年（九七八）

二月 于左昇龍門東北車府地新建三館成，盡遷西館之書，分貯兩廊。以東
　　　廊為昭文書庫，南廊為集賢書庫，西廊分經、史、子、集四部，為史
　　　館書庫。

三月 吳越王錢弘俶降宋，八月，其子惟治將所有圖籍和財產交知杭州范
　　　旻。圖書後充入三館。

李昉等奉太宗之命，匯輯野史傳記小說諸家定稿，命名《太平廣記》，太平
興國六年（九八一）雕版成。全書五〇〇卷，分九十二大類，一五〇多個
小類，三〇〇〇多個細目，收錄漢至宋初之野史、傳記、小說等書內故事
七〇〇〇則，引書凡四七〇餘種，保存著許多珍貴文獻。為我國現存最早、
最大的一部文言小說總集。

太平興國四年（九七九）

五月 太宗平定太原（北漢），命左贊善大夫雷德源入城點檢書籍圖畫。

命有司取國初以來敕條纂為《太平興國編敕》十五卷，行於世。

太平興國五年（九八〇）

九月 史館上《太祖實錄》五十卷。

太平興國六年（九八一）

十二月　詔求醫書。

太平興國七年（九八二）

九月 李昉、扈蒙、徐鉉、宋白等奉敕撰《文苑英華》一千卷。雍熙三年（九
八六）十二月成書。上起南梁，下至唐末五代，選錄歷代作家二二〇
〇多人，作品近二萬篇，按文體分三十八類，是一部繼《文選》之後
的文史總集。

太平興國八年（九八三）

十一月 史館修《太平總類》將成書前，太宗詔日進三卷，供「聽政之暇」
閱讀。有故或缺，即補上。

十二月　《太平總類》撰成。

雍熙三年（九八六）

十一月　徐鉉等上《新定說文》三十卷。

蘇易簡寫成我國第一部較完整、系統的介紹筆、墨、紙、硯之專書《文房
四譜》五卷。

雍熙四年（九八七）

十月　翰林學士賈黃中等上《神農普救方》一千卷，詔頒行之。

端拱元年（九八八）

五月　詔於崇文院中堂建秘閣。

端拱二年（九八九）

吳鉉等撰《雍熙廣韻》一百卷成。

淳化元年（九九〇）

二月　太宗賜諸路印本《九經》，令長史與眾官共閱之。

淳化年間（九九〇～九九四）

宋自淳化以後，歷朝皆刻書版，存國子監。

吳淑撰成《事類賦》三十卷。計分十四部，一〇〇目。每個子目為賦一首，
子目均為一個字，共為百首。故原名為《一字題賦》。

淳化三年（九九二）

　　五月　太宗命醫官集《太平聖濟方》一百卷，以印本頒天下。

　　詔增修祕閣，八月成，後與崇文院統稱館閣。

淳化五年（九九四）

　　四月　以祕書監李至等同修國史。張佖又請置起居院，以紀錄為《起居注》，
　　　　與《時政記》逐月送史館，以備修日曆。

咸平元年（九九八）

　　十一月　真宗因「三館」祕閣書籍歲九不治，詔朱昂、杜鎬及劉承珪整理，
　　　　　編著目錄。

　　十二月　給事中柴成務進《新定編敕》，請刻板頒下，與《律令格式》、《刑
　　　　　統》同行。

咸平二年（九九九）

　　閏三月　令三館寫四部書二本，一置禁中龍圖閣，一置後苑之太清樓，以便
　　　　　觀覽。

　　朝廷對官報實行「定本」制度。是為我國最早之新聞檢查制度。

咸平三年（一〇〇〇）

　　二月　朱昂等奉詔編成《咸平館閣書目》，是月呈奏。

　　十月　命翰林學士承旨宋白等修《續通典》，次年九月成書，共二百卷。

　　崇文院刻《吳志》三十卷。

咸平四年（一〇〇一）

　　六月　舊『御覽』分門事類，田錫請鈔略四部，別為《御覽》。真宗善其言，
　　　　詔史館以群書借之，即先上《御覽》三十卷。

　　宋代佚名著藏文長篇多卷本英雄史詩《格薩爾王傳》三十卷，千餘萬字，
　　係我國與世界古代最長一部詩歌。

咸平五年（一〇〇二）

　　四月　校定簿書。

　　十二月　真宗以龍圖閣及後苑所藏尚多舛誤，命劉筠等七人于崇文院重加校

刊。

咸平六年（一○○三）

真宗稱龍圖閣書累經校讎，最為精詳。分為經典、史傳、子書、文集、天文、圖畫六閣。

景德元年（一○○四）

《太清樓書目》四卷成。

景德二年（一○○五）

五月 真宗以天文、地理、陰陽、術數之書，大多錯誤，乃命司天少監史序等同加編次，提取精要，依類分之，成《乾坤寶典》四一七卷。真宗作序藏於秘閣。

九月 二十二日　詔王欽若、楊億等「取諸歷代君臣德美之事」編撰《歷代君臣事蹟》，至大中祥符六年（一○一三）八月編成呈進，真宗覽後作序，賜名《冊府元龜》。是書一千卷，分三十一部，一一○四門，採錄上古至五代歷朝故事，分門順序排列，所採以史籍為主，不收說部。為宋代最大一部類書。

景德三年（一○○六）

二月 命知制誥朱巽、直史館張復，取太祖、太宗兩朝史館《日曆》、《時政記》、《起居注》、《行狀》以修國史，令資政殿大學士王欽若總之。

七月 詔求遺書。

景德四年（一○○七）

三月 太清樓藏太宗御製及墨跡石本九三四卷，四部群書三三七二五卷。

五月 詔分內藏西庫之地以廣秘閣。

景德四年－大中祥符元年（一○○七～一○○八）

《龍圖閣書目》七卷、《玉宸殿書目》四卷成。

大中祥符元年（一○○八）

六月　杜鎬等校定《南華真經》並摹刻。

十二月　詔翰林學士丁謂、李宗諤等編《大中祥符封禪記》。

大中祥符年間（一〇〇八～一〇一六）

綜合《太清樓書目》、《龍圖閣書目》、《玉宸殿書目》等修成《三朝國史藝
文志》。

大中祥符三年（一〇一〇）

十二月　翰林學士李宗諤等進《新修諸道圖經》一五六六卷。

大中祥符四年（一〇一一）

八月　校勘《文苑英華》、李善注《文選》刻印。

趙安仁、楊億撰《大中祥符法寶錄》十二卷，今佚。

陳彭年奉詔修撰韻書《廣韻》成。全稱《大宋重修廣韻》。是書首修於景德
四年（一〇〇七），再修於大中祥符元年（一〇〇八），歷時五載，在《切
韻》基礎上增益而成。

大中祥符五年（一〇一二）

正月　李垂上《導河形勢圖》三篇並圖。

四月　新印《列子沖虛真經》成，詔賜親王輔臣各一本。

張房君奉詔主持校正秘閣道書，於是取朝廷所拔道書及蘇州、越州、合州
道藏，與道士十人一同修校，至天禧三年（一〇一九）編成《大宋天宮寶
藏》四五六五卷。又攝其精要，輯成《雲笈七籤》一二二卷。

令樞密院修《時政記》，月送史館。

大中祥符六年（一〇一三）

九月　取大理寺《十道圖》及館閣藏《天下圖經》校定新本《九域圖志》。

大中祥符九年（一〇一六）

二月　監修國史王旦等上《兩朝國史》一百二十卷。

五月十六日　刻《金剛經》。

燕肅著成《海潮圖》、《海潮論》。

天禧二年（一〇一八）

六月　富州（今湖北來鳳）刺史向通漢上《玉溪地理圖》。

天禧四年（一〇二〇）

夏　注釋《御集》一百五十卷。

冬　重編《御集》三百卷。《聖政集》一百五十卷。

建天章閣，次年成。並收藏歷代帝王畫像等。

乾興元年（一○二二）

五月 以大中祥符元年之後，史官失於撰集，詔先朝《日曆》、《起居注》，
　　　亟修纂之。

十月　校完《後漢書》。

天聖二年（一○二四）

五月 二十八日朝廷出《天和殿御覽》四十卷、《隋書》八十五卷，由秘閣
　　　鏤板。

六月 出禁中所藏《南北史》、《隋書》付崇文書院校刊。於天聖四年（一○
　　　二六）校畢。

館閣校刊《經典釋文》。

釋慈雲撰《教藏隨函目錄》。

天聖三年（一○二五）

二月 詔國子監現刊印《初學記》、《六帖》、《韻對》等書，皆鈔集小說無益
　　　學者，不刊。

四月　詔三館所寫書一七六○○卷，藏太清樓。

天聖四年（一○二六）

十月　國子監摹印律文並疏頒行。

仁宗命集賢校理晁宗愨、王舉正等校定《黃帝內經・素問》、《巢氏諸病源
候論》，並於次年四月命國子監摹印頒行。

天聖五年（一○二七）

二月　命參知政事呂夷簡、樞密副使夏竦修真宗國史。

釋惟淨撰《天聖釋教錄》（今佚）。

天聖六年（一○二八）

新定《釋文》雕板。

天聖九年（一〇三一）

　　十一月　遷「三館」（昭文館、史館、集賢院）於左昇龍門外，增募書吏，
　　　　　　專事補輯。

明道二年（一〇三三）

　　正月　館閣注《御製三寶讚》。

景祐元年（一〇三四）

　　閏六月　因「三館」及秘閣所藏或有謬濫不全，命翰林學士張觀、知制誥李
　　　　　　淑、宋祁等看詳，定其存廢，訛謬者刪去，差漏者補寫。並詔翰林
　　　　　　學士王堯臣、史館檢討王洙、館閣校勘歐陽修等仿開元『四部錄』
　　　　　　體例編制新目，後編成《崇文總目》。景祐三年（一〇三六）補寫
　　　　　　四部書成。

　　九月　詔翰林學士張觀等刊定《前漢書》、《孟子》，下國子監頒行。逾年乃
　　　　　上《漢書刊誤》三十卷。

　　歐陽修撰成《洛陽牡丹記》。全書一卷，分為三篇，為我國現存最早關於牡
　　丹之專書。

景祐二年（一〇三五）

　　置校正醫書局於編修院，大校醫書，並補注《本草》、《修經圖》、《千金翼
　　方》、《金匱要略》、《傷寒論》等醫書，均鏤板刊行。

景祐三年（一〇三六）

　　五月　購求館閣遺書。

　　七月　馮元、聶冠卿、宋祁等上《景祐廣樂記》。

　　呂夷簡、宋綬撰《景祐法寶錄》（今佚）。

寶元二年（一〇三九）

　　臨安進士孟琪刻姚鉉《唐文粹》一百卷。

康定元年（一〇四〇）

　　三月　命知樞密院事宋綬同編修《國朝會要》。

慶曆元年（一〇四一）

十二月　翰林學士王堯臣等上新修崇文院書目六十六卷，著錄藏書三〇六六
　　　　九卷。賜名《崇文總目》（後曾改《秘書總目》）。該目將全部藏書
　　　　劃分為四部，每書有釋（即提要），各類有序。為當時國家目錄。

慶曆年間（一〇四一～一〇四八）

畢昇發明活字印刷術。活字以黏土燒製而成。

慶曆三年（一〇四三）

九月　命王洙、余靖、歐陽修等同修《祖宗故實》。

十月　詔修兵書。

慶曆四年（一〇四四）

四月　監修國史章得象上新修《國朝會要》一百五十卷。

編修《太平故事》二十卷，凡九十六門。

慶曆五年（一〇四五）

九月　復宋敏求為館閣校勘。敏求輯唐代以來至哀帝事為《續唐錄》。

詔近臣考先朝正史、《實錄》為《景德御戎圖》。

慶曆六年（一〇四六）

京臺岳氏新雕《詩品》三卷。

皇祐元年（一〇四九）

田況補刻《蜀石經》，刻成《左氏傳》十八～三十卷、《公羊傳》、《穀梁傳》。

陳翥撰《桐譜》一卷，為我國現存最早的關於梧桐之專書。記述了梧桐的
起源、種類、分布、生物學特徵、種植、培育、砍伐、用途及雜說、詩詠
等。

皇祐三年（一〇五一）

三月　命知亳州宋祁就州修《唐書》。

仁宗詔令拓印青銅文字，存諸秘閣。

至和元年（一〇五四）

十二月　直秘閣司馬光上《古文孝經》，詔送秘閣。

嘉祐二年（一〇五七）

八月 校正醫書局相繼刻印《靈樞》、《太素》、《脈經》和《銅人腧穴針灸圖經》等二十餘種醫學著作。

建邑王氏世翰堂刻《史記索隱》三十卷。

嘉祐三年（一〇五八）

江寧府開造《建康實錄》二十卷，次年五月畢工。

嘉祐四年（一〇五九）

蔡襄著《荔枝譜》，分七篇，記載福州、莆田、仙遊、泉州、漳州等地種植荔枝之歷史、品種與栽培、加工、貯藏方法。書中敘述閩中荔枝為天下之最，營養極為豐富，除供應國內外，嘗大批運送北戎、西夏、新羅、日本、琉球等地。是為我國最早之荔枝專書。

嘉祐五年（一〇六〇）

七月 歐陽修、宋祁等撰成《新唐書》二百五十卷。其中《新唐書·藝文志》四卷據《古今書錄》編成。

八月 詔求遺書。

中書省奉旨下杭州鏤《新唐書》二百五十卷。

嘉祐五年－建中靖國元年（一〇六〇～一一〇一）

類書《重廣會史》一百卷撰成刊刻。凡五五三門，專取正史事蹟，分類排纂。

嘉祐六年（一〇六一）

三月 編校秘閣新藏《兵書》。

十一月 樞密院上所編《機要文字》一一六一冊。

編《嘉祐搜訪闕書目》一卷以搜訪遺書。

歐陽修著《集古錄》成。為我國現存最早研究金石文字。

嘉祐七年（一〇六二）

三月 命歐陽修提舉三館、秘閣寫校書籍。

六月 秘閣上補寫御覽書籍。於《崇文總目》外，定著一四七四部，八四九四卷。校刊完畢，次年罷局。

嘉祐八年（一〇六三）

四月 英宗即位。詔以仁宗御書御集藏於寶文閣。此閣乃慶曆年間，由原壽
　　閣改名而來。

治平年間（一〇六四～一〇六七）

太原府刻《晉陽事蹟雜記》十卷。此書為唐河節度使李璋纂，初名《太原
事蹟記》，共分十四卷，後刪改為《晉陽事蹟雜記》十卷，為地方志。

治平二年（一〇六五）

三月 英宗初即位，命判司天監周琮等作新曆，三年而成，賜名《明天曆》。

九月 歐陽修編纂《太常因革禮》一百卷。

治平三年（一〇六六）

四月 命龍圖閣學士兼侍講司馬光編歷代君臣事蹟。

司馬光撰《類篇》，分五四〇部首，收字三一三一九個。

治平四年（一〇六七）

正月 神宗即位。始為寶文閣置學士、直學士、待制，如龍圖閣一般。英宗
　　御書藏於閣。

七月 以三司檢法官呂惠卿編校集賢院書籍。

十月 翰林學士司馬光初進所編《通志》，賜名《資治通鑑》，神宗親製序，
　　令候書成寫入，又賜潁邸舊書二四〇二卷。《資治通鑑》共二九四卷，
　　又為目錄三十卷，考異三十卷。記周烈王二十三年（前四〇三）至五
　　代周世宗顯德六年（九五九），歷十六朝，凡一三六二年歷史，為我
　　國古代最大一部編年體通史。

丁度等奉敕撰《集韻》成。十卷，收字五三五二五個，分韻目二〇六個（即
二〇六部），編書體例、音韻體系與《廣韻》無大差別。

熙寧元年（一〇六八）

二月 司馬光進讀《資治通鑑》。

八月 復行《崇天曆》。

建寧府黃三八郎書鋪刻《韓非子》二十卷。

熙寧二年（一〇六九）

　　參政趙抃進新校《漢書》印本五十冊，及陳繹所著《是正文字》七卷。

　　兩浙東路茶鹽司刻《外合秘要方》四十卷。

熙寧三年（一〇七〇）

　　十月 詔館閣校勘王存顧等同編《經武要略》，兼刪定《諸房例冊》。

熙寧六年（一〇七三）

　　三月 置經義局，修《詩》、《書》、《周禮》經義，命王安石提舉，呂惠卿、
　　　　王雱同修撰。

　　劉攽撰《芍藥譜》一卷。為我國現存最早關於芍藥之專書。

熙寧八年（一〇七五）

　　閏四月　衛朴撰《奉元曆》成。

　　六月 館閣校勘曾肇刪定《九域圖志》，因此書無圖，故去掉書名中之「圖」
　　　　字，賜名《九域志》。

　　王安石進所撰《詩》、《書》、《周禮》義。頒於學官，號曰《三經新義》。士
　　子以經試於有司，必宗其說。王安石又作《字說》。

熙寧十年－元豐五年（一〇七七～一〇八二）

　　宋敏求等據《崇文總目》和崇文院新增諸種圖籍，除前志所載，刪去重複
　　訛謬，修成《兩朝國史藝文志》（仁宗、英宗兩朝），著錄仁宗、英宗兩朝
　　在《三朝國史藝文志》中未收新書一四七二部，八四九四卷。

元豐元年（一〇七八）

　　十一月　龍圖閣直學士宋敏求上《朝會儀》二篇，《令式》四十篇。

元豐年間（一〇七八～一〇八五）

　　陸佃撰《埤雅》，訓詁書，二十卷。是書為增補《爾雅》而作，專釋動植物
　　與天文氣象名詞。可視為專科性詞典。

　　高承編《事物紀原集類》十卷。類書。匯集二一七種事物起源發展資料。

元豐三年（一〇八〇）

　　六月 參知政事章惇上《導洛通汴記》，以《元豐導洛記》為名，刻石於洛

口廟。

八月 王安石上改定《詩》、《書》、《『周禮』》義誤字，詔錄送國子監修正。

由沖真、普明、咸暉等主持，於福州東祥寺開雕大藏經，至崇寧二年（一一〇三）竣工。雕刻佛經六四三四卷，世稱《崇寧萬壽大藏》。

元豐四年（一〇八一）

七月 詔曾鞏充史館修撰，專典史事。

元豐五年（一〇八二）

二月 頒《三省、樞密、六曹條例》。

六月 監修國史王珪上《兩朝正史》一百二十卷。

改崇文院為秘書省，掌藏書與編校之事。昭文館、集賢院之名仍存，而撤消直館、直院之官，成立著作局，史館隸屬著作局。

元豐五年－六年（一〇八二～一〇八三）

唐慎微撰《經史證類備急本草》（又稱《證類備草》）二十二卷成。大觀二年（一一〇八）命醫家修訂，定名《大觀經史證類備急本草》，由官版刊印，頒行全國。政和元年（一一一六）再次修訂，名《政和新修經史證類備急本草》。為我國現存第一部最完備之藥典。

元豐七年（一〇八四）

趙彥若校刻張邱建《算經》三卷，是為秘書監本。

元豐八年（一〇八五）

九月 十七日先是歐陽修以薛居正修五代史，繁猥失實，加以修定，藏於家中，死後，朝廷聞知，是日准尚書省札子，重新校定《五代史記》七十五卷。次年（元祐元年）十月，下杭州鏤版。國子監除刊行經史以外，還刻有律令、荀、楊二子，道家、農書、類書、醫書、算經、文選等類書籍，加入南宋監本計有二百餘種，各門各類俱有，以經書為最，醫藥次之。

元祐元年（一〇八六）

杭州路奉旨刻《資治通鑑》二九四卷。

元祐年間（一○八六－一○九三）

田鎬編成私人藏書目錄《田氏書目》六卷，著錄家藏圖書三萬七千卷（原書已散亡）。

浙東豐清敏建萬卷樓，為天一閣藏書之前身。

元祐四年（一○八九）

三月 蘇頌等選《邇英要覽》。其家藏書萬卷，多為秘閣傳抄。

十月 蘇轍上《神宗御製集》卷。

元祐六年（一○九一）

十一月　頒行《天祐觀天曆》。

通理主持於河北房山刻雜經六十二部，四三一卷，石碑四○八○枚。

元祐七年（一○九二）

呂大臨撰成我國現存最早且較有系統之古器物圖錄專著《考古圖》十卷。

著錄元祐間所收藏古代銅器、玉器二二四件。

紹聖元年（一○九四）

六月 二十五日牒准奉旨開雕《千金翼方》、《金匱要略方》、《王氏脈經》、《補注本草》等五部醫書出賣。以小字刊印。

紹聖二年（一○九五）

三月　趙宗晟藏書數萬卷，為仁宗所嘉獎，並送與國子監藏書。

紹聖三年（一○九六）

廣西漕司刻王叔和《脈經》十卷。

元符元年（一○九八）

蘇州公使庫刻朱長文《吳郡圖經續記》三卷。

曹布、鄭洵仁各呈請建閣。詔翰林學士、中書舍人撰閣名供選擇。遂名顯謨閣，藏神宗御集。

元符年間（一○九八～一一○○）

楊子建撰成助產學專論《十產論》，為現存最早之助產學專著。

元符三年（一一○○）

秦觀所著《蠶書》一卷，為我國亦為世界現存最早關於養蠶之專著。

李誡寫成我國第一部最完備之建築學著作『營造法式』。全書三十六卷，三五七篇，分總例釋例、制度、功限、料例、圖樣五大部分，其細緻之規定，以為古代官式建築之規範。

崇寧年間（一一〇一～一一二五）

因神宗曾改崇文院為秘書省，遂改《崇文總目》為《秘書總目》。

我國現存集古器物圖錄之大成專書《宣和博古圖》（又稱博古圖）三十卷成書。舊題王輔撰，實為王楚所撰。全書總分二十類，每器件皆摹繪圖形，注款識大小、容量、重量、並附以考記，著錄宋代王室在宣和殿所藏古銅器八三九件。

崇寧元年－四年（一一〇二～一一〇五）

任廣撰《書敘指南》二十卷。

崇寧二年（一一〇三）

五月 秘閣寫成圖書二〇八二部。

崇寧三年（一一〇四）

六月 重定元祐、元符黨籍及上書邪著者，合為一籍，通三〇九人，刻石明
　　堂。

置書、畫、算學。

釋惟白編《大藏經綱目指要錄》八卷成，約於同時，王左編《大藏經教法寶標目》八卷成。

劉蒙撰《菊譜》一卷，為我國現存最早關於菊花之專著。

崇寧五年（一一〇六）

正月 詔罷書、畫、算、醫四學。

五月 頒劉昺所造《紀元曆》。

大觀二年（一一〇八）

年初 建徽猷閣，收藏哲宗御集。

大觀四年（一一一〇）

修《大觀禮書》二三一卷。

政和二年（一一一二）

七月　訪求遺書。

政和三年（一一一三）

詔求道教仙經於天下，又置道官，立道學，置博士，撰《道史》。

由本明、宗監等主持，於福州開元禪寺開雕大藏經六一一七卷，至南宋乾道八年（一一七二）竣工，世稱『毗盧大藏』。

政和七年（一一一七）

十一月　十四日校書郎孫覿奏四庫書尚循《崇文總目》，訪求遺書，總目之外，凡數百家，幾萬餘卷。請撰次增入總目，合為一卷。遂詔撰為《秘書總目》。

重和元年（一一一八）

九月　頒《御注道德經》。

集古今道教事為紀志，賜名《道史》。

杭州大隱坊刻《重校朱肱南陽活人書》十八卷。

寇宅刻寇奭《本草衍義》二十卷。

宣和元年（一一一九）

錢乙撰《小兒藥證直訣》三卷刊行。為我國最早以原本流傳之兒科專書。

宣和年間（一一一九～一一二九）

徽宗趙佶敕撰書法書目《宣和書譜》二十卷。

宣和三年（一一二一）

十一月　徽宗命修《道典》。

宣和四年（一一二二）

吉州公使庫刻歐陽修《六一居士集》五十卷，又續刻五十卷。

宣和六年（一一二四）

正月　置書藝所。

十二月　希麟著《續一切經音義》。

席旦、彭慥補刻「蜀石經」，刻成《孟子》。

南宋（一一二七－一二七九）

建秘書省於國史院之右，搜訪遺書，國家藏書至四四四八六卷。

是時，福建建陽麻沙鎮為書坊集中地。該地產榕樹，樹質軟，宜於雕刻，刊版易。故印書業發達，但質量較差。世稱「麻沙本」。

南宋中期至元明，臨安府（今杭州）刻印書業繁盛，棚北大街書坊林立，其書坊稱書棚，所刻各書世稱「書棚本」。

杭州貓兒橋河東岸紙馬鋪鍾家刻《文選五臣注》。

廖瑩中世彩堂刻《五經》和《韓柳集》。

高似孫撰有子書匯考目錄《子略》四卷，目錄一卷。是書據《漢志》、《隋志》、《唐志》、《子鈔》、《意林》、《通志藝文略》所記先秦至漢諸子三十八家著述，於每書下，集其諸家評論，指其真偽，頗多考證。如其書有注疏者，附列於下。

陳元靚編《事林廣記》。記市井狀態及生活之資料，且開類書附載插圖之先河。

宋元時期由宋代祝穆，元代富大用、祝淵分別撰寫《古今事文類聚》，共二三七卷，一○六部。是一部綜合性類書。

建炎四年（一一三○）

四川遂寧人王灼撰成《糖霜譜》七篇，為我國現存最早總結蔗糖生產之專著。

紹興元年（一一三一）

七月 程俱寫成《麟臺故事》呈進。分十二門。是書系統記述了北宋時國家圖書館之歷史、職能、藏書、館職與編校圖書等實況，為我國現存第一部關於圖書館之專著。

紹興年間（一一三一～一一六二）

孔傳為續白帖而編《孔氏六帖》，共一百卷，子目一三九九門。將唐、五代時的史籍、詩文中的內容抄錄匯輯而成。

紹興二年（一一三二）

　　由王永從及弟、侄眷屬和主持僧宗監、淨梵、懷琛等主持，在湖州思溪圓覺禪院雕印大藏經五四八〇卷，世稱《思溪圓覺藏》。

　　詔求遺書，並校理舊書。

紹興三年（一一三三）

　　葛氏傳侵書堂刻《溫公書儀》十卷。

　　詔求遺書。

紹興四年（一一三四）

　　孫佑補葺元符改元蘇州公使庫刻朱長文《吳群圖經續記》三卷。

紹興五年（一一三五）

　　七月　僧寶月（史珪後裔）進兵書三十九種。

　　會稽藏書家諸葛行仁獻《冊府元龜》等八五四六卷，被賞以官職。

紹興九年（一一三九）

　　三月 臨安府刻《文粹》一百卷。是年又刻《議官儀》三卷、《群經音辨》
　　　　七卷。

　　紹興府刻《毛詩正義》四十卷。

紹興十年（一一四〇）

　　右文林郎臨安府觀察推官林常等刻《西漢文類》五卷。

　　建陽麻沙書坊刻曾慥《類說》五十卷。

　　建敷文閣，藏徽宗聖製。

紹興十三年（一一四三）

　　建秘書省，詔求遺書於天下。

　　瓊州刊行儒醫初虞世之《必用方》。

紹興十四年（一一四四）

　　五月　秘書省置補寫所，補寫朝廷缺書。又迭次求書於州郡。

　　井度為四川漕，命各州官尋求政和年間頒行之南北朝各朝史，並在四川眉山刊出，世稱「眉山七史」，即《宋書》一百卷、《齊書》五十九卷、《梁書》

五十六卷、《陳書》三十六卷、《魏書》一百一十四卷、《北齊書》五十卷、《周書》五十卷。

秦檜初禁野史。

紹興十五年（一一四五）

江少虞輯《皇朝類苑》成。類書，七十八卷。是書又稱《事實類苑》、《宋朝類要》、《宋朝事實類苑》、《宋朝事寶類苑》。分二十四門，門下又分子目若干。每一引證，詳錄全文，並注明書名。記錄北宋遺事極為浩博，散篇佚文多有保存。

平江府刻李誡《營造法式》三十四卷。

紹興十七年（一一四七）

四月　福建轉運司刻《太平聖惠方》一百卷。

紹興十八年（一一四八）

荊湖北路安撫使刻《建康實錄》二十卷。

紹興十九年（一一四九）

葉廷珪撰《海錄碎事》二十二卷，分十六部、一七五門。搜輯群書中的新鮮詞語作為標目，分門別類，引據舊籍。

明州刻徐鉉《騎省集》三十卷。

錢幣學家洪遵撰成我國現存最早之錢幣學著作《泉志》。全書十五卷，收錄五代以前中外歷代貨幣計三二九種。是書匯通六朝和唐人論述，參照本人收藏之貨幣寫成，對各朝貨幣鑄造式樣、時間等均予著錄。

紹興二十一年（一一五一）

五月　令國子監刻刊經、史書籍，以廣流傳，刻有五經、三史。

兩浙西路茶鹽司刻《臨川王先生文集》一百卷。

著名藏書家晁公武始編《郡齋讀書志》，分為四郡四十二類，每部有序文，共收書一四六八部。約於紹興二十七年（一一五七）最初由杜鵬舉在四川校刻。後有姚應績重編二十卷本。

紹興二十二年（一一五二）

瞿源蔡道潛宅墨寶堂刻《管子》二十四卷。

紹興二十三年（一一五三）

建安漕司黃仍刻其父伯思《東觀餘論》。

紹興二十五年（一一五五）

清渭河通直宅萬卷堂刻《漢雋》七冊。

紹興二十七年（一一五七）

八月　置國史院，以修神宗、哲宗、徽宗三朝正史。

昭慶軍承宣使致仕王繼先上校定《大觀證類本草》，令秘書省官修潤訖，付國子監刊行。

紹興二十八年（一一五八）

沅州公使庫刻孔平仲《繼世說》十二卷。

紹興三十年（一一六○）

麻沙鎮水南劉仲吉宅刻《新唐書》二二五卷。

紹興三十一年（一一六一）

南劍州雕匠葉昌刻程俱《班左海蒙》三卷。

鄭樵《通志》二百卷成書。其中《藝文略》八卷，盡收古今目錄所著之書，分為十二類。由是《藝文略》為其圖書分類實踐之代表作。另有《校讎略》，提出系統目錄學理論，亦為圖書分類之理論著作。

乾道四年（一一六八）

洪適刻《元氏長慶集》六十卷，係兩浙東陸安撫使本。

乾道七年（一一七一）

建溪三峰蔡夢弼傅卿家塾刻《史記》一百三十卷。

乾道八年（一一七二）

吳興施元之三衢坐嘯齋刻蘇頌《新儀象法要》三卷、蘇舜欽《淪浪集》十五卷。

王撫干宅刻王灼《顧堂先生文集》五卷。

朱熹撰《通鑑綱目》成。

乾道九年（一一七三）

朱熹著《伊洛淵源錄》四十卷成書，為我國最早之道學思想史專著。

袁樞撰《通鑑紀事本末》四十二卷成。為我國第一部紀事本末體歷史著作。是書以歷史事件為綱，將《資治通鑑》一三六二年紀事之原文，總括為二三九目，附六十六目。始於戰國時「三家分晉」，終於五代「周世宗征淮南」。各篇因事立題，每事按年代順序編寫，起迄了然。材料集中，閱讀方便。

淳熙元年（一一七四）

十二月　陳言撰《三因極一病源論》成。

錦溪張監稅宅刻桓寬《鹽鐵論》十卷。

羅愿撰《爾雅翼》，收字五萬餘個。

淳熙年間（一一七四～一一八九）

初，建煥章閣，藏高宗御製。

宋監本書許人自印並定價出售。

淳熙二年（一一七五）

嚴州府學刻袁樞《通鑑紀事本末》二九〇卷。

安吉州思溪法寶資福禪院雕印大藏經五七〇四卷，世稱《思溪資福藏》。

朱熹、呂祖謙撰《近思錄》成。

淳熙三年（一一七六）

四月十七日　左廊司局刻《春秋經傳集解》三十卷。

嚴州刻袁樞《通鑑紀事本末》四十二卷。

安陸郡學刻鄭獬《郎溪集》二十八卷。

舒州公使庫刻曾穜《大易粹言》十卷。

武溪游孝恭德萊登俊齋刻蜀本《三蘇文粹》六十二卷。

閩山阮仲猷種德堂刻《春秋經傳集解》三十卷。

淳熙四年（一一七七）

十月 秘書監少監陳騤編撰書目，次年六月九日上《中興館閣書目》七十卷，《序例》一卷，共五十二門，著錄藏書四四四八六。同年閏六月十日，

令浙漕司摹版。後秘書丞張攀續『中興館閣書目』，又得一四九四三卷。

撫州公使庫刻《禮記鄭注》二十卷，附釋文四卷。

朱熹《論語集注》、《孟子集注》成。

淳熙五年（一一七八）

韓彥直撰『橘錄』上、中、下三卷。原名《永嘉橘錄》》。為我國最早關於柑橘之專書。

淳熙六年（一一七九）

二月 孝宗令敕令所將現行敕、令、格、式，仿吏部七司條法總類，隨時分類，纂成《淳熙條法事類》。

呂祖謙詮釋《聖宋文海》成編，奏上後，孝宗賜書名《文鑒》，並賜呂祖謙銀絹。

浙西提刑司刻《作邑自箴》十卷。

春陵郡庫刻《河南程氏文集》十卷。

淳熙七年（一一八〇）

五月 申令禁書坊擅刻書籍。

台州公使庫刻《顏氏家訓》七卷，次年刻《》『荀子』二卷。

舒州泮宮刻蔡邕《獨斷》二卷。

江東侖台刻洪適《隸續》二卷。

廉台田家刻台州公使庫本《顏氏家訓》七卷。

淳熙八年（一一八一）

江西計台錢佃刻《荀子》（楊倞注）二十卷。

淳熙九年（一一八二）

溫陵州刻胡寅《讀史管見》八十卷。

信州公使庫刻李復《潏水集》十六卷。

尤袤刻荀悅《申鑒》一卷，為江西漕台本。

淳熙十年（一一八三）

六月　禁道學。

泉州公使庫印書局刻《司馬太師溫國文正公傳家集》八十卷。

李燾《續資治通鑑長編》全書修成，歷時凡四十年。此書上起建隆，下至靖康，為北宋一祖八宗編年史，全書共九八〇卷，舉要六十八卷。

淳熙十二年（一一八五）

潼州轉運使刻大字本《三國志》。

王偁撰《東都事略》一百三十卷成，因北宋都城開封舊稱東都而得名。取材於國史實錄，旁及野史雜記，載建隆迄靖康一六〇餘年史績。

淳熙十三年（一一八六）

蔡元定撰《律呂新書》上下卷成書。上卷《律呂本原》十三卷，下卷《律呂辨正》十章。書中主要探討音律中之旋宮問題，提出了十八律理論。

淳熙十四年（一一八七）

鄂州公使庫刻《花間集》十卷。

吉州東岡劉宅梅溪書院刻王庭珪《盧溪先生集》五十卷。

淳熙十五年（一一八八）

無名氏撰類書《錦繡萬花谷》四十卷，後集四十卷，是年為該書作序。

紹熙四年（一一九三）

范成大所撰《梅譜》（又稱《范林梅譜》）為我國現存最早關於梅花之專書。

慶元元年（一一九五）

周必大歸里，校勘《文苑英華》。嘉泰四年（一二〇四）十二月，彭叔夏繼周必大成《文苑英華辨證》，於宋代校勘學貢獻甚大。

汾陽博濟堂刻《十便良方》四十卷。

慶元年間（一一九五～一二〇〇）

寧宗頒布《慶元條法事類》。

章如愚編有類書《群書考索》（又名《山堂考索》）一百卷，分為五十門。

潘自牧撰《記纂淵海》一百九十五卷，凡二十二部、一一九五門。是一部特以纂言繫事的大型類書。

慶元二年（一一九六）

建安陳彥甫家塾刻葉寶聖《宋名賢四六叢珠》一百卷。

建華文閣，藏孝宗御製。

慶元三年（一一九七）

梅山蔡建侯行父家塾刻《陸狀元集百家注資治通鑑詳節》一二○卷。

咸陽書隱齋新刊《國朝二百家名賢文粹》一九七卷。

慶元六年（一二○○）

建安魏仲舉刻《新刊五百家注音辨昌黎先生文集》四十卷。

嘉泰年間（一二○一～一二○四）

我國最早之叢書《儒學警悟》七集四十卷由俞鼎孫、俞經編輯、校刻成書。此類著作記載宋代制度掌故、人物瑣事等。

陳元靚撰《事林廣記》是一部日用百科全書型的古代民間類書。又撰《歲時廣記》四卷，是用於查檢歲時典故的專門性類書。

嘉泰二年（一二○二）

二月　禁私史。

置寶謨閣，藏光宗御製。

李心傳撰《建炎以來朝野雜記》甲集二十卷成。乙集二十卷於嘉定九年（一二一六）成。專載南宋高宗、孝宗、光宗、寧宗四朝（一一二七－一二二四）典章制度，甲集分十三門，乙集略同。

開禧元年（一二○五）

建安劉日新宅刻王宗傳《童溪易傳》三十卷。

開禧二年（一二○六）

平水晦明軒張宅刻《經史證類大觀本草》三十卷。

嘉定元年（一二○八）

建寧書鋪蔡琪一經堂刻《漢書》一百二十卷。

嘉定二年（一二○九）

吉州刻《張先生校正楊寶學易傳》二十卷。

嘉定五年（一二一二）

江西提刑司刻洪邁《容齋隨筆》十六卷。

吳郡學舍刻呂祖謙《大事記》十二卷，通釋三卷，解題十二卷。

嘉定八年（一二一五）

廣東漕司刻《新刊校定集注杜詩》三十六卷。

嘉定九年（一二一六）

建安余恭禮刻《活人事證方》二十卷。

嘉定十二年～十三年（一二一九～一二二〇）

秘書監張攀編《中興館閣續書目》三十卷，著錄一一七八年以後收入之新書一四九四三卷。與《中興館閣書目》合計近六萬卷。

嘉定十三年（一二二〇）

陸子遹官建康府溧陽縣時，刻其父陸游所撰《渭南文集》五十卷。

嘉定十四年（一二二一）

趙拱撰《蒙韃備錄》一卷成。民族史書。

嘉定十六年（一二二三）

詔國子監刊正經籍，是時聘司校讎，盡取六經三傳諸本，參以子、史、字書、文集，研究異同。

寶慶元年（一二二五）

《諸蕃志》二卷成，趙汝適撰，又稱《諸蕃記》，海外見聞錄，記有海外國名五十餘，貨物近五十餘種。

寶慶二年（一二二六）

置寶章閣，藏寧宗御製。

紹定四年（一二三一）

江東漕院趙善湘刻衛湜《禮記集說》一百六十卷。

紹定六年（一二三三）

趙時庚撰成《金漳蘭譜》一書，共分五篇，為我國現存第一部關於蘭花之專書。

端平元年（一二三四）

　　大庚縣齋趙時棣刻真德秀《政經》一卷。

嘉熙元年（一二三七）

　　陳自明撰編《婦人大全良方》二十四卷。為現存第一部較完整之婦產科專著。

嘉熙二年（一二三八）

　　三月　以著作郎兼權工部郎李心傳為秘書少監、史館修撰，修高宗、孝宗、
　　　　　光宗、寧宗四朝國史實錄。

嘉熙三年（一二三九）

　　祝太傅刻祝穆《方輿勝覽前集》四十三卷。

淳祐元年（一二四一）

　　八月　詔求遺書。

　　施發繪《脈跳動圖象》成。

淳祐五年（一二四五）

　　劉達可專為太學生答策編撰《璧水群英待問會見選要》八十二卷，是年為
　　該書作序。

　　台州仙居（今浙江省仙居縣）陳仁玉撰《菌譜》一卷，為我國現存最早關
　　於菌之專書。

淳祐七年（一二四七）

　　宋慈著《洗冤集錄》（又稱《洗冤錄》）五卷成。是書為我國第一部法醫學
　　專著。

　　秦九韶撰《數書九章》。

淳祐八年（一二四八）

　　九月　李治著數學書《測圓海鏡》成。

淳祐九年（一二四九）

　　黎安朝命趙希弁校刻晁公武編《郡齋讀書志》四卷本，趙因就其家藏書中
　　為《郡齋讀書志》所未收者編為附志一卷（實分為上下二卷），共刻成五卷，

現稱「袁本」；同年，游鈞將姚應績編二十卷本《郡齋讀書志》刻於信安郡齋（南充衢州）現稱「衢本」，收書一四六一部。次年，衢本傳到袁州，黎安朝又命趙希弁將衢本中多出者計四三五種，八二四五卷編為後志二卷，附刻於五卷之後。

淳祐十年（一二五〇）

淮南東路轉運司刻徐積《節孝先生文集》三十卷。

淳祐十一年（一二五一）

六月　詔求遺書。

昆山縣學刻《玉峰志》三卷，續一卷。

淳祐十二年（一二五二）

建陽縣齋刻《晦庵先生朱文公易說》二十三卷。

寶祐元年（一二五三）

建安余唐卿（稱夏淵余氏明經堂）刻《許學士類證普濟本事方》十卷；後集十卷。

寶祐五年（一二五七）

謝維新、虞載編纂《古今合璧事類備要》，共三六六卷，一五二門。是一部廓匯事類流變的大型綜合性類書。

陳景沂編植物類書《全芳備祖》成。全書五十八卷（前集二十七卷、後集三十一卷），匯集諸多有關花、草、樹木、谷物等故事詩賦而成。為我國第一部植物學辭典。

開慶元年（一二五九）

陳思撰《海棠譜》上、中、下三卷，專門採集諸家雜錄及匯輯唐以來諸家歌詠海棠之詩句。

景定二年（一二六一）

金華雙桂堂刻宋伯仁《梅花喜神譜》二卷。

平陽道參幕段子成刻《史記集解》附索引一三一卷。

咸淳元年（一二六五）

　　建安府建安書院刻《晦庵先生朱文公文集》一百卷，續集十卷，別集十一卷。

　　李氏建安書堂刻印《皇元風雅》前集六卷，後集六卷。

　　置顯文閣，藏理宗御製。

咸淳五年（一二六九）

　　崇陽郡齋刻《乖崖先生文集》十二卷，附錄一卷。

咸淳九年（一二七三）

　　左圭輯我國第一部刻印之叢書《百川學海》成。分甲、乙、丙、丁至癸凡十集，一百種，一七七卷。匯輯周必大《玉堂雜記》、高似孫《子略》等著作。為宋人匯刻書僅存於今者。

祥興年間（一二七八－一二七九）

　　宋末，邛州鶴山書院藏書數十萬卷。

參考資料

一、史料

1. （北齊）祖珽等撰，《修文殿御覽殘卷》（臺北市：文光，民63）。

2. （梁）蕭統編、（唐）李善注，《文選》（臺北縣樹林：漢京，民國72年），982頁。

3. （後晉）劉昫等撰，《舊唐書》二百卷（臺北市：鼎文，民國67年9月），全6冊。

4. （後晉）劉昫等撰，《舊唐書·經籍志》（《中國歷代圖書著錄文選》北京：北京大學出版社，1995年10月）。

5. 唐玄宗御撰、（唐）李林甫等注，《唐六典》（收入《景印文淵閣四庫全書》第595冊，臺北市：臺灣商務，民國72-75年）。

6. （唐）牛僧孺編，《玄怪錄》四卷／（唐）李復言編，《續玄怪錄》四卷；程毅中校點（臺北市：文史哲，民國78年），206頁。

7. （唐）白居易著，朱金城箋校，《白居易集箋校》（上海：古籍，1988年），全6冊。

8. （唐）李冗撰，《獨異志》／（唐）張讀撰，《宣室志》；張永欽、侯志明輯（北京市：中華，1983年），全1冊。

9. （唐）杜佑撰，《通典》（景印文淵閣四庫全書第603-605冊，臺北市：臺灣商務，民國72-75年）。

10. （唐）房玄齡等撰，《晉書》（臺北市：鼎文，民國67年9月），全3冊。

11. （唐）虞世南撰，《北堂書鈔》（景印文淵閣四庫全書第889冊，臺北市：

臺灣商務，民國 72－75 年）。

12. （唐）韓愈撰，《韓昌黎全集》（臺北市：新興，民 45 年），全 2 冊。

13. （唐）歐陽詢等奉敕編，《藝文類聚》（景印文淵閣四庫全書第 887－888 冊，臺北市：臺灣商務，民國 72－75 年）。

14. （五代）杜光庭撰，《錄異記》（續修四庫全書第 1264 冊，上海市:上海古籍出版社，2002）。

15. （宋）王楙撰，《野客叢書》（景印文淵閣四庫全書第 852 冊，臺北市：臺灣商務，民國 72－75 年）。

16. （宋）王應麟撰，《玉海》二百卷（景印文淵閣四庫全書第 943－948 冊，臺北市：臺灣商務，民國 72－75 年）。

17. （宋）王應麟撰，《玉海》二百卷，元後至元 6 年（1340）慶元路儒學刊至正 11 年（1351）修本。

18. （宋）王明清撰，《揮麈錄》（臺北市：臺灣商務，民國 55 年），全 6 冊。

19. （宋）王明清撰，《揮麈前錄》四卷、《後錄》十一卷、《三錄》三卷、《餘話》二卷（景印文淵閣四庫全書第 1038 冊，臺北市：臺灣商務，民國 72－75 年。）

20. （宋）王欽若、楊億等奉敕撰，《冊府元龜》一千卷（景印文淵閣四庫全書第 902－919 冊，臺北市：臺灣商務，民國 72－75 年）。

21. （宋）王欽若、楊億等奉敕撰，《冊府元龜》一千卷，明等身書舍藍格鈔本。

22. （宋）王欽若、楊億等撰，《冊府元龜》（香港：中華書局，1960），12 冊。

23. （宋）王偁，《東都事略》（景印文淵閣四庫全書第 382 冊，臺北：臺灣商務印書館，民國 72－75 年。）

24. （宋）司馬光撰，《傳家集》（景印文淵閣四庫全書第 1094 冊，臺北市：臺灣商務，民國 72－75 年）。

25. （宋）司馬光，《涑水記聞》（北京：中華書局，1989 年版），452 頁。

26. （宋）江少虞，《宋朝事實類苑》（上海：上海古籍出版社，1981），1034 頁。

27. （宋）朱熹撰，《朱文公集》（四部叢刊初編縮本第 58－59 冊，臺北市：臺灣商務，民國 54 年）。

28. （宋）朱熹，《晦庵集》一百卷（景印文淵閣四庫全書第 1143-1146 冊，臺北：臺灣商務印書館，民國 72－75 年）

29. （宋）宋敏求撰，《春明退朝錄》三卷，清道光辛卯（十一年，1831）六安晁氏活字印本。

30. （宋）宋敏求，《春明退朝錄》（景印文淵閣四庫全書第 862 冊，臺北：臺灣商務印書館，民國 72－75 年。）

31. （宋）李攸，《宋朝事實》（景印文淵閣四庫全書第 608 冊，臺灣商務印書館，民國 72－75 年）。

32. （宋）李心傳，《舊聞證誤》，清嘉慶間（1791-1820）南昌彭氏知聖道齋鈔本。

33. （宋）李昉等編撰，《太平御覽》（臺北市：大化，民國 66 年 6 月），全 4 冊。

34. （宋）李昉等編撰、鮑重城校，《太平御覽》一千卷，清嘉慶十七年鮑氏仿宋刻本。

35. （宋）李昉等編撰，《太平御覽》（北京：中華，1960 年），全 4 冊。

36. （宋）李昉等編撰，《太平御覽》一千卷，明萬曆元年（1573）倪炳刊本。

37. （宋）李昉等撰，《太平御覽》一千卷（景印文淵閣四庫全書第 893－901 冊，臺北市：臺灣商務，民國 72－75 年）。

38. （宋）李昉等奉敕編，《文苑英華》一千卷（景印文淵閣四庫全書第 1333－1342 冊，臺北市：臺灣商務，民國 72－75 年）。

39. （宋）李昉等奉敕編，《文苑英華》一千卷，明隆慶元年（1567）胡維新等福建刊本。

40. （宋）李昉等奉敕編，《文苑英華》（臺北市：新文豐，民國 68 年），全 6 冊。

41. （宋）李昉等奉敕編，《太平廣記》五百卷，明活字本。

42. （宋）李昉等奉敕撰，《太平廣記》五百卷（景印文淵閣四庫全書第 1043
－1046 冊，臺北市：臺灣商務，民國 72－75 年）。

43. （宋）李昉等奉敕撰，《太平廣記》五百卷，明嘉靖 45 年談愷刊本。

44. （宋）李燾撰，《續資治通鑑長編》五百二十卷，臺北市：世界，民國七十
二年二月四版。

45. （宋）李燾撰，《續資治通鑑長編》（景印文淵閣四庫全書第 314－322 冊，
臺北市：臺灣商務，民國 72－75 年）。

46. （宋）周必大，《盧陵周益國文忠公集》〈宋集珍本叢刊第五十一至五十三
冊，北京：線裝書局，2004〉。

47. （宋）周淙撰，《乾道臨安志》（景印文淵閣四庫全書第 484 冊，臺北：臺
灣商務印書館，民國 72－75 年。）

48. （宋）洪邁著，《容齋隨筆》（景印文淵閣四庫全書第 851 冊，臺北市：臺
灣商務，民國 72－75 年）。

49. （宋）洪遵，《翰苑群書》（景印文淵閣四庫全書第 595 冊，臺北：臺灣商
務印書館，民國 72－75 年。）

50. （宋）范成大，《吳郡志》（江蘇古籍出版社，1986 年版），666 頁。

51. （宋）袁褧撰，《楓窗小牘》二卷（民國五十四年（1965）藝文印書館百部
叢書集成初編影印本）。

52. （宋）晁公武撰，《郡齋讀書志》（臺北：廣文，1979 年 8 月再版，3 冊）。

53. （宋）陳振孫撰，《直齋書錄解題》（臺北縣板橋市：藝文印書館，民國 55
年），全 10 冊。

54. （宋）陳振孫，《直齋書錄解題》（臺北市：廣文，民 68 年 5 月再版），3
冊。

55. （宋）陳造，《江湖長翁集》（景印文淵閣四庫全書第 1166 冊，臺灣商務印
書館，民國 72－75 年）。

56. （宋）孫逢吉，《職官分紀》（北京：中華書局，1988 年版），884 頁。

57. （宋）程俱撰，《麟臺故事殘本》（臺北市：臺灣商務，民國 55 年），全 1

冊。

58. （宋）程俱撰，《麟臺故事》五卷（『景印文淵閣四庫全書』第 595 冊，臺北市：臺灣商務，民國 72 − 75 年）。

59. （宋）曾鞏，《隆平集》（臺北：文海出版社，1967 年版），2 冊。

60. （宋）徐鉉（撰）《徐公文集》，清萃古齋鈔本

61. （宋）歐陽修編撰，《新唐書》（臺北市：鼎文，民國 67 年 9 月初版），全 8 冊。

62. （宋）葉夢得《石林燕語》（百部叢書集成.初編，稗海，臺北：藝文，1966）

63. （宋）魏了翁撰，《鶴山集》（景印文淵閣四庫全書第 1172 − 1173 冊，臺北市：臺灣商務，民國 72 − 75 年）。

64. （宋）蔡戡撰，《定齋集》（景印文淵閣四庫全書第 1157 冊，臺北市：臺灣商務，民國 72 − 75 年）。

65. （宋）薛居正撰，《舊五代史》（臺北市：鼎文，民國 67 年 9 月），全 3 冊。

66. （宋）釋文瑩，《玉壺清話》（百部叢書集成初編 29；知不足齋叢書，板橋：藝文，民國 56-57 年）。

67. （元）脫脫等編纂，《宋史》四九六卷（臺北市：鼎文，民國 67 年 9 月初版），全 18 冊。

68. （元）脫脫等編纂，《宋史》四九六卷，明成化十六年（1480）兩廣巡撫朱英刊嘉靖間南監修補本。

69. （元）馬端臨撰，《文獻通考》（收入《景印文淵閣四庫全書》第 614 冊，臺北市：臺灣商務，民國 72-75 年）。

70. （元）劉塤，《隱居通議》（景印文淵閣四庫全書第 866 冊，臺北市：臺灣商務，民國 72 − 75 年）。

71. （元）賈仲明撰，《新校錄鬼簿正續編》（成都：巴蜀書社，1996 年），194 頁。

72. （明）不著撰人，《碎金》，明刊大字本。

73. （明）胡應麟，《少室山房類稿》（百部叢書集成三編・續金華叢書，臺北：

藝文印書館，1972）

74. （明）胡應麟，《少室山房筆叢》，明萬曆戊午（四十六年，1618）汪湛然金華刊本。

75. （清）王昭槤撰，《嘯亭雜錄》（臺北市：弘文館，民國 75 年）。

76. （清）王梓材、馮雲濠輯，《宋元學案補遺》（叢書集成續編第 247－252，臺北市：新文豐，民國 78 年 7 月臺 1 版），全 6 冊。

77. （清）永瑢等撰，《四庫總目簡明目錄》（臺北市：洪氏，民國 71 年 1 月），964 頁。

78. （清）永瑢等編纂，《四庫全書總目提要》（臺北市：臺灣商務，民國 54 年 2 月臺 1 版），全 4 冊。

79. （清）永瑢、紀昀等撰，《欽定四庫全書總目》（景印文淵閣四庫全書第 1-5 冊，臺北：臺灣商務印書館，民國 72－75 年）

80. （清）吳任臣撰，《十國春秋》（臺北市：國光，民國 51 年），全 4 冊。

81. （清）吳任臣（撰），《十國春秋》，清乾隆五十三年（1788）昭文周昂重刊本

82. （清）阮元撰，《經籍纂詁》（臺北市：世界，民國 45 年），全 1 冊。

83. （清）馬國翰輯，《玉函山房輯佚書》（臺北市：文海，民國 41 年），全 6 冊。

84. （清）徐松輯，《宋會要輯稿》（臺北市：世界，民國 66 年 5 月再版），全 16 冊。

85. （清）陸心源編撰，《皕宋樓藏書志》（臺北市：廣文，民國 57 年），全 12 冊。

86. （清）徐松輯、苗書梅等點校，《宋會要輯稿‧崇儒》（開封：河南大學出版社，2001 年 9 月）。

87. （清）陶成編纂，《江西通志》，清雍正十年（1732）刊本。

88. 張舜徽著，《清人文集別錄》（臺北市：明文，民國 71 年 2 月），688 頁。

89. 楊家駱編，《宋大詔令集》（臺北市：鼎文，民國 61 年）。

90. 傅增湘撰，《藏園群書題記》（台北市：廣文，1988 年 12 月再版），2 冊。

二、圖書

1. 上海圖書館編，《中國叢書綜錄》（北京：中華書局，民國 48 年），全 3 冊。
2. 王余光著，《中國歷史文獻學》（臺北市：天肯文化，1955 年 5 月），506 頁。
3. 王國良、王秋桂合編，《中國圖書文獻學論集》（臺北市：明文，民國 75 年 11 月增訂新版），1045 頁。
4. 王錦貴主編，《中國歷史文獻目錄學》（北京市：北京大學，1994 年 12 月），317 頁。
5. 中國典籍與文化編輯部編，《中國典籍與文化論叢》第一輯（北京市：中華，1993 年 9 月第 1 版），497 頁。
6. 牛景麗著，《太平廣記的傳播與影響》（天津：南開大學出版社，2008 年 9 月），297 頁。
7. 李一飛，《楊億年譜》（上海古籍出版社，2002 年 8 月版）。
8. 李希泌、張椒華編，《中國古代藏書與近代圖書館史料（春秋至五四前後）》（北京市：中華，1992 年 2 月），546 頁。
9. 李裕民，《四庫提要訂誤增訂本》（北京：中華書局，2005 年版），495 頁。
10. 李致忠，《歷代刻書考述》（成都市：巴蜀書社，1990 年 4 月），408 頁。
11. 來新夏等著，《中國古代圖書事業史》（上海市：上海人民，1990 年 4 月），380 頁。
12. 昌彼得等編，《宋人傳記資料索引》（臺北市：鼎文，民國 90 年），全 6 冊。
13. 周寶榮著，《宋代出版史研究》（鄭州：中州古籍，2003 年 8 月），220 頁。
14. 周生杰著，《太平御覽研究》（成都：巴蜀書社，2008 年 12 月），470 頁。
15. 施金炎編著，《中國書文化要覽（古代部分）》（長沙：湖南教育，1992 年 2 月），420 頁。

16. 姜椿芳著，《從類書到百科全書》（北京市：中國書籍，1990 年），149 頁。

17. 姚名達著，《中國目錄學年表》（臺北市：臺灣商務，民國 60 年 3 月臺 2 版），一七五頁。

18. 姚名達著，《中國目錄學史》（臺北市：中國文化大學出版部，民國 71 年 10 月），234 頁。

19. 姚瀛艇主編，《宋代文化史》（臺北縣：雲龍，1995 年 9 月），722 頁。

20. 胡道靜著，《中國古代的類書》（北京市：中華，民國 71 年），154 頁。

21. 胡道靜，《中國古代典籍十講》（復旦大學出版社，2004 年 5 月），454 頁。

22. 凌朝棟著，《文苑英華研究》（上海：上海古籍，2005 年 4 月），267 頁。

23. 袁詠秋、曾季光主編，《中國歷代國家藏書機構及名家藏讀敘傳選》（北京市：北京大學，1997 年 12 月），461 頁。

24. 袁詠秋、曾季光主編，《中國歷代圖書著錄文選》（北京市：北京大學，1995 年 10 月），659 頁。

25. 徐規主編，《宋史研究集刊》（杭州市：浙江古籍，1986 年 4 月），410 頁。

26. 徐雁、王雁均主編，《中國歷史藏書論著讀本》（成都：四川大學，1990 年 7 月），751 頁。

27. 郭伯恭著，《宋四大書考》（臺北市：臺灣商務，民國 56 年），140 頁。

28. 郭聲波著，《宋朝官方文化機構研究》（成都：天地，2000 年 6 月），223 頁。

29. 許世瑛編著，《中國目錄學史》（臺北市：中國文化大學出版部，民國 71 年 10 月新 1 版），234 頁。

30. 張滌華，《類書流別》（北京：商務印書館，1985 年版）。

31. 張國風著，《太平廣記版本考述》（北京：中華書局，2004 年 5 月），479 頁。

32. 張滌華著，《類書流別》（臺北市：大立，民國 74 年），140 頁。

33. 陳先行著，《打開金匱石室之門：古籍善本》（上海：上海藝文，2003 年 8 月），283 頁。

34. 陳登原著,《古今典籍聚散考》(臺北市:河洛圖書,民國 68 年 5 月臺影印初版),544 頁。

35. 陳威禎撰,《北宋之徵書與校理》(私立東海大學歷史研究所碩士論文,民國 69 年 4 月),126 頁。

36. 戚志芬著,《中國的類書政書與叢書》(北京:商務,1991 年 12 月),81 頁。

37. 國立臺灣大學圖書館編,《國立臺灣大學圖書館增訂善本書目》(臺北市:國立臺灣大學圖書館,民國 100 年 6 月)。

38. 國家圖書館特藏組編,《國家圖書館善本書志初稿》(臺北市:國家圖書館,民國 87 年 6 月)。

39. 曹之著,《中國古籍編撰史》(武昌:武漢大學出版社,1999 年 11 月),636 頁。

40. 馮浩菲著,《中國古籍整理體式研究》(北京:北京圖書館,1997 年 2 月),415 頁。

41. 焦樹安著,《中國古代藏書史話》(臺北市:臺灣商務,1994 年 5 月),154 頁。

42. 程煥文著,《中國圖書文化導論》(廣州市:中山大學,1995 年 10 月),414 頁。

43. 楊渭生著,《兩宋文化史研究》(杭州:杭州大學,1998 年 2 月),940 頁。

44. 楊燕起、高國抗主編,《中國歷史文獻學》(北京市:北京圖書館,1989 年 9 月),370 頁。

45. 趙國璋、潘樹廣主編,《文獻學辭典》(南昌市:江西教育,1991 年 1 月第 1 版),1054 頁。

46. 臺灣地區善本古籍聯合目錄　http://nclcc.ncl.edu.tw/ttscgi/ttsweb/

47. 臺灣中華書局編輯部編,《中國歷代經籍典》(臺北市:臺灣中華,民國 59 年 10 月臺 1 版),全八冊。

48. 魯迅校錄,《古小說鉤沉》(濟南:齊魯書社,1997 年),348 頁。

49. 聞一多,《唐史雜論》(上海古籍出版社,2006 年)。

50. 鄧廣銘等主編,《中國歷史大辭典·宋史卷》(上海市:上海辭書,1984 年 12 月),543 頁。

51. 聶崇歧,《太平御覽引得》(上海古籍出版社,1990 版)。

52. 臧勵龢主編,《中國人名大辭典》(臺北市:臺灣商務,民國 66 年 10 月增補臺一版),1808 頁。

53. 燕京大學圖書館編,《燕京大學圖書館目錄初編·類書之部》(北平市:編者,民國 24 年),229 頁。

54. 劉兆祐著,《治學方法》(臺北市:三民,民國 88 年 9 月),341 頁。

55. 劉葉秋著,《類書簡說》(上海:上海古籍,1980 年 2 月第 1 版),89 頁。

56. 劉簡著,《中文古籍整理分類研究》(臺北市:文史哲,民國 72 年 2 月增訂再版),364 頁。

57. 蕭東發主編,《中國編輯出版史》(瀋陽市:遼寧教育,1996 年 12 月),468 頁。

58. 盧錦堂著,《太平廣記引書考》(臺北:花木蘭文化,2006 年 9 月),343 頁。

59. 璩崑玉著,《古今類書纂要》(京都:中文,民國 61 年),1192 頁。

60. 藤島達朗、野上俊靜編,《中日韓對照表》(臺北市:文史哲,民國 72 年 11 月),157 頁。

三、期刊論文

1. 丁原基「宋代類書的文獻價值」,《應用語文學報》91 年第 4 期,民國 91 年 6 月,頁 29−56。

2. 丁娟「古代類書概說」,《淮北煤師院學報(社會科學版)》1995 年第 1 期,頁 152−155。

3. 于大成「說類書」,《幼獅月刊》第 48 卷第 2 期,民國 67 年 8 月,頁 57

—62。

4. 于翠玲「論官修類書的編輯傳統及其終結」,《北京師範大學學報（人文社會科學版）》2002 年第 6 期（總第 174 期）,頁 118—125。

5. 王純「宋真宗與冊府元龜」,《河南大學學報》第 33 卷 1 期,1993 年 1 月,頁 108-110。

6. 王力軍「類書述略」,《浙江學刊》1994 年第 1 期（總第 84 期）,頁 107—110。

7. 王同江「古類書消亡再思考」,《圖書與情報》2002 年第 4 期,頁 55、60—61。

8. 王育紅、鄭建明「中國古類書研究的思考」,《江蘇圖書館學報》2002 年第 1 期,頁 29—31。

9. 王晉德「中國古代類書的興盛」,《貴圖學刊》第 4 期,1991 年 12 月,頁 60—63。

10. 王曼茹、潘德利「文苑英華版本裝幀拾遺」,《河南圖書館學刊》第 29 卷 2 期,頁 126-128。

11. 王福壽「物以類聚：泛談類書」,《故宮文物月刊》第 3 卷第 9 期（總 33 期）,頁 127—131。

12. 王德保「資治通鑑與冊府元龜」,《南昌大學學報（人文版）》第 31 卷第 3 期,2000 年 7 月,頁 65—71。

13. 朱育培「宋代四大書：類書述略」,《圖書館學刊》1995 年第 5 期（總 82 期）,頁 55—57。

14. 宋立民「北宋時期的校讎機構及其制度」,《古籍整理研究學刊》1986 年第 3 期,頁 110—116。

15. 汪雁「唐宋類書編纂體系述略」,《貴圖學刊》第 4 期,1992 年 9 月,頁 47—49、40。

16. 李宗焜「宋本文苑英華殘頁」,《古今論衡》第 17 期,2007 年 12 月,頁 54-63。

17. 李婷「宋代館職考略」,《福建圖書館學刊》1997 年第 3 期,頁 50—51、22。

18. 李婷「兩宋時期的館閣藏書機構」,《北京圖書館通訊》1989 年第 3 期,頁 71－78。

19. 李婷「北宋時期館閣藏書的整理」,《鄂州大學學報》第 9 卷第 1 期,2002 年 1 月,頁 51－55。

20. 李峰「中國古代類書概述」,《江西圖書館學刊》2000 年第 2 期,頁 62－64。

21. 李建民「使用類書三部曲:範圍體例與臨題分析」,《河南高校圖書情報工作》第 1 期,1990 年 3 月,頁 50－52、47。

22. 李智海「宋四大書編輯經過及其評價」,《內蒙古民族師院學報(哲社版)》1998 年第 4 期(總第 76 期),頁 84－85。

23. 李榮慧「類書是我國古代索引不發達的主要原因」,《高校圖書館工作》1998 年第 2 期,頁 39－41。

24. 李樂民「李昉的類書編纂思想及成就」,《河南大學學報(社會科學版)》第 42 卷第 5 期,2002 年 9 月,頁 115－117。

25. 呂健「文獻寶庫、類書淵藪—太平御覽的編纂、版本及對後世類書的影響」,《圖書館工作與研究》總第 205 期,2013 年 3 月,頁 87-90。

26. 步曉輝「類書及其書名的由來」,《內蒙古民族師院學報(哲社版)》1995 年第 2 期(總第 62 期),頁 82－85。

27. 何忠禮、鄭瑾「略論宋代類書大盛的原因」,《浙江大學學報(人文社會科學版)》第 33 卷第 1 期,2003 年 1 月,頁 31－38。

28. 林琳「北宋朝廷圖書館的管理初探」,《前沿》2002 年第 9 期,頁 140－143。

29. 周少川「略論古代類書的起源與發展」,《殷都學刊》1996 年第 1 期,頁 50－56。

30. 周生杰「太平御覽宋代版本考述」,《開封大學學報》第 21 卷 1 期,2007 年 3 月,頁 13-16。

31. 周駿富「北宋館閣典校圖籍考」,《國立臺灣大學文史哲學報》第 22 期,民國 62 年 6 月,頁 305－347。

32. 胡養儒「論冊府元龜的史學價值」,《河南師範大學學報（哲學社會科學版）》第 21 卷第 3 期,1994 年,頁 42－44。

33. 范青「從社會文化機制角度看中國類書之發展」,《河北圖苑》1994 年第 4 期（總 26 期）,頁 29－31。

34. 姚廣宜「試述宋代國家圖書的編纂及特點」,《歷史教學》2000 年第 12 期,頁 48－51。

35. 姚廣宜「宋代國家藏書事業的發展」,《河南大學學報（哲學社會科學版）》第 26 卷第 2 期（總第 104 期）,2001 年,頁 86－89。

36. 高千惠「先民智慧的結晶：談我國古代的叢書與類書」,《故宮文物月刊》第 18 卷 10 期（214）,頁 22－27。

37. 高薇薇「類書說略」,《天中學刊》第 11 卷第 1 期,1996 年 2 月,頁 85－88。

38. 凌朝棟「文苑英華性質辨析」,《圖書與情報》2003 年 1 期,頁 18－20。

39. 凌郁之「太平廣記的編刻、傳播及小說觀念」,《蘇州科技學院學報》第 22 卷 3 期,2005 年 8 月,頁 73-77。

40. 夏南強「類書分類體系的發展演變」,《華中師範大學學報（人文社會科學版）》第 40 卷第 32 期,2001 年 3 月,頁 130－138。

41. 孫書安「論古代類書的內在成因」,《辭書研究》1999 年第 2 期,頁 112－119。

42. 徐壽芝「兩宋朝的圖書編刻與收藏」,《鹽城師專學報（哲學社會科學版）》1999 年第 2 期,頁 122－126。

43. 梁容若「中國歷代佚亡典籍的總合觀察」,《東海學報》第 9 卷第 2 期,民國 57 年 7 月,頁 19－30。

44. 郭紹林「歐陽詢與藝文類聚」,《洛陽師專學報》15 卷 1 期,1996 年 2 月,頁 87－93。

45. 曹之「宋代書局考略」,《河南圖書館學刊》1995 年第 3 期,頁 20－23。

46. 曹之「宋代四大書編纂考」,《山東圖書館季刊》1995 年第 4 期,頁 8－12。

47. 曹之「宋代整理唐集考略」,《古籍整理研究學刊》1997 年第 1 期,頁 12
  －17。

48. 曹之「宋代圖書編撰之成就」,《大學圖書館學報》1999 年第 6 期,頁 63
  －70。

49. 曹之「略論宋代圖書事業的繁榮及其原因」,《四川圖書館學報》2002 年 6
  期(總 130 期),頁 52－58。

50. 梅旭「宋代四大類書之一:冊府元龜」,《高等函授學報(哲學社會科學版)》
  1999 年 3 期。

51. 許振興「冊府元龜門數考」,《古籍整理研究學刊》1997 年第 3 期,頁 1-4。

52. 張天俊「論類書之祖:皇覽」,《南通師專學報》第 11 卷 4 期,1995 年 12
  月,頁 98－101。

53. 張秀春「太平御覽纂修緣起當議」,《古籍整理研究學刊》1996 年 2 期,頁
  34－35。

54. 張華娟「太平廣記版本流傳研究」,《新亞論叢》第 7 期,民國 94 年 6 月,
  頁 228-242。

55. 張樹華「中國古代藏書的管理制度和管理方法」,《圖書館雜誌》1991 年第
  5 期,頁 17－19。

56. 張琴、魏曉虹「古代類書的編纂歷程」,《山西大學師範學院學報》2000
  年 2 期(總 52 期),頁 63－64。

57. 張恩紅「宋代編輯出版的書史價值」,《湖北民族學院學報(哲學社會科學
  版)》第 17 卷 4 期,1999 年 4 月,頁 67－69。

58. 黃大受「太平御覽考」,《法商學報》第 13 期,頁 185-191。

59. 陳一弘「類書的體式、編輯作用、侷限與普遍性」,《國立編譯館館刊》第
  29 卷 1 期,民國 89 年 6 月,頁 285－301。

60. 陳紅豔「北宋官府校勘古籍述論」,《津圖學刊》1993 年第 3 期,頁 125－
  136。

61. 陸湘懷「論宋代四大書的文獻價值」,《圖書館學刊》1996 年 6 期(總 89

期），頁 50－52。

62. 陸湘懷「論太平廣記的文學文獻價值」，《撫州師專學報》1996 年第 4 期（總 51 期），頁 48－50、65。

63. 賀巷超「淺談類書產生和存在的條件」，《圖書館理論與實踐》1993 年第 4 期，頁 52－54。

64. 賀修銘「興盛與歸屬：試論類書的政治文化背景」，《圖書館界》第 3 期，1988 年 9 月，頁 36－40。

65. 曾建華「宋代刻書與藏書述略」，《出版發行研究》1999 年第 5 期，頁 61－64。

66. 馮麗「論類書的產生、發展和衰落」，《青海師專學報（社會科學）》2002 年第 4 期，頁 121－123。

67. 葛光、禹成明「宋代圖書館事業發展初探」，《山東圖書館季刊》1985 年第 2 期，頁 38－42。

68. 趙維國「論太平廣記纂修的文化因素」，《河南大學學報（社會科學版）》第 41 卷第 3 期，2001 年 5 月，頁 60－65。

69. 潘美月「北宋蜀刻小字本冊府元龜」，《故宮文物月刊》第 3 卷 6 期，民國 74 年 9 月，頁 132-135。

70. 鄭恒雄「類書：查考古文獻的資料庫」，《臺北市立圖書館館訊》第 1 卷 5 期，民國 73 年 6 月，頁 15－18。

71. 劉兆祐「中國類書中的文獻資料及其運用」，《國立中央圖書館館刊》第 22 卷第 2 期，民國 78 年 12 月，頁 117－128。

72. 劉敦玉「宋代圖書資源的開發與利用初探」，《湘潭大學學報（哲學社會科學版）》1999 年第 3 期，頁 90－93。

73. 蕭魯陽「北宋官書整理事業的特點」，《上海師範學院學報》1982 年第 1 期，頁 77－79、99。

74. 黎世英「宋代的圖書印刷業」，《南昌大學學報（人文版）》第 31 卷第 3 期，2000 年 7 月，頁 76－80。

75. 盧錦堂「記所見明談愷刻本太平廣記─兼及有關宋本流傳的一些線索」，《中國古典小說研究專集》第 6 期，民國 72 年 7 月，頁 89-103。

76. 薛克翹「太平廣記的貢獻」，《南亞研究》，1999 年第 2 期，頁 72－76。

77. 蘇華「宋代的圖書管理」，《信陽師範學院學報（哲學社會科學版）》第 16 卷第 1 期，1996 年 1 月，頁 104－108。

國家圖書館出版品預行編目(CIP)資料

宋代「四大書」編纂出版與流傳 / 張圍東著. --
  初版. -- 臺北市：元華文創, 2020.10
  面； 公分

  ISBN 978-957-711-186-9 (平裝)

  1.類書 2.古籍 3.宋代

041.51   109011961

宋代「四大書」編纂出版與流傳

張圍東 著

發 行 人：賴洋助
出 版 者：元華文創股份有限公司
公司地址：新竹縣竹北市台元一街 8 號 5 樓之 7
聯絡地址：100 臺北市中正區重慶南路二段 51 號 5 樓
電　　話：(02) 2351-1607　　傳　　真：(02) 2351-1549
網　　址：www.eculture.com.tw
E - m a i l：service@eculture.com.tw
出版年月：2020 年 10 月 初版
定　　價：新臺幣 420 元

ISBN：978-957-711-186-9 (平裝)

總經銷：聯合發行股份有限公司
地　　址：231 新北市新店區寶橋路 235 巷 6 弄 6 號 4F
電　　話：(02)2917-8022　　傳　　真：(02)2915-6275